CODE
D'INSTRUCTION CRIMINELLE
AUTRICHIEN,

TRADUIT ET ANNOTÉ

PAR

EDM. BERTRAND, | **CH. LYON CAEN,**
JUGE SUPPLÉANT | AGRÉGÉ
AU TRIBUNAL CIVIL DE LA SEINE. | À LA FACULTÉ DE DROIT DE PARIS.

(PUBLICATION DE LA SOCIÉTÉ DE LÉGISLATION COMPARÉE.)

PARIS.

IMPRIMÉ PAR ORDRE DU GOUVERNEMENT

A L'IMPRIMERIE NATIONALE.

M DCCC LXXV.

CODE

D'INSTRUCTION CRIMINELLE

AUTRICHIEN,

MIS EN VIGUEUR EN 1874.

CODE

D'INSTRUCTION CRIMINELLE

AUTRICHIEN,

TRADUIT ET ANNOTÉ

PAR

EDM. BERTRAND, | **CH. LYON CAEN,**

JUGE SUPPLÉANT | AGRÉGÉ
AU TRIBUNAL CIVIL DE LA SEINE. | À LA FACULTÉ DE DROIT DE PARIS.

(PUBLICATION DE LA SOCIÉTÉ DE LÉGISLATION COMPARÉE.)

PARIS.

IMPRIMÉ PAR ORDRE DU GOUVERNEMENT

A L'IMPRIMERIE NATIONALE.

—

M DCCC LXXV.

INTRODUCTION [1].

Le Code dont nous donnons la traduction est entré en vigueur [2] le premier janvier 1874. Il est le quatrième qui ait été promulgué en Autriche depuis le commencement de ce siècle. On a souvent remarqué l'influence que les événements politiques ont sur la législation criminelle; aussi n'est-il pas surprenant que l'Autriche, où les révolutions politiques ont été nombreuses, ait si souvent changé les lois qui règlent la procédure criminelle. Ce pays a été successivement régi depuis soixante et dix ans par les Codes de 1803, de 1850, de 1853, et enfin par celui de 1873.

Ce dernier Code est une œuvre considérable; il est issu du mouvement libéral qui depuis 1867 a déterminé en Autriche de si grandes réformes dans toutes les branches de la législation. Nous en publions une traduction complète que nous avons accompagnée de notes destinées à éclaircir les principales dispositions et à attirer l'attention du lecteur

[1] Par Charles Lyon Caen, agrégé à la Faculté de droit de Paris.

[2] Il est en vigueur seulement dans les pays représentés au Reichsrath qui siége à Vienne, pays désignés généralement sous le nom de *Cisleithanie* ou *Autriche,* mais non en Transleithanie ou Hongrie. Ces deux parties de l'Empire sont presque complétement séparées l'une de l'autre au point de vue législatif en vertu du principe du dualisme consacré par le compromis austro-hongrois de 1867. (Voir sur l'organisation de la monarchie austro-hongroise l'*Annuaire de la législation étrangère,* publié par la Société de législation comparée, 1873, p. 347; 1874, p. 256 et 257.)

sur les réformes les plus essentielles [1]. Nous nous bornerons donc ici à donner un aperçu général des parties du nouveau Code les plus intéressantes soit en ce qu'elles diffèrent de la législation antérieure, soit en ce qu'elles reconnaissent des principes tout autres que ceux du Code d'instruction criminelle français.

Cette introduction sera divisée en trois parties :

I. De la procédure criminelle en Autriche d'après les Codes de 1803, 1850 et 1853.

II. Historique de la confection du Code du 23 mai 1873.

III. Aperçu général sur le nouveau Code d'instruction criminelle.

I.

DE LA PROCÉDURE CRIMINELLE EN AUTRICHE D'APRÈS LES CODES DE 1803, 1850 ET 1853.

Le Code criminel de 1803 était à la fois un Code pénal et un Code d'instruction criminelle [2]. Il se divisait en deux

---

[1] Nous nous sommes surtout servis des travaux préparatoires du Code et des deux commentaires suivants :

Die österreichische Strafprocess-Ordnung vom 23 Mai 1873, von Dr. Rulf, Wien, 1873;

Erläuterung zur Strafprocess-Ordnung vom 23 Mai 1873, von Mitterbacher und Neumayer, 1874, Graz; Verlag von Leuschner und Lubensky.

Nous avons aussi consulté spécialement pour l'historique de la procédure criminelle en Autriche la première livraison d'un ouvrage intitulé : *Das österreichische Strafprocessrecht,* von Ullmann, Innsbruck, 1874.

[2] La traduction en français de ce Code figure dans la collection des lois civiles et criminelles des États modernes publiée sous la direction de M. Victor Foucher. Elle forme le tome 1 de cette collection sous le titre de *Code pénal général de l'Empire d'Autriche.*

grandes parties : la première s'occupait des délits, la seconde des infractions graves de police. Chacune de ces parties était divisée elle-même en deux sections, dont l'une traitait de la pénalité, l'autre de la pocédure criminelle.

Dans les sections consacrées à la procédure, le Code de 1803 n'avait guère fait que reproduire et développer les règles admises en Autriche dans le siècle précédent. Il maintenait la procédure écrite et non publique; il permettait au juge de se saisir d'office; il établissait un système de preuves légales; enfin il repoussait l'institution du jury.

Malgré les critiques dont il fut l'objet de la part de tous les esprits libéraux, le Code de 1803 resta en vigueur jusqu'en 1850 sans aucun changement important dans la partie relative à l'instruction criminelle. Les événements politiques de mars 1848 provoquèrent un mouvement très-vif, dont le premier résultat fut l'établissement immédiat du jury pour le jugement des délits de presse. Bientôt après, la constitution impériale du 4 août 1849 (art. 103) proclama le principe de la procédure orale et publique, le principe accusatoire, et promit l'institution du jury pour les infractions les plus graves.

C'est en exécution de ces promesses que fut fait le Code du 17 janvier 1850.

Comme tous les Codes allemands de la même époque, le Code de 1850 a, dans ses parties principales, pris pour modèle le Code d'instruction criminelle français de 1808.

Il fut emporté bientôt par la réaction qui se produisit à partir de 1851. Une loi du 31 décembre 1851 annonça qu'il serait fait un Code d'instruction criminelle pour tout l'Empire, dont une partie seulement était régie par le Code de 1850. Le nouveau Code, promulgué le 29 juillet 1853, est resté en vigueur jusqu'au premier janvier 1874.

Ce Code de 1853 était un retour partiel aux principes du Code de 1803, un abandon des progrès réalisés par le Code de 1850. La procédure y restait publique; mais la publicité était très-restreinte. La loi déterminait les personnes qui seraient admises dans la salle d'audience (art. 223); il dépendait du président d'autoriser l'entrée d'autres personnes, pourvu qu'elles fussent adultes et du sexe masculin.

Sans revenir entièrement au système du Code de 1803, le Code de 1853 faisait un emprunt à la théorie des preuves légales. Il ne disait pas dans quels cas le juge devait nécessairement tenir comme prouvés les faits allégués contre l'accusé; mais il déterminait le minimum des preuves nécessaires pour une condamnation.

Il supprimait complétement le jury, même pour les délits de presse, et, s'il admettait, à la différence du Code de 1803, que l'accusé pût se faire assister d'un défenseur, ce n'était du moins qu'après la clôture de l'instruction.

II.

HISTORIQUE DE LA CONFECTION DU CODE DE 1873.

Le mouvement libéral et les grandes réformes constitutionnelles qui, en 1860 et 1861, suivirent la guerre d'Italie, attirèrent l'attention sur les vices du droit criminel en général et spécialement sur ceux de l'instruction criminelle. A plusieurs reprises, la Chambre des députés du Reichsrath, en 1861 et 1862, constata la nécessité d'une réforme de la procédure pénale et de l'introduction du jury. On eut d'abord la pensée, pour atteindre plus promptement ce but, de remettre en vigueur le Code de 1850 ; mais on renonça bientôt à cet expédient. Le Code de 1850 présentait des lacunes qu'il fallait combler, des vices qu'il fallait corriger ; il avait été imité du Code français, et la science du droit criminel en Allemagne repoussait un certain nombre des idées que ce Code avait consacrées. On résolut donc de prendre seulement le Code de 1850 comme base d'une révision complète. Une commission, siégeant au ministère de la justice, se mit à l'œuvre dès le printemps de 1861, et, au mois d'octobre de la même année, un projet complet était rédigé et soumis aux délibérations de la commission. Les changements de ministère qui eurent lieu à cette époque firent suspendre pour quelques temps les travaux. Il furent repris en janvier 1863 ; un projet de Code fut publié dès le printemps de cette année ; mais il ne fut soumis au Reichsrath que par une décision impériale du 10 juin 1865. Un nouveau changement de ministère ayant eu lieu, le projet reçut de nombreuses modifications et ne fut présenté à la Chambre des députés du Reichsrath que le 28 octobre 1867 ; celle-ci le renvoya à une commission, qui, après avoir tenu soixante-douze séances, déposa enfin son rapport le 26 novembre 1869. Le projet de cette commission différait en beaucoup de points importants de celui du gouvernement. Il ne put être discuté avant la dissolution de la Chambre des députés. C'est seulement en 1872 que le Reichsrath fut saisi de nouveau.

Des faits fort importants s'étaient passés depuis la présentation du projet du gouvernement en octobre 1867. La loi fondamentale (*Staatsgrundgesetz*) de l'Empire sur le pouvoir judiciaire du 21 décembre 1867, avait fixé dans ses articles

10 et 11 les principes sur lesquels devait reposer l'instruction criminelle en Autriche. Ces articles étaient ainsi conçus :

Art. 10. *Les débats devant le juge seront, en matière civile et criminelle, oraux et publics. La loi déterminera les exceptions à ces principes. Le système accusatoire sera admis dans la procédure criminelle.*

Art. 11. *Le jury statuera sur la culpabilité de l'accusé quand il s'agira de crimes punis de peines graves (schwere Strafen) que la loi énumérera, et de tous crimes ou délits politiques ou commis par la voie de la presse.*

Appliquant en partie ces principes, une loi du 9 mars 1869 avait introduit le jury pour statuer sur les délits de presse.

Le 16 février 1872, le Ministre de la justice, M. Glaser, qui avait, en qualité de rapporteur de plusieurs des commissions chargées de préparer un projet de Code, puissamment contribué aux travaux préparatoires, déposa à la Chambre des députés un projet de Code d'instruction criminelle. Ce projet se rapprochait beaucoup de celui de la commission de la Chambre des députés de 1869. Il en différait toutefois en un point assez important. Les projets de 1867 et de 1869 se rattachaient étroitement au Code pénal alors soumis aux Chambres. Au contraire, le projet de 1872 ne se reliait nullement au projet de Code pénal, qui avait été provisoirement abandonné. Grâce à cette séparation, le Code d'instruction criminelle fut promptement adopté dans son ensemble par la Chambre des députés le 11 mars 1872; renvoyé à la Chambre des seigneurs le 6 juin 1872, il fut voté par elle dans les premiers mois de 1873. Il reçut la sanction impériale le 23 mai 1873 et fut publié dans le Bulletin des lois de l'Empire le 30 juin 1873, de façon à ce qu'il pût être exécuté six mois après, c'est-à-dire à partir du 1er janvier 1874. En même temps furent sanctionnées et publiées deux lois accessoires qui se rattachent au Code d'instruction criminelle : la loi sur la composition des listes du jury et la loi sur la suspension temporaire du jury.

III.

APERÇU GÉNÉRAL SUR LE NOUVEAU CODE D'INSTRUCTION CRIMINELLE.

Le Code de 1873 applique tous les grands principes que les articles 10 et 11 de la loi sur le pouvoir judiciaire avaient seulement posés : principe de la procédure accusatoire, publique et orale; institution du jury, qui du reste fonctionnait déjà pour les délits de presse depuis 1869. Ces principes ne sont pas nouveaux, ils avaient été consacrés déjà par le Code autrichien de 1850, et bien auparavant par le Code français de 1808. Ce qu'il y a d'original et de remarquable dans le Code de 1873, ce sont les conséquences qui en ont été tirées. Il semble que le législateur autrichien ait lui-même senti le mérite de sa propre méthode; car il a souvent reproché au Code de 1850 et au Code français, soit dans les rapports soumis aux Chambres, soit dans les discussions, de n'avoir pas tiré des déductions logiques et rationnelles des principes fondamentaux que ces deux codes ont consacrés.

Le nouveau Code admet le principe accusatoire en vertu duquel le juge ne peut se saisir d'office, mais doit être appelé à statuer sur les infractions par un accusateur. C'est ce système qu'on résume très-bien en Allemagne par l'adage : *wo kein Kläger, da kein Richter* (*là où il n'y a pas d'accusateur, il n'y a pas de juge*). L'application que le Code autrichien de 1873 a faite de ce principe mérite d'être remarquée à un double point de vue, d'abord quant aux personnes à qui le droit d'accusation est reconnu, en second lieu quant aux conséquences que le législateur en a déduites.

D'après le nouveau Code, le ministère public n'a pas le monopole de l'action publique; l'accusation peut être soutenue par les personnes lésées dans un grand nombre de cas (art. 46 et suivants).

Une certaine quantité de contraventions et de délits ne peuvent être poursuivis par le ministère public que sur la plainte de la partie lésée. Celle-ci, au lieu de prendre la voie indirecte de la plainte, peut elle-même porter directement l'action publique devant le tribunal de répression (art. 46).

Les Codes de 1850 et de 1853 admettaient dans ces mêmes cas le droit d'accusation de la partie lésée; seulement, quand il s'agissait de délits, celui qui en avait été victime ne pouvait se porter accusateur qu'autant que le ministère public, averti par sa plainte, refusait d'agir. Dans le Code de 1873, ce refus préalable du ministère public n'est pas nécessaire.

Une innovation plus importante consiste dans l'admission de ce qu'on appelle l'accusation privée subsidiaire.

Le ministère public, après avoir intenté l'action publique, peut l'abandonner, et cet abandon a pour effet de dessaisir le tribunal. Le Code de 1873 accorde à la partie civile, de quelque espèce d'infraction qu'il s'agisse, le droit de reprendre l'accusation à la place du ministère public, et de conclure à l'application de la peine, comme accusateur privé subsidiaire (art. 48). Le législateur autrichien a craint toutefois les abus auxquels peut donner lieu cette accusation privée subsidiaire. Il y a contre elle un préjugé résultant de l'abandon de l'action par le ministère public; cette sorte d'accusation peut faciliter des tentatives de chantage. Pour obvier autant que possible à ce danger, le Code de 1873 interdit à la partie civile de saisir le tribunal directement par un acte d'accusation sans instruction préalable. En outre, afin d'empêcher les transactions nuisibles à l'intérêt social, le ministère public est appelé à surveiller l'exercice de l'accusation privée subsidiaire et peut reprendre cette accusation, si elle est abandonnée (art. 49).

Le ministère public ou l'accusateur privé est maître de son action; c'est là une des conséquences les plus importantes tirées par le législateur du principe accusatoire. Si le ministère public ou l'accusateur privé abandonne son accusation après qu'elle a été portée soit devant le juge d'instruction, soit même devant le tribunal, le juge ou le tribunal est dessaisi.

Cette faculté de dessaisir le tribunal à tous les moments de l'instance par l'abandon de l'accusation attribue une grande importance au rôle de l'accusateur. Une autre innovation déduite aussi du principe du système accusatoire contribue à donner à l'accusateur une influence tout à fait prédominante sur l'issue de l'instruction et du procès. En règle générale, la juridiction de jugement n'est saisie ni par une décision du juge d'instruction, ni par un arrêt de renvoi comme elle l'était d'après les Codes de 1850 et de 1853. L'accusateur saisit lui-même directement, par l'acte d'accusation qu'il rédige, la juridiction de jugement (art. 207 et suiv.). On a pensé que, l'accusateur étant maître de son action, il était peu logique d'en faire dépendre l'exercice d'une décision judiciaire préalable. Ce n'est pas du reste ce seul motif de pure logique qui a fait exclure toute ordonnance ou arrêt de renvoi; le législateur a cru que par là il empêchait de s'établir un préjugé défavorable à l'accusé résultant de l'existence d'une décision judiciaire le renvoyant devant la juridiction de jugement.

Cependant l'acte d'accusation qui émane de l'accusateur n'a pas un caractère définitif; l'accusé peut se pourvoir contre cet acte par voie d'opposition (art. 208 et suiv.). La cour de seconde instance [1], qui statue sur l'opposition, peut ou confirmer l'acte d'accusation, ou écarter certains chefs d'accusation, ou enfin infirmer l'acte tout entier. Dans les deux premiers cas, c'est le jugement de la cour de seconde instance qui saisit la juridiction de jugement. Mais ici apparaît encore la préoccupation du législateur d'éviter tout préjugé, même indirect, contre l'accusé. Il n'est pas donné lecture à l'audience du jugement qui, en rejetant l'opposition, confirme l'acte d'accusation; la seule partie de ce jugement qui doive être lue est celle qui est favorable à l'accusé en écartant un ou plusieurs chefs de l'acte d'accusation (art. 244).

---

[1] Les cours de première instance correspondent à nos tribunaux de police correctionnelle; elles connaissent en premier ressort des infractions qui ne sont pas de la compétence du jury et ne constituent pas des contraventions. Les cours de seconde instance statuent sur les appels formés contre les décisions des cours de première instance.

Quant à l'acte d'accusation lui-même, il est lu en audience publique; mais dans la crainte que sa lecture ne puisse influencer les témoins, le Code exige qu'elle ne soit faite qu'après que ceux-ci se sont retirés dans la salle qui leur est réservée (art. 244).

La faculté pour l'accusé de se faire assister d'un défenseur est une conséquence presque nécessaire du système accusatoire. Quand il y a un accusateur spécial, il est naturel et juste, pour éviter une inégalité choquante entre l'accusation et la défense, qu'il y ait un défenseur.

Aussi le Code de 1873 admet-il que l'accusé a la faculté de se pourvoir d'un défenseur et que, pour les infractions soumises à la cour d'assises, un défenseur doit être nommé, même d'office. Ce qu'il y a de particulièrement remarquable dans les dispositions du Code concernant la défense, c'est qu'elle n'est pas de droit seulement après l'instruction; pendant l'instruction même l'accusé est formellement autorisé à se choisir un défenseur. Celui-ci ne peut pas assister à l'interrogatoire de l'accusé pendant l'instruction (art. 97), mais il peut le soutenir de ses conseils durant cette partie de la procédure et le Code lui donne d'une façon expresse le droit de prendre communication des pièces de l'instruction (art. 45). Il y a là une preuve évidente du désir du législateur de faire pénétrer, même dans l'instruction, les principes de la procédure accusatoire.

Tel est le respect du législateur pour le droit de défense, qu'il n'admet qu'exceptionnellement et d'une façon très-restreinte le jugement par contumace. D'après les idées que le Code a voulu consacrer, un accusé ne doit pas être condamné sans être entendu; sans doute il est très-légitime que des peines soient appliquées à celui qui ne se présente pas devant le tribunal devant lequel il est cité; le code de 1873 lui-même le prive de l'exercice de ses droits civils; mais est-il juste qu'à raison de sa désobéissance aux ordres de la justice, un accusé soit condamné sans être entendu, et, par suite, sans que la défense ait été possible?

Le Code autrichien autorise à pousser la procédure jusqu'à la mise en accusation; mais elle ne peut être poursuivie ultérieurement et conduite jusqu'au jugement que quand il s'agit d'infractions peu graves, c'est-à-dire punies d'une peine privative de la liberté de cinq ans au maximum. Même dans ce cas, il faut que l'accusé ait reçu personnellement la citation, que le ministère public ait formellement requis la continuation du procès jusqu'au jugement; de plus, la cour saisie de l'affaire a toujours le pouvoir d'arrêter la procédure quand elle est d'avis qu'en l'absence de l'accusé on ne peut arriver à la découverte de la vérité (art. 427).

En consacrant le principe de la publicité de la procédure devant la juridiction de jugement, le Code de 1873 est revenu aux principes du Code de 1850. Le Code de 1803 admettait la procédure secrète, celui de 1853 n'autorisait qu'une publicité fort restreinte. Le nouveau Code admet la publicité sans restriction.

Le Code de 1873 a proclamé également le principe de la procédure orale. Sans doute ce principe était déjà reconnu par les Codes de 1850 et de 1853; mais aux yeux du législateur de 1873, toutes les conséquences logiques et nécessaires n'en avaient pas été déduites.

La procédure devant être orale, l'instruction qui est en

grande partie écrite n'a qu'un rôle relativement secondaire[1]. Elle n'est nécessaire qu'en matière d'infractions de la compétence du jury; encore le juge ne doit-il pas s'attacher à ce qui s'est passé dans l'instruction, mais à ce qui a eu lieu pendant les débats. Pour éviter qu'il en soit autrement, les procès-verbaux de dépositions de témoins qui ont été entendus dans l'instruction ne peuvent être lus à l'audience que dans des cas déterminés par la loi (art. 252).

L'une des conséquences les plus importantes rattachées par le législateur autrichien au principe de la procédure orale est assurément la réglementation toute spéciale qui a été faite de l'appel (*Berufung*). Ces dispositions méritent d'autant plus d'attirer l'attention qu'elles ont pour but de résoudre des questions vivement discutées en Allemagne, à propos du projet du Code d'instruction criminelle pour l'Empire soumis au Reichstag.

Le Code autrichien restreint d'une façon considérable les cas dans lesquels l'appel peut être interjeté. Il n'admet l'appel que sur l'application la peine et sur les intérêts civils; l'appel est complétement exclu relativement à la question de culpabilité, c'est-à-dire que le condamné ne peut pas interjeter appel pour obtenir un acquittement par la cour de seconde instance, et réciproquement le ministère public ne peut pas interjeter appel pour faire condamner un individu qui a été acquitté en première instance.

Le législateur a considéré l'appel sur la question de culpabilité comme contraire au principe de la procédure orale.

---

[1] C'est ce qu'exprime très-bien le mot *Hauptverhandlung* (procédure principale) employé pour désigner les débats par opposition à l'instruction.

Le juge ne doit former sa conviction qu'à l'aide de preuves qui ont été produites devant lui. Or quand il y a appel sur la question de culpabilité, le juge d'appel se décide non pas d'après ce qu'il entend lui-même, mais d'après ce qui a été entendu par le juge de première instance. Les procès-verbaux de dépositions de témoins en première instance jouent un rôle capital, et, par suite, il y a là un retour au moins partiel au système de la procédure écrite. Il est vrai qu'en général on laisse au juge d'appel le droit de faire entendre de nouveau les témoins, mais alors la procédure d'appel est longue et coûteuse.

L'appel sur la question de culpabilité a semblé en outre au législateur autrichien peu conciliable avec le système de preuves adopté par lui. Quand un système de preuves légales est admis, la question de culpabilité constitue une véritable question de droit en ce sens que le juge doit, en consultant les dispositions restrictives de la loi, rechercher si les preuves légales exigées pour la condamnation existent ou font défaut. On comprend qu'avec ce système l'appel sur la question de culpabilité soit admis; le juge d'appel peut facilement rechercher si les preuves requises par la loi sont réunies. Mais quand le juge a la liberté de décider d'après sa conviction, la question de culpabilité est simplement une question de fait, et le juge d'appel ne peut pas savoir avec certitude quels ont été les motifs de la conviction du juge de première instance. Enfin on conçoit très-bien que le législateur ait une plus grande confiance dans le juge d'appel pour la solution des questions de droit ou de la question de culpabilité dans un système de preuves légales. Mais y a-t-il une raison quelconque pour attribuer une su-

périorité à un juge d'appel sur des questions de fait remises entièrement à la libre appréciation du magistrat? Si,
pour résoudre ces questions, le juge de première instance
n'inspire pas toute confiance, c'est que l'organisation judiciaire et spécialement le mode de nomination des magistrats
laissent à désirer. Toutes ces idées ont trouvé place dans
les discussions du Reichsrath sur la question de l'appel.

Les restrictions au principe de l'appel, telles que nous
venons de les exposer, n'ont pas été adoptées pour les contraventions. Ces infractions relevant de la juridiction du juge
unique qui forme le tribunal de district, le législateur a
pensé que l'appel devait suppléer au défaut de garantie qui
résulte à ses yeux de l'unité du juge. En matière de contraventions, l'appel est donc admis même sur la question de
culpabilité; son application est plus étendue que dans le
Code français, car le législateur autrichien n'a pas déterminé une peine au-dessous de laquelle l'appel ne serait pas
recevable en matière de contraventions (art. 464).

Cette différence entre les règles de l'appel contre les jugements des tribunaux de district et l'appel contre les décisions
des autres juridictions a conduit le législateur à admettre
une autre différence. L'appel est en général jugé sans publicité, mais le principe de la publicité reprend son empire lorsqu'il s'agit de l'appel dirigé contre les décisions des
tribunaux de district (art. 472).

Si, au point de vue des causes de l'appel, le système autrichien est en général plus restrictif que le système du Code
français, sur un point il se montre plus large que notre
Code d'instruction criminelle de 1808. Chez nous, l'appel
n'est pas admis contre les décisions des cours d'assises; le

Code autrichien l'admet dans tous les cas où il serait recevable contre un jugement d'une cour de première instance (art. 345); l'appel est porté devant une cour de seconde instance. Les motifs qui ont déterminé le législateur à s'écarter en ce point du Code de 1850 sont faciles à saisir: il a pensé d'abord qu'il n'y avait aucune bonne raison pour distinguer entre les décisions des cours d'assises et celles des autres juridictions composées exclusivement de magistrats, alors que ces derniers décident comme les jurés d'après leur intime conviction, sans être liés par aucun système de preuves légales; il a de plus considéré qu'il y a une sorte de contradiction à admettre l'appel contre les décisions des cours de première instance et à l'exclure contre les décisions des cours d'assises, qui prononcent le plus souvent des peines plus fortes.

Outre l'appel, le Code autrichien admet comme voies de recours le pourvoi en cassation ou en nullité (*Nichtigkeitsbeschwerde*) et la reprise de la procédure, qui a, comme nous l'expliquerons, quelque analogie avec notre pourvoi en révision.

En ce qui concerne le pourvoi en cassation, il faut remarquer que les attributions de la Cour de cassation saisie d'un pourvoi sont en plusieurs cas plus étendues qu'en France. Chez nous, la cour suprême, quand elle casse la décision qui lui est déférée, ne statue pas sur le fond; elle renvoie devant une autre juridiction pour qu'il y soit statué. Le législateur autrichien a trouvé que ce système dans lequel la cour de cassation a des fonctions en quelque sorte purement négatives, entraîne des complications et des lenteurs fâcheuses; aussi a-t-il, au moins dans quelques hypothèses, donné à la Cour de cassation le pouvoir, après avoir cassé la décision qui lui est déférée, de rendre elle-même une décision sur le fond (art. 288, 4°).

La voie de recours, qui figure dans le Code sous le nom de reprise de la procédure pénale, présente des particularités très-remarquables. On désigne sous ce nom (*Wiederaufnahme des Strafverfahrens*) la reprise de la procédure qui a lieu à la suite d'une instruction suspendue, quand la découverte de nouvelles preuves détermine à reprendre et à continuer l'instruction. Alors la reprise de la procédure n'a pas le caractère d'une voie de recours, car elle intervient à un moment où il n'y a pas encore eu de décision judiciaire. Mais on qualifie aussi de reprise de la procédure pénale la voie de recours dirigée contre les décisions judiciaires, et ayant pour but de renouveler un procès terminé par un jugement passé en force de chose jugée, à raison de faits ou de preuves découverts postérieurement au jugement attaqué[1]. Cette voie de recours, déjà réglementée par les Codes de 1850 et de 1853, est admise d'une façon bien plus large par le Code de 1873. Les cas dans lesquels elle est ouverte sont si nombreux, que le principe de l'autorité de la chose jugée se trouve restreint dans les plus étroites limites.

La reprise de la procédure peut avoir lieu soit au profit du condamné (art. 353, 355 et 356), soit même contre lui, soit pour faire acquitter le condamné ou lui faire appliquer une peine plus faible, soit même pour faire condamner l'accusé acquitté ou faire prononcer contre le condamné une peine plus forte (art. 353 et suiv.). Le législateur a

---

[1] Aussi cette voie de recours est-elle parfois désignée sous le nom de *restitutio ex capite novorum.*

pensé que l'intérêt social et la justice exigeant que le coupable soit condamné et que l'innocent soit acquitté, il est juste et nécessaire d'admettre la reprise de la procédure aussi bien contre l'accusé qu'à son profit.

Les recours ne peuvent être formés que dans les délais fixés par le Code lui-même, mais une faveur spéciale, et qui ne se trouvait pas dans les Codes antérieurs, est accordée à l'accusé qui n'use pas de son droit dans les délais prescrits : il peut réclamer de la juridiction appelée à statuer sur ce recours une restitution contre leur expiration. Il doit pour l'obtenir prouver que c'est par suite de circonstances auxquelles il n'a pu se soustraire qu'il n'a pas exercé dans le délai légal le recours qui lui appartenait (art. 364).

L'institution du jury est, comme nous l'avons déjà indiqué, l'un des fondements du nouveau Code, mais toutes les dispositions qui concernent le jury ne se trouvent pas dans le Code lui-même. On y rencontre seulement la réglementation de la procédure devant les cours d'assises; les infractions dont le jury est appelé à connaître sont déterminées par la loi sur la mise en vigueur du nouveau Code (voir ci-dessous, p. xxxv et suiv.), c'est une loi spéciale portant la date même du Code d'instruction criminelle (23 mai 1873) qui fixe le mode de composition des listes du jury, enfin une autre loi de la même date autorise la suspension temporaire du jury.

Les règles de la procédure devant le jury sont presque complétement semblables à celles de notre Code. Toutefois, sur quelques points, le Code autrichien contient des dispositions originales et dignes d'attention.

Les questions ne sont pas posées au jury seulement après

la clôture des débats et le résumé du président, mais avant le réquisitoire du ministère public et la plaidoirie des défenseurs (art. 316), dès que les témoins et les experts ont déposé. On a voulu ainsi déterminer par avance les limites dans lesquelles devront se renfermer les débats. A ce point de vue, on peut trouver une certaine analogie entre les dispositions du Code autrichien et les règles de la procédure formulaire romaine selon laquelle la formule délivrée par le magistrat fixait les limites des débats devant le juge et celles des pouvoirs de ce dernier.

Le résumé du président est maintenu, mais le président ne doit pas se borner à résumer les débats, il doit encore donner au jury des indications sur les caractères légaux du fait qui forme l'objet de l'acte d'accusation et sur le sens des expressions légales contenues dans les questions posées au jury (art. 325). Ces indications doivent être constatées dans le procès-verbal sur la demande de toute partie; car les inexactitudes qui y sont commises sont une cause de pourvoi en cassation (art. 344, alin. 8).

Le jury peut, malgré ces indications données à l'audience par le président, ne pas se trouver suffisamment éclairé. Il a la faculté de demander au président de se rendre dans la chambre des délibérations pour donner les renseignements nécessaires; mais le président doit être accompagné du greffier, de l'accusateur et de l'accusé, quand ils se trouvent au palais de justice (art. 327). La présence de l'accusateur et de l'accusé a une grande utilité; elle leur permet de constater les inexactitudes commises par le président dans les indications qu'il donne au jury et d'en requérir la constatation dans le procès-verbal dressé par le greffier. Ces inexactitudes, comme celles commises par le président à l'audience, donnent ouverture au pourvoi en cassation (art. 327).

Quel que soit le verdict du jury, il doit toujours être suivi d'un arrêt de la cour; le Code autrichien veut que l'acquittement soit prononcé par un arrêt et non par une ordonnance du président (art. 334). Ces arrêts peuvent être l'objet d'un pourvoi en cassation aussi bien que les arrêts d'absolution et de condamnation.

En ce qui concerne la compétence du jury, la loi sur la mise en vigueur du code d'instruction criminelle [1] procède pour la déterminer d'une façon particulière; cette loi indique bien que tous les crimes et délits commis par la voie de presse seront jugés dorénavant par le jury; mais, pour les crimes et délits politiques, et pour les infractions de droit commun qui sont soumises au jury, elle procède par voie d'énumération. Le législateur s'est attaché à l'art. 11 de la loi fondamentale du 21 décembre 1867 sur le pouvoir judiciaire qui décide que le jury connaîtra des crimes et des délits les plus graves. Sous cette qualification sont comprises les infractions punies de cinq ans de reclusion (*Kerkerstrafe* [2]) au moins. Comme il y a des infractions contre lesquelles on peut prononcer la reclusion pour cinq ans ou plus, mais aussi pour moins de cinq ans, le législateur ne les a déclarées de la compétence du jury qu'autant que l'acte d'accusation conclut à l'application de la reclusion tantôt pour cinq ans au moins, tantôt pour plus de cinq ans (art. 6, loi sur la mise en vigueur du Code d'instruction criminelle).

[1] Elle est traduite ci-après en tête du code (p. xxxv et suiv.).

[2] La peine appelée *Kerkerstrafe* correspond à la fois à la reclusion et aux travaux forcés du droit pénal français. Cette peine a deux degrés.

Le mode de composition des listes du jury est réglé par une loi du 23 mai 1873 [1]. Quoique promulguée en même temps que le Code d'instruction criminelle, cette loi est entrée en vigueur avant ce Code; dès le jour de sa publication, elle a été appliquée au jury appelé par la loi du 9 mars 1869 à connaître des crimes et des délits de presse.

Elle indique d'abord les conditions générales d'aptitude qu'il faut réunir pour être appelé aux fonctions de juré.

D'après l'art. 1, pour être juré, il faut être âgé de 30 ans accomplis, savoir lire et écrire, jouir du droit de bourgeoisie dans une commune d'un des pays représentés au Reichsrath, avoir son domicile depuis au moins une année dans la commune où l'on réside, enfin payer par an 10 florins au moins de contributions directes en principal dans les localités de 30,000 habitants et au-dessous, et 20 florins dans les autres, ou exercer la profession d'avocat, de notaire, de professeur ou instituteur à une école supérieure ou intermédiaire, ou être docteur de l'une des universités du pays.

La loi déclare spécialement incapables d'être jurés ceux qui sont par suite d'une infirmité physique ou d'une maladie mentale hors d'état de remplir ces fonctions, ceux qui ne jouissent pas de tous les droits de citoyen, les prodigues judiciairement déclarés tels, ceux sur les biens de qui a été ouvert le *Concursverfahren* (sorte de déconfiture) jusqu'à sa

---

[1] Voir la traduction de cette loi par M. Ortlieb, agrégé de la faculté de droit de Nancy, dans l'*Annuaire de la législation étrangère*, publié par la Société de législation comparée (année 1874, page 247 et pages suiv.). Comme cette loi n'a pas été insérée dans le présent volume, nous avons dû en donner ci-après une analyse développée.

clôture, les commerçants faillis jusqu'à leur réintégration dans les droits déterminés par l'art. 246 de la loi du 25 décembre 1868, ceux qui sont l'objet d'une instruction judiciaire, qui sont en état d'accusation ou qui subissent une peine, enfin ceux qui, à raison d'une condamnation pénale, sont privés de l'éligibilité communale, pendant la durée de cette dernière incapacité.

La loi édicte en outre des incompatibilités et des dispenses assez nombreuses.

Les fonctions de juré sont incompatibles avec celles de fonctionnaire de l'État en activité [1], de militaire des armées de terre et de mer et de la landwehr en activité de service ou renvoyé en congé avec solde, d'employé de l'administration militaire, de ministre d'un culte ou d'une société religieuse reconnue par l'État, d'instituteur primaire, d'employé de l'administration des postes, des chemins de fer, des télégraphes et des bateaux à vapeur.

Sont dispensés des fonctions de juré les sexagénaires, les membres des diètes, du Reichsrath et des délégations pendant la durée des sessions, ceux qui, quoique ne se trouvant pas en activité, sont soumis à l'obligation du service militaire, les personnes attachées au service de la cour, les professeurs et instituteurs publics, les médecins, chirurgiens et pharmaciens, pour l'année suivante, s'il est certifié par le bourgmestre de leur commune que leurs services sont indispensables, enfin les personnes qui dans une session ont rempli les fonctions de juré ou juré suppléant, jusqu'à la fin de l'année suivante seulement.

[1] Une exception est toutefois faite à cette incompatibilité pour les professeurs et instituteurs des écoles supérieures et moyennes.

Pour la composition même des listes, il faut distinguer la liste principale ou liste souche (*Urliste*), la liste annuelle, la liste de session et la liste du jury pour chaque affaire.

Le bourgmestre (*Gemeindevorsteher*), assisté de deux membres de l'assemblée communale désignés par lui, doit chaque année, au commencement de septembre, dresser une liste de toutes les personnes qui, dans la commune, peuvent être appelées aux fonctions de juré. Ces listes sont déposées pendant un certain délai dans les bureaux de l'administration communale pour être soumises aux réclamations des intéressés; ces réclamations sont portées devant la commission composée du bourgmestre et de deux membres de l'assemblée communale. A la fin de septembre au plus tard, les listes rectifiées sont transmises au chef du district (*Bezirkshauptmann*), qui en fait corriger par le bourgmestre les irrégularités ou, à défaut par celui-ci de faire les rectifications, les opère lui-même. Le chef du district transmet ensuite toutes les listes de sa circonscription avec les pièces qui y sont relatives, au président de la cour de première instance; il signale parmi les personnes portées sur les listes celles qui lui paraissent plus particulièrement aptes aux fonctions de juré par leur intelligence, par leur honorabilité, par la loyauté et l'énergie de leur caractère, ainsi que par leur connaissance de plusieurs langues dans les pays où l'on en parle plusieurs.

Le président de la cour de première instance ayant entre les mains toutes les listes, doit avant la fin du mois de novembre, faire dresser par une commission spéciale la liste annuelle pour le ressort de la cour. Cette commission se compose du président de la cour de première instance ou de son délégué, de trois juges choisis parmi les juges de la cour ou les juges de district du ressort et de trois notables (*Vertrauensmänner*). Les membres de cette commission sont tous nommés par le président de la cour de première instance. Le président de la commission doit avertir de sa réunion le chef de l'administration du pays (*Vorsteher der politischen Landesbehörde*) afin qu'il envoie son délégué à cette réunion; ce délégué n'a que voix consultative.

La commission statue sur les réclamations, puis elle procède à la confection de la liste annuelle des jurés ordinaires et de celle des jurés supplémentaires. Elle choisit pour composer ces listes, les personnes qu'elle juge les plus aptes, en ayant soin de ne comprendre dans la seconde que des personnes habitant dans le lieu où siége la cour d'assises.

A la différence de ce qui devait se faire en Autriche d'après la loi du 9 mars 1869 pour les délits de presse et de ce qui a lieu en France, le nombre des jurés à porter sur la liste annuelle n'est pas proportionnel à la population, mais aux besoins présumés du service pour l'année suivante. Le nombre des jurés à inscrire sur chaque liste doit être égal au double du nombre présumable de jurés appelés à siéger pour les sessions ordinaires et extraordinaires.

Il peut se faire que l'observation exacte de ces règles conduise à obtenir une liste comprenant un nombre de noms insuffisant. Si les listes générales d'un ressort ne donnent pas un total de huit cents personnes au moins, le président de la cour de première instance doit, avant la réunion de la commission spéciale nommée par lui, faire réclamer aux bourgmestres des communes des listes complémentaires. Pour y être porté, il suffit, si l'on réunit d'ailleurs toutes les autres conditions d'aptitude, de payer 5 florins de contribution directe en principal.

La liste annuelle ainsi formée sert à dresser la liste de session. Dans le projet qu'il avait présenté, le gouvernement avait proposé de faire composer la liste de session comme la liste annuelle par une commission spéciale. La commission de la Chambre des députés pensa qu'on ne pourrait, sans porter atteinte à l'indépendance du jury, procéder par voie d'option pour la composition de la liste de session; elle fit admettre que cette dernière liste serait formée par la voie du sort. Quinze jours avant l'ouverture de la session du jury, il est procédé au tirage au sort de la liste de session, en audience publique, au siége de la cour de première instance, en présence de deux juges et du procureur d'État. Le conseil de l'ordre des avocats est appelé à envoyer un de ses membres pour assister à cette opération.

Un nouveau tirage au sort a lieu pour la constitution du banc du jury dans chaque affaire. Les règles concernant la formation du jury pour chaque affaire sont écrites dans le Code lui-même (art. 304 et suiv.).

La cour d'assises se compose non-seulement du jury, mais encore de juges, qui sont au nombre de trois comme en France. Le président de la cour n'est pas ordinairement un membre de la cour de seconde instance, c'est en général le président de la cour de première instance au siége de laquelle se tiennent les assises (art. 321); le législateur a voulu éviter les déplacements, qui sont une cause de perte de temps pour les magistrats. Ce système correspond à celui qui consisterait en France à faire présider les assises dans chaque département autre que celui du siége d'une cour d'appel, non par un conseiller de cette cour, mais par le président du tribunal civil auprès duquel les assises se tiennent.

Le chiffre de trois auquel est fixé le nombre des magistrats composant la cour d'assises mérite de retenir l'attention; car la cour de première instance appelée à statuer sur les délits qui ne sont pas de la compétence du jury décide au nombre de quatre juges. Ce chiffre pair a été fixé dans l'intérêt de l'accusé, qui est acquitté en cas de partage; devant le jury, comme les magistrats n'ont pas à résoudre des questions de culpabilité, mais des questions relatives à l'application de la loi, le législateur a cru qu'il importait d'éviter le partage.

L'institution du jury n'a pas été introduite à nouveau par le Code de 1873 sans soulever quelque crainte sur la manière dont elle fonctionnerait. Pour parer aux inconvénients que son fonctionnement peut présenter, le Reichsrath a voté une loi spéciale, promulguée le 23 mai 1873 avec le nouveau Code et la loi sur la composition des listes du jury. Cette loi spéciale porte le titre de *Loi sur la suspension temporaire du jury* (*Gesetz betreffend die zeitweise Einstellung der Wirksamkeit der Geschwornengerichte* [1]).

Elle permet de suspendre, pendant un temps qui ne peut excéder un an, le fonctionnement du jury dans un pays déterminé, soit pour tous les délits de la compétence du jury, soit pour certaines catégories de ces délits.

[1] Cette loi a été, comme la loi sur la composition des listes du jury, traduite dans *l'Annuaire de la législation étrangère, année 1874* (pages 254 et 255), par M. Ortlieb, agrégé de la faculté de droit de Nancy.

Cette suspension est prononcée pour chaque cas par une ordonnance du conseil des ministres rendue sous leur responsabilité après avis de la cour suprême. Mais la loi n'a pas voulu laisser au pouvoir exécutif le droit de prendre une mesure aussi grave d'une façon définitive sans l'intervention du pouvoir législatif. Le gouvernement doit soumettre cette ordonnance aux deux chambres du Reichsrath dès qu'elle est rendue, si les chambres sont réunies à ce moment; sinon, aussitôt qu'elles se réunissent. Cette ordonnance doit même être rapportée dès qu'une des deux chambres le demande. En outre, pour empêcher que des prolongations successives fassent durer trop longtemps la suspension temporaire du jury, la loi ne veut pas que la suspension puisse être ni prolongée, ni renouvelée avant la plus prochaine reprise des séances du Reichsrath.

Quand la suspension temporaire du jury a lieu, ce sont les cours de première instance qui connaissent des infractions pour lesquelles a été suspendue la compétence du jury. Quatre juges forment le tribunal; toutefois, s'il s'agit d'un crime passible de la peine de mort ou de l'emprisonnement pour plus de cinq ans, l'affaire est jugée par six juges.

Les règles générales de procédure consacrées par le nouveau Code sont en général appliquées à la procédure en matière de contraventions devant le juge unique qui compose le tribunal de district. Cependant il y a entre cette procédure et celle qui est suivie pour les crimes et les délits des différences parmi lesquelles les plus importantes sont relatives aux voies de recours. Comme nous avons eu l'occasion de le dire plus haut, en matière de contraventions, l'appel est admis même sur la question de culpabilité; en revanche le pourvoi en cassation n'existe pas; les causes qui pourraient donner lieu à ce pourvoi donnent ouverture à un recours qui est porté devant la cour de première instance comme l'appel.

A côté de la procédure ordinaire dans laquelle l'inculpé n'est condamné qu'après avoir été entendu ou au moins cité, il y a en matière de contraventions une procédure expéditive dans laquelle la condamnation peut être prononcée sans qu'il y ait eu citation préalable de l'accusé et sans qu'il comparaisse. Cette procédure, connue dans plusieurs pays allemands est appelée *Mandatsverfahren* (art. 460 et suiv.). Le législateur a estimé que cette manière de procéder, qui a l'avantage d'être très-rapide et d'éviter à l'accusé un débat public, n'a pas d'inconvénient, si l'on accorde au condamné le droit de se pourvoir contre l'ordonnance pour provoquer une décision contradictoire. Ce recours doit être formé dans la huitaine de l'ordonnance; il est porté devant le tribunal de district, qui procède alors dans les formes ordinaires.

La question la plus grave qui s'est élevée à propos de la partie du Code consacrée à la procédure en matière de contraventions est une question d'organisation judiciaire. Le projet de Code du gouvernement de 1867 (art. 476) décidait que les contraventions seraient jugées par un juge de district et deux échevins (*Gerichtsschöffe*) appelés à délibérer et à rendre leur jugement en commun[1]. La commission

[1] Les tribunaux d'échevins sont composés en partie de magistrats, en partie de personnes étrangères à la magistrature, et ils délibèrent en commun.

Cette sorte de juridiction existe

de la Chambre des députés, dans son rapport de 1869, condamna le système des tribunaux d'échevins, en disant que la réunion d'éléments si divers ne pouvait pas conduire à un bon résultat, que les tribunaux d'échevins ne présentaient pas les mêmes garanties d'indépendance que le jury. Conformément à cet avis de la commission de 1869, le Code autrichien écarte les tribunaux d'échevins et donne la connaissance des contraventions au tribunal de district, composé d'un seul magistrat.

Le Code autrichien ne reconnaît pas, à proprement parler, de tribunaux extraordinaires, en ce sens qu'il n'organise pas de juridiction spéciale appelée à statuer sur certaines infractions dans des circonstances exceptionnelles.

Mais le Code de 1873, reproduisant du reste les règles en vigueur en Autriche dès le milieu du xviiie siècle, admet une manière de procéder plus rigoureuse et plus rapide dans certains cas extraordinaires. Cette procédure sommaire et extraordinaire a lieu devant les cours de première instance qui peuvent alors être appelées à juger même des infractions de la compétence du jury et auxquelles on peut donner le nom en ce cas de *tribunaux extraordinaires (Standgerichte)*. On recourt à cette procédure dans deux catégories de cas bien distincts, d'abord en cas de soulèvement, quand les moyens légaux ordinaires ne suffisent pas pour le ré-

dans quelques pays allemands, et à l'occasion du projet de Code d'instruction criminelle de l'Empire d'Allemagne, une vive discussion s'est élevée entre les criminalistes sur le point de savoir s'il ne faut pas préférer, même pour le jugement des crimes, les tribunaux d'échevins au jury. (Voy. sur cette discussion une communication de M. Bufnoir, professeur à la faculté de droit de Paris, dans le *Bulletin de la Société de législation comparée,* année 1872, page 262 et pages suiv.)

primer, puis dans le cas où, dans un ou plusieurs ressorts, des assassinats, des pillages, des incendies ou des actes de violence se multiplient d'une façon inquiétante (art. 429 et 430).

Pour que cette procédure puisse être appliquée, il faut une déclaration spéciale; elle est faite pour les cas de soulèvement par le gouverneur de la province (*Landeschef*), d'accord avec le président de la cour de seconde instance et le procureur d'État près cette cour; pour les cas de la seconde espèce, la déclaration qu'il y a lieu à la procédure extraordinaire est faite par le ministre de l'intérieur d'accord avec le ministre de la justice.

L'effet de cette déclaration est de rendre compétente la cour de première instance dans le ressort de laquelle a été faite la déclaration pour tous les crimes auxquels cette déclaration s'applique à l'exclusion du jury. Ces crimes sont jugés par ces cours, alors même que les accusés sont des militaires. Toutefois, comme la procédure doit être rapide [1], on ne peut y recourir que contre les personnes prises en flagrant délit ou qu'on peut espérer convaincre promptement. Ce n'est pas à dire que les garanties accordées ordinairement aux accusés leur soient enlevées. La procédure est publique et orale, et l'inculpé doit faire choix d'un défenseur; sinon, il en est nommé un d'office.

Quand l'inculpé est déclaré coupable à l'unanimité, la peine de mort doit être prononcée; c'est seulement dans des cas exceptionnels qu'une peine moins grave peut être appliquée. La cour, statuant comme tribunal extraordinaire,

[1] La plus longue durée de cette procédure est fixée à trois jours à partir de la comparution de l'inculpé devant le tribunal.

est autorisée à prononcer seulement la reclusion (*Kerker-strafe*), pour une durée de cinq à vingt ans, contre ceux qui au moment du crime n'avaient pas plus de vingt ans, ou contre les moins coupables, à raison de circonstances spécialement atténuantes, quand une ou plusieurs exécutions à mort des plus coupables ont donné l'exemple nécessaire pour le rétablissement de l'ordre. Mais si l'on ne se trouve pas dans un de ces cas exceptionnels et que l'unanimité des juges ne se prononce pas pour la condamnation, ou si le jugement ne peut être rendu dans le délai maximum de trois jours, la cour saisie comme tribunal extraordinaire doit prononcer le renvoi devant la cour siégeant et jugeant d'après les règles ordinaires.

L'exécution de la peine de mort prononcée par les tribunaux extraordinaires doit être rapide comme la procédure qui a lieu devant eux, et aucune voie de recours n'est admise contre les jugements de ces tribunaux; la peine de mort prononcée par eux doit être exécutée deux heures après avoir été prononcée (art. 445).

De même qu'une décision est nécessaire pour que la procédure extraordinaire soit observée, une décision spéciale doit être rendue pour qu'on cesse d'y recourir (art. 446 et suiv.).

Nous terminons ici cet aperçu général sur le Code d'instruction criminelle autrichien de 1873. Nous aurions sans doute encore bien des indications à donner sur cette œuvre législative si importante; ceux que les notions générales fournies par nous auront intéressés pourront les compléter par la lecture de la traduction même du texte allemand et par celle des notes que nous y avons jointes.

La connaissance du texte lui-même est d'autant plus nécessaire que le nouveau Code (et c'est là un des caractères qui le distinguent, comme beaucoup de Codes étrangers. de nos Codes français) entre dans des détails minutieux sur certains points ; c'est ainsi qu'il s'étend longuement sur ce qu'on doit comprendre dans les frais auxquels la partie qui succombe est condamnée (art. 380 et suiv.) et qu'il indique avec beaucoup de minutie quelles sont les règles spéciales à observer dans l'instruction selon qu'il s'agit d'assassinat, d'incendie, de faux, etc. (art. 127 et suiv.).

La confection du Code de 1873 est due en grande partie au Ministre de la justice actuel en Autriche, M. Glaser, ancien professeur à la Faculté de droit de l'Université de Vienne. Cet éminent criminaliste a hâté comme ministre de la justice le vote de ce Code, à la préparation duquel il avait puissamment contribué par ses ouvrages et par ses travaux au sein des commissions extraparlementaires.

L'instruction criminelle en Autriche est perfectionnée par le Code de 1873. Mais ce n'est là qu'une branche de la législation criminelle; le droit pénal proprement dit réclame aussi des réformes.

M. Glaser achève en ce moment la grande œuvre de la révision de la législation criminelle de l'Autriche : il a présenté, dans la séance de la Chambre des députés du Reichsrath du 7 novembre 1874, un projet de Code pénal destiné à remplacer le Code pénal de 1852, actuellement en vigueur.

Ch. LYON CAEN.

LOI DU 23 MAI 1873,

SUR LA MISE EN VIGUEUR

DU CODE D'INSTRUCTION CRIMINELLE [1].

ARTICLE PREMIER. Le Code d'instruction criminelle suivant entrera en vigueur dans les tribunaux non militaires six mois après sa publication [2]. Il régira seul la procédure relative aux crimes, aux délits et aux autres infractions dont les tribunaux sont appelés à connaître.

ART. 2. Après sa mise en vigueur, les lois anciennes relatives à la procédure pénale ne pourront être appliquées que dans la mesure fixée par les articles suivants [3].

ART. 3. Si, avant la mise en vigueur de ce Code, il est intervenu soit une décision suspendant la procédure (*Einstellungsbeschluss*) [4], soit une décision prononçant la mise en accusation (*Anklagebeschluss*), soit une décision définitive (*Enderkenntniss*), les cours de seconde instance et la cour de cassation statueront sur les recours dirigés contre ces décisions et conformément aux lois anciennes.

[1] *Gesetz vom 23 Mai 1873, betreffend die Einführung der Strafprocessordnung* (*Reichsgesetzblatt, Stück* XLII, n° 119). Cette loi est suivie dans le Bulletin des lois autrichien du texte du Code d'instruction criminelle.

[2] Le Code d'instruction criminelle a été publié le 30 juin 1873 et il est entré, par suite, en vigueur le 1er janvier 1874.

[3] Cet article consacre un principe généralement admis : les lois de procédure s'appliquent aux infractions, même antérieures à leur promulgation. Les articles suivants (art. 3 et 4) apportent, comme l'article 2 lui-même l'indique, des exceptions à ce principe.

[4] Voir sur l'*Einstellungsbeschluss* les articles 109 et suivants du Code d'instruction criminelle de 1853.

Art. 4. Lorsque, en vertu d'une décision prononçant la mise en accusation conformément à l'article 200 du Code d'instruction criminelle du 23 juillet 1853, les débats [1] doivent avoir lieu, cette procédure et la suivante sont réglées par les lois anciennes [2].

Cependant si une nouvelle décision sur l'accusation devait être rendue en vertu des articles 220 et 251 du Code d'instruction criminelle du 23 juillet 1853, la procédure postérieure serait régie par la loi nouvelle.

Dans les affaires de presse, quand le renvoi aura déjà été ordonné en vertu de l'article 12 de la loi du 9 mars 1869, il devra être procédé selon les lois anciennes, mais, dans tous les autres cas, on se conformera au nouveau Code.

Art. 5. L'admissibilité de la reprise de la procédure et des poursuites à raison d'une nouvelle infraction, ne doit être décidée, d'après les dispositions de ce Code [3], qu'autant que la loi ancienne selon laquelle la procédure avait été menée à fin n'est pas plus favorable à l'accusé.

La compétence pour statuer sur la reprise de la procédure appartient aux tribunaux qui remplacent les tribunaux anciens.

Si la procédure est déjà reprise elle est régie par le présent Code et portée devant les tribunaux qui sont compétents d'après ses dispositions.

Art. 6. À partir de la mise en vigueur du nouveau Code d'instruction criminelle, les cours d'assises (*Geschwornengerichte*) sont compétentes pour statuer :

[1] Aux termes de l'article 200 ici visé, la mise en accusation ne pouvait être prononcée que lorsque l'individu contre lequel l'instruction avait été dirigée paraissait légalement coupable d'un crime ou d'un délit.

[2] L'article 220 concernait le supplément d'instruction qui pouvait avoir lieu après la mise en accusation, sur la demande de l'accusateur, de l'accusé ou de son défenseur. L'article 251 prévoyait le cas où une instruction nouvelle devenait nécessaire après l'ouverture des débats, par suite de la découverte de nouveaux faits à la charge de l'accusé.

[3] Voyez sur la reprise de procédure (*Wiederaufnahme des Verfahrens*) les articles 352 et suivants.

A. Sur les crimes et délits commis par la voie de la presse [1];

B. Sur les crimes et délits énumérés ci-après :

1. Crime de haute trahison (art. 58-61 du Code pénal [2] du 27 mai 1852, et art. 1 de la loi du 17 décembre 1862).

2. Atteinte à la paix publique (art. 65 et 66 du Code pénal, et art. 2 de la loi du 17 décembre 1862).

3. Émeute et soulèvement (art. 68 à 73 et 75).

4. Violences publiques.

a. Contre une assemblée appelée par le gouvernement à délibérer sur des affaires publiques, contre un tribunal ou une autre autorité publique (art. 76, 77 et 80).

b. Contre les corporations légalement reconnues ou contre des assemblées tenues avec le concours ou sous la surveillance d'une autorité (art. 78, 79, 80).

c. Violences ayant eu pour effet de dégrader la propriété d'autrui (art. 85 et 86) (*boshafte Beschädigung fremden Eigenthums*) ou résultant de l'accomplissement ou de l'omission d'un acte dans une intention méchante, dans des circonstances spécialement dangereuses (art. 87 et 88),

---

[1] L'indication des infractions dont le jury est appelé à connaitre est faite en application de l'article 11 de la loi constitutionnelle, sur le pouvoir judiciaire, du 21 décembre 1867. Aux termes de cet article, le jury sera appelé à statuer sur la culpabilité des accusés en matière de crimes punis des peines les plus graves que la loi déterminera, en matière de crimes ou délits politiques de toute nature et de crimes et délits commis par la voie de la presse.

D'après le ministre de la justice, M. Glaser, appelé à cette occasion à définir les délits politiques, on doit comprendre sous cette dénomination les infractions qui sont le *plus souvent* dictées par des raisons politiques. Ainsi le meurtre peut avoir un motif politique; mais ce n'est pas un délit politique puisque la plupart du temps il ne s'explique pas par des raisons politiques.

[2] Le Code pénal auquel le texte se réfère dans cet alinéa et les alinéa suivants est celui du 27 mai 1852, intitulé *Allgemeines Strafgesetz*. Le Code de 1852 a déjà subi des modifications très-importantes: ainsi, notamment, les châtiments corporels à infliger aux prisonniers (art. 19, Code pénal) ont été abolis par la loi du 15 novembre 1867.

Un projet de Code pénal a été déposé à la Chambre des députés du Reichsrath le 7 novembre 1874 (voir ci-dessus l'Introduction, p. xxxiv.)

mais dans tous les cas seulement lorsque l'une des circonstances indiquées dans l'article 86, alinéa 2, du Code pénal, s'est réalisée, ou dans les cas de l'article 85, lit. *b* et *c*, et de l'article 87 du même Code, lorsque l'acte d'accusation portera réquisition formelle, à raison de la gravité du danger ou du degré de méchanceté, de prononcer une peine de plus de cinq ans de reclusion.

d. Rapt (*Menschenraub*) (art. 90 et 91).

e. Exercice continu du commerce des esclaves (art. 95).

f. Enlèvement (art. 96 et 97) dans le cas où, d'après la loi, la peine est de cinq ans de reclusion au moins.

5. Abus d'autorité (art. 101 à 103).

6. Falsification de papiers publics (art. 106-117).

7. Falsification de monnaies (art. 118-121).

8. Outrage à la religion (*Religionsstörung*) (art. 122 et 123), mais seulement quand l'acte d'accusation contient réquisition formelle, en vertu de l'article 123, de prononcer une peine de plus de cinq ans de reclusion, à raison de la gravité du danger ou du degré de méchanceté.

9. Viol (*Nothzucht*) (art. 125-127).

10. Attentat à la pudeur (art. 128), quand l'une des conséquences prévues dans l'article 126 s'est produite, ou qu'il est demandé expressément dans l'acte d'accusation de prononcer, à raison des circonstances aggravantes, une peine de plus de cinq ans de reclusion.

11. Luxure contre nature (*Unzucht wider die Natur*) (art. 129), mais seulement dans les circonstances prévues dans l'article 130, alinéa 2.

12. Meurtre (*Mord*) et homicide (*Todtschlag*) (art. 134-143).

13. Avortement sans la volonté et la connaissance de la mère (art. 147 et 148) quand d'après la loi il y a lieu de prononcer une peine de cinq à dix ans de reclusion.

14. Abandon d'un enfant (art. 149 et 150) quand, d'après la loi, il y a lieu de prononcer une peine de cinq à dix ans de reclusion.

15. Blessures corporelles graves (art. 152 à 157) lorsque, selon la loi, il y a lieu de prononcer une peine de cinq à dix ans de reclusion.

16. Duel (art. 158-162) quand, d'après la loi, il y a lieu de prononcer une peine de cinq ans de reclusion au moins.

17. Incendie (art. 166-169) quand, d'après la loi, il y a lieu de prononcer une peine de cinq ans de reclusion au moins.

18. Vol (art. 171-176) quand, d'après l'article 179, il y a lieu de prononcer une peine de cinq à dix ans de reclusion.

19. Abus de confiance (*Veruntreuung*) (art. 181-184) quand, selon la loi, il y a lieu de prononcer une peine de cinq ans de reclusion au moins, et qu'en vertu de l'article 184 (Code pénal) il est demandé dans l'acte d'accusation de prononcer une condamnation à plus de cinq ans de reclusion à raison de circonstances aggravantes.

20. Rapine (*Raub*) (art. 190 à 195) quand, selon la loi, il y a lieu de prononcer une peine de cinq ans de reclusion au moins.

21. Tromperie (*Betrug*) (art. 170, 197 à 204).

22. Calomnie (art. 209 et 210) quand, dans l'acte d'accusation, est mentionnée l'une des circonstances indiquées dans l'art. 210, lit. *a-c*, et que par suite il est demandé de prononcer une condamnation à plus de cinq ans de reclusion.

23. Assistance prêtée pour la perpétration d'un crime (*Vorschub*), mais seulement dans le cas où il y a lieu de prononcer une peine de cinq à dix ans de reclusion selon l'article 218.

24. Mépris des décisions des autorités et soulèvement (art. 300, Code pénal, et art. III et IV de la loi du 17 décembre 1862).

25. Excitation à des actes d'hostilité (*Feindseligkeiten*) (art. 302).

Le tribunal appelé à connaître des crimes pour lesquels les dispositions précédentes n'attribuent pas compétence au jury ne peut dans aucun cas prononcer la peine de la reclusion pour plus de cinq ans.

ART. 7. Lorsque dans un ressort déterminé la juridiction du jury sera suspendue conformément aux dispositions légales, les articles 338, alinéa 2, 339 et 341 s'appliqueront en ce qui concerne la procédure principale et les voies de recours [1].

Art. 8. Les tribunaux de district (*Bezirksgerichte*) seront appelés à connaître de toutes les contraventions prévues par le Code pénal du 27 mai 1852 et de toutes celles qui sont expressément renvoyées aux tribunaux.

Art. 9. Le ministre de la justice est chargé de l'exécution de la présente loi. Il prendra, d'accord avec le ministre de l'intérieur, les mesures nécessaires à cet effet [2].

[1] Le gouvernement présenta en même temps que le Code d'instruction criminelle un projet de loi sur la suspension temporaire de la compétence du jury (*zeitweise Einstellung der Wirksamkeit der Geschwornengerichte*) à la Chambre des députés du Reichsrath. Le ministre de la justice, pour justifier ce projet, disait qu'il était possible que les jurés dans certains pays cherchassent à profiter des fonctions qu'ils remplissaient pour satisfaire leurs passions politiques ou religieuses. Si le gouvernement, disait-il, ne peut pas intervenir pour arrêter le mal en suspendant la compétence du jury, le mal se répandra et entraînera la suppression complète du jury.

Ce projet donna lieu aux discussions les plus vives dans la presse et dans les chambres. Une traduction de cette loi du 23 mai 1873 faite par M. Ortlieb, agrégé à la faculté de droit de Nancy, a été insérée dans l'*Annuaire de législation étrangère pour l'année 1874* (p. 254 et suiv.)

[2] L'arrêté pris le 19 novembre 1873 par le ministre de la justice, de concert avec le ministre de l'intérieur, figure au *Reichsgesetzblatt*, n° 128. Cet arrêté concerne surtout les fonctions du ministère public. Nous devons signaler en outre une remarquable circulaire de M. Glaser, du 25 novembre 1873, relative à l'exécution du nouveau Code, adressée aux procureurs généraux. Cette circulaire est relative aux droits et aux devoirs du ministère public.

CODE

D'INSTRUCTION CRIMINELLE

AUTRICHIEN.

CHAPITRE PREMIER.

DISPOSITIONS GÉNÉRALES.

ARTICLE PREMIER. Une peine ne peut être appliquée, à raison d'actes dont la répression est confiée aux tribunaux, qu'à la suite d'une procédure conforme aux prescriptions du présent Code d'instruction criminelle et en exécution d'un jugement émané du juge compétent [1].

[1] Cet article, qui reproduit l'article premier du Code d'instruction criminelle de 1850 et du Code de 1853, se rattache au principe consacré par l'art. 1er de la loi organique du 27 octobre 1862, selon lequel personne ne peut être soustrait à ses juges naturels. Des tribunaux d'exception ne peuvent être appelés à juger que dans les cas prévus par la loi. Aux termes de la loi du 5 mai 1869, il ne peut être fait exception à ces principes que par une décision du ministère approuvée par l'Empereur, en cas de guerre, de danger de guerre, de troubles intérieurs, de menées menaçant la Constitution ou la sécurité publique. D'après cette loi, quand il s'agit des crimes, délits et contraventions punis par les art. 58 à 62, 63, 64, 65, 68 à 75, 76 à 94, 98, 99, 134 à 138, 143, 157, 166 à 169, 212 à 221, 278 à 310, 312 à 330, 478 à 484 du Code pénal, ainsi que des infractions réprimées par la loi du 26 décembre 1862 et l'ordonnance du 24 octobre 1852, le délai de 48 heures fixé par l'art. 177 du présent Code est porté à 8 jours, l'application des dispositions des art. 192 à 194, relatives à la mise en liberté sous caution, est suspendue, les fonctionnaires de la police peuvent, sans observer les formalités de l'art. 141, procéder, à tout moment, à des visites domiciliaires sans ordonnance judiciaire, la saisie et l'ouverture des lettres peuvent avoir lieu sans autorisation de justice, sans que le prévenu soit arrêté et qu'il y ait visite domiciliaire.

Art. 2. La poursuite en justice d'un acte punissable n'a lieu que sur la réquisition d'un accusateur [1] (*Ankläger*).

Il est pourvu par l'institution de l'accusation privée à la poursuite des actes qui, aux termes de la loi pénale, ne peuvent être poursuivis que sur la demande d'une partie.

Tous les autres actes punissables sont du domaine de l'accusation publique, qui est exercée par le ministère public (*Staatsanwaltschaft*) et peut, à son défaut, passer à la partie civile dans les cas prévus par l'art. 48.

L'accusation publique s'éteint lorsque l'Empereur ordonne qu'il ne sera pas institué de procédure criminelle à l'occasion d'un acte punissable ou, si elle a été commencée, qu'elle sera suspendue [2].

Art. 3. Toutes les autorités qui prendront part à une procédure criminelle devront relever avec une égale attention les circonstances favorables ou défavorables à l'inculpé et seront tenues, même à défaut de dispositions expresses, de l'instruire de ses droits [3].

[1] Le mot *accusateur* est pris ici dans un sens large, il comprend à la fois l'accusateur public ou ministère public (*Staatsanwalt*), l'accusateur privé, la partie lésée. Comme on le verra par la suite, et comme nous l'avons déjà indiqué dans l'introduction placée en tête de ce volume, le nouveau Code d'instruction criminelle a tiré des conséquences nombreuses et très-absolues du principe du système accusatoire consacre par lui.

Selon la loi du 25 juillet 1867 sur la responsabilité ministérielle, l'accusation appartient aux deux Chambres du Reichsrath pour les faits relatifs aux fonctions des ministres.

[2] Cet alinéa se rattache à l'art. 13 de la loi constitutionnelle du 21 décembre 1867 sur le pouvoir judiciaire. Cet article réservait à un Code d'instruction criminelle de réglementer le droit pour l'Empereur de décider qu'il n'y aura pas lieu à une procédure criminelle, ou que la procédure commencée s'arrêtera.

Le droit d'amnistie de l'Empereur ne s'applique, comme l'indique le texte, qu'à l'accusation publique et non à l'accusation privée. Au contraire, rien n'empêche qu'il ne s'exerce dans le cas où la partie lésée agit subsidiairement, à la place du ministère public. L'accusation dans ce dernier cas conserve si bien son caractère d'accusation publique, qu'elle peut être reprise par le ministère public.

[3] Les articles 41, 208, 268, 340, 461, alin. 4, indiquent des cas spéciaux dans lesquels l'accusé doit être instruit expressément de ses droits.

Art. 4. Il peut être, sur la demande de la partie lésée, statué sur ses réclamations à fin de dommages et intérêts en même temps que sur les poursuites criminelles, s'il n'apparaît pas que la nécessité d'une plus longue instruction rende indispensable le renvoi devant le juge civil [1].

Art. 5. La compétence du juge chargé de l'instruction et du jugement au criminel s'étend aux questions civiles préjudicielles. La décision intervenue au civil sur des questions de cette nature ne lie pas le juge criminel en ce qui concerne la répression.

Cependant, quand la question préjudicielle intéresse la validité d'un mariage, la chose jugée au civil doit servir de base à la décision du juge criminel. S'il n'est pas encore intervenu de décision au civil et si l'instance est pendante, ou si le juge criminel en a lui-même provoqué une, parce que le fait, objet de l'inculpation, constituait un des empêchements au mariage qui doivent être re-

---

[1] Le Code de 1803 (art. 522, 524, 1ʳᵉ partie) admettait que le juge criminel avait la faculté de statuer sur les droits de la partie lésée quand des débats on pouvait conclure quel était le montant du dommage éprouvé et quelle était la partie lésée. Le Code d'instruction criminelle de 1850 (art. 4, 401) admit que les intérêts de la partie lésée ne devaient être examinés par les tribunaux de répression que sur sa demande et quand ces tribunaux avaient les éléments nécessaires à cet effet. Le Code de 1853 s'écarta du système du Code de 1850, imité du Code français : il disposa que le dommage résultant d'une infraction et les autres conséquences civiles devaient être constatés d'office soit dans l'instruction, soit dans les débats, et qu'il devait être statué d'office sur ces questions.

Aux termes du présent Code d'instruction criminelle, la partie lésée peut réclamer des dommages intérêts devant le tribunal de répression aux conditions fixées par l'art. 4. L'art. 172, dans le but de lui rendre possible l'exercice de ce droit, exige que la partie lésée soit, lors de sa déposition, questionnée sur le point de savoir si elle se joint à la procédure. (Voyez aussi art. 365.) Le droit de la partie lésée de se joindre à cette procédure peut être exercé jusqu'au commencement des débats. La partie lésée est considérée alors comme partie civile (*Privat-betheiligter*) et a en cette qualité des droits importants indiqués en détail dans le chap. v.

Voyez, sur les condamnations civiles, le chap. xxi.

levés d'office, il doit être sursis jusqu'à la décision du juge civil compétent, qui devra être hâtée s'il y a lieu.

ART. 6. Les délais impartis par le présent Code ne sont pas, sauf dispositions contraires, susceptibles d'être augmentés. N'est pas compris dans le délai le jour où il commence à courir. Y sont compris les dimanches, les jours fériés et le temps nécessaire pour faire parvenir les actes au tribunal [1] (*Diejenigen Tage, während welcher eine für das Gericht bestimmte Schrift sich auf dem Wege befand*).

ART. 7. Les amendes prononcées par le présent Code, qui ne pourront être acquittées par le condamné, se convertiront en une peine d'un jour d'arrêt (*Arreststrafen*) par cinq florins. Le condamné pourra demander cette conversion si le payement de l'amende devait compromettre ses ressources ou ses moyens d'existence. Toutes les amendes seront consacrées à secourir les prisonniers besoigneux, lors de leur libération, et principalement à leur procurer une industrie honorable. Cet emploi sera réglé par une ordonnance.

[1] L'art. 364 autorise exceptionnellement la restitution contre l'expiration des délais de recours contre les décisions judiciaires.

CHAPITRE II.

DES TRIBUNAUX.

Art. 8. Ont juridiction en matière criminelle :

1° Les tribunaux de district (*Bezirksgerichte*);

2° Les cours de première instance (*Gerichtshöfe erster Instanz*);

3° Les cours d'assises (*Geschwornengerichte*);

4° Les cours de seconde instance (*Gerichtshöfe zweiter Instanz*);

5° La cour suprême comme cour de cassation (*oberster Gerichtshof als Cassationshof*).

La juridiction de chaque tribunal criminel s'étend à tout son ressort et à toutes les personnes qui s'y trouvent, sauf les exceptions établies par le présent Code [1]. Toute personne citée devant un tribunal criminel est tenue de comparaître devant lui, de répondre à ses demandes et d'obéir à ses injonctions.

I. — DES TRIBUNAUX DE DISTRICT (*BEZIRKSGERICHTE*).

Art. 9. Au juge unique constituant le tribunal de district appartiennent :

1° La procédure relative aux contraventions dont la connaissance lui est déférée par la loi sur la mise en vigueur du présent Code;

2° Le concours aux constatations préliminaires (*Vorerhebungen*) et aux instructions auxquelles il doit être procédé en matière de crime et de délit, aux termes du présent Code d'instruction criminelle [2].

[1] Voyez ces exceptions dans les art. 60 et 61. — [2] Voyez art. 88 et 89.

Dans les villes où il existe plusieurs tribunaux de district, la juridiction criminelle appartiendra exclusivement à ceux auxquels elle aura été attribuée par des ordonnances spéciales.

II. — COURS DE PREMIÈRE INSTANCE.

ART. 10. La juridiction des cours de première instance comprend :

1° L'instruction (art. 11);

2° Les pouvoirs de la chambre du conseil en matière de constatations préliminaires et de recherches (art. 12):

3° La décision du fond (art. 13, § 1):

4° La connaissance en appel des contraventions (art. 23, § 2).

ART. 11. Dans chaque cour de première instance, un ou plusieurs membres seront désignés pour remplir les fonctions de juge d'instruction. Au juge d'instruction appartient la recherche de tous les crimes et délits.

ART. 12. Une section de la cour de première instance exerce sa surveillance en qualité de chambre du conseil[1] sur les constatations préliminaires et les actes d'instruction auxquels il est procédé en vertu des art. 9, § 2, et art. 11, et use à cette occasion des pouvoirs qui lui sont déférés par le présent Code[2].

Dans certains cas la chambre du conseil pourra, après avoir entendu l'accusateur, déléguer un tribunal de district situé dans

---

[1] La chambre du conseil est une création nouvelle en ce sens que les attributions déférées à une section déterminée de la cour de première instance, composée de membres qui y sont attachés pour l'année, appartenaient à la cour entière, d'après le Code d'instruction criminelle de 1853.

[2] Voyez art. 40, 43, 45, 48, 59, 64, 74, 92, 94, 95, 97, 108, 109, 113, 145, 147, 192, 196, 208, 225, 226, 227, 352, 416, 425.

le ressort de la cour pour faire des actes d'instruction et procéder aux constatations en matière de crimes et délits. Elle pourra cependant à toute époque reprendre l'affaire. Elle en sera tenue si l'accusateur ou l'inculpé le demande.

La chambre du conseil prend ses résolutions en réunion de trois juges.

Art. 13. Aux cours de première instance appartiennent :

1° La connaissance et le jugement (*Hauptverhandlung und Entscheidung*) des crimes et des délits qui ne sont pas de la compétence des cours d'assises (*Geschwornengerichte*) ;

2° La connaissance et le jugement (*Verhandlung und Entscheidung*) des recours exercés contre les décisions et les ordonnances (*Verfügungen*) des tribunaux de district.

Dans ces deux cas, le tribunal est constitué par la réunion de quatre juges.

Les résolutions qui, aux termes du présent Code, doivent être prises par les cours de première instance en matière criminelle seront toutes, à l'exception de celles qui interviennent sur le fond de l'affaire, prises en réunion de trois juges à moins qu'il n'en soit autrement ordonné [1].

III. — COURS D'ASSISES (*GESCHWORNENGERICHTE*).

Art. 14. Aux cours d'assises constituées conformément aux prescriptions du chapitre XIX, appartiennent la connaissance et le jugement (*Hauptverhandlung und Entscheidung*) des crimes et délits qui leur seront renvoyés aux termes de la loi sur la mise en vigueur du présent Code.

[1] Les art. 357, 401, 410, 411, 435 indiquent des cas où les juges doivent être au nombre de quatre, quoiqu'il ne s'agisse pas de statuer sur le fond de l'affaire.

IV. — COURS DE SECONDE INSTANCE.

ART. **15**. Les cours de seconde instance statuent sur les recours contre les résolutions de la chambre du conseil (art. 114), les oppositions formées contre la mise en état d'accusation (*Versetzung in den Anklagestand*) et l'appel autorisé par les art. 283 et 343. Elles ont de plus un pouvoir de contrôle sur les actes des tribunaux criminels de leur ressort, et statuent sur les réclamations que soulèvent ces actes, sauf lorsqu'ils ne peuvent être déférés à la justice ou lorsqu'ils doivent l'être par une autre voie. Les cours de seconde instance prennent leurs résolutions en réunion de cinq juges [1].

V. — COUR DE CASSATION (*OBERSTER GERICHTSHOF ALS CASSATIONSHOF*).

ART. **16**. La Cour suprême statue comme cour de cassation sur tous les pourvois (*Nichtigkeitsbeschwerden*) formés aux termes du présent Code d'instruction criminelle [2].

Elle prend ses résolutions en réunion de sept juges.

VI. — COMPOSITION DES CHAMBRES (*RICHTERCOLLEGIEN*) ET VOTE.

ART. **17**. Les décisions en matière criminelle ne peuvent être rendues par les chambres à un nombre de voix moindre ou plus grand que celui fixé par les art. 12 à 16, celle du président de la chambre comprise [3].

[1] D'autres attributions sont conférées aux cours de seconde instance par les art. 39, 48, 59, 62, 64, 74, 190, 194, 352, 353, 354, 355, 356, 357, 392, 395, 401, 406, 410, 491 et 493.

[2] La Cour suprême ne statue pas seulement sur les pourvois en nullité (*Nichtigkeitsbeschwerden*); elle a encore en matière pénale des attributions que lui confèrent les art. 54, 64, 73, 74, 341, 362, 410 et 411.

[3] L'inobservation de cette disposition

Aṛt. 18. Les sections (dites *Senate*) des cours auxquelles est déférée la connaissance des crimes et délits (*Strafsachen*), aux termes des art. 12, 13, 15 et 16, doivent être composées par le président, au commencement de chaque année, pour toute la durée de ladite année [1]. Chacune comprend un président, des juges titulaires et des juges suppléants [2]. Les suppléants du président comme ceux des juges doivent être désignés. Si des changements dans le personnel de la cour mettent une ou plusieurs de ces sections permanentes hors d'état de fonctionner, le président de la cour est autorisé à opérer pour le reste de l'année les modifications indispensables dans la composition de ces sections.

Aṛt. 19. Dans toute chambre une délibération précède le vote. Le rapporteur, dans le cas où il en a été institué un conformément à la loi, donne sa voix le premier, le président, qui prend part au vote comme les autres juges, le dernier. Les juges donnent leurs voix, les plus anciens avant les plus jeunes [3].

peut entraîner en certains cas la nullité de la procédure.

L'art. 292 fait une exception en décidant que les membres de la Cour de cassation devront être au nombre de onze pour statuer sur les pourvois formés dans l'intérêt de la loi. Une autre exception est faite aussi par l'art. 3 de la loi sur la suspension temporaire du jury, qui exige dix juges pour statuer sur les crimes pouvant entraîner une condamnation à mort ou à plus de cinq ans de prison.

[1] Les sections de la Cour de cassation ne sont pas permanentes. On en a donné pour motif principal que, dans l'instruction des affaires auprès des tribunaux inférieurs, il devait être fait usage de la langue parlée par l'inculpé, et que dès lors il fallait laisser une grande latitude pour la composition des sections de la Cour suprême, afin qu'on y pût toujours placer des juges en état de comprendre sans interprète les réponses faites par cet inculpé dans la procédure. (Rapport de la Commission de la Chambre des seigneurs.)

[2] Le juge d'instruction peut-il faire partie de la chambre du conseil? Les commentateurs ne s'accordent pas sur la solution à donner à cette question.

La loi ne fixe pas le nombre des juges suppléants; le projet du Gouvernement de 1872 le portait à 1 ou 2.

[3] Le Code d'instruction criminelle de 1850 (art. 9) prescrivait au contraire de recueillir d'abord le vote des plus jeunes. Le nouveau Code reproduit la disposition de l'art. 11 du Code de 1853.

Art. 20. Sauf disposition contraire de la loi, toute décision doit être prise à la majorité absolue, c'est-à-dire à la moitié plus une des voix recueillies [1]. Si les voix se divisent sur plus de deux opinions, de telle sorte qu'aucune n'obtienne la majorité requise, le président cherche, en divisant les questions et en faisant aller de nouveau aux voix, à obtenir la majorité absolue. S'il n'y réussit pas, les voix données à l'opinion la moins favorable à l'inculpé seront comptées à celle qui en diffère le moins, et ainsi de suite jusqu'à ce qu'une majorité absolue soit acquise.

A égalité de voix, la décision doit dans tous les cas être conforme à l'opinion la plus favorable à l'accusé [2].

En cas de désaccord sur le point de savoir laquelle des deux opinions est la moins favorable à l'inculpé, cette question doit faire l'objet d'un vote spécial préliminaire. Si dans ce vote les opinions réunissent un nombre égal de voix, la voix du président est prépondérante.

Art. 21. Les questions relatives à la compétence du tribunal, à la nécessité de compléter la procédure, ainsi que les autres questions préalables, doivent toujours avoir la priorité du vote. Si la majorité décide que, malgré le doute élevé sur ces questions, il y a lieu de passer outre à la décision du fond, les juges restés en minorité sont tenus de voter sur le fond.

Art. 22. Pour la décision du fond, la question de savoir si l'accusé est coupable du fait relevé à sa charge doit toujours

[1] Les art. 362 et 442 indiquent des cas exceptionnels où l'unanimité est requise.

[2] Le nouveau Code est plus favorable à l'accusé que les Codes de 1850 et 1853. D'après ces deux Codes, les juges composant les cours étaient en nombre impair; selon le nouveau Code ils doivent en principe être en nombre pair (quatre). Par suite, trois voix sont nécessaires pour la condamnation de l'accusé.

être séparée de la question d'application de la peine, et mise aux voix la première. Si plusieurs faits punissables sont relevés à la charge de l'accusé, il doit être pris pour chacun de ces faits une décision spéciale sur la culpabilité ou la non-culpabilité. La délibération sur l'application de la peine ne doit porter que sur les actes punissables dont l'accusé a été reconnu coupable. Les juges qui n'ont pas reconnu sa culpabilité relativement à l'un des faits relevés à sa charge peuvent, à raison de la décision prise sur la question de culpabilité, s'abstenir sur celle d'application de la peine. En cas d'abstention, leurs voix doivent être ajoutées à celles de leurs collègues qui ont émis l'opinion la plus favorable à l'accusé.

VII. — AUXILIAIRES DES TRIBUNAUX (*NEBENPERSONEN*).

ART. 23. Un greffier doit assister à chaque audience et en dresser procès-verbal. Ce greffier, ainsi que les personnes employées à dresser les procès-verbaux des constatations préliminaires de l'instruction en matière de crime et de délit, seront assermentés à cet effet.

VIII. — RAPPORTS DES TRIBUNAUX CRIMINELS AVEC LES AUTRES AUTORITÉS.

ART. 24. Les autorités de police, au nombre desquelles doit être compris le maire de la commune (*Gemeindevorsteher*), doivent rechercher tous les crimes et délits lorsqu'ils ne sont pas poursuivis sur la plainte d'une partie lésée. Elles doivent, lorsque l'intervention du juge d'instruction ne peut se produire immédiatement, prendre les mesures préparatoires qui ne souffrent aucun délai et qui sont de nature à éclaircir l'affaire ou à prévenir la disparition des indices d'un acte punissable ou la fuite de l'auteur. Les autorités de police et leurs auxiliaires ne peuvent, dans l'exercice des fonctions qui leur sont déférées par la loi criminelle, procéder sans réquisition à des perquisitions et opérer des arrestations, que dans les cas prévus par le Code d'instruction criminelle. Elles doivent alors donner avis immédiatement, au ministère public compétent et au juge d'instruction, de leur intervention et des résultats obtenus [1].

Art. 25. Il est interdit sous les peines les plus sévères aux officiers de police et à tous les fonctionnaires et employés publics de travailler, pour créer des motifs de suspicion ou convaincre un individu suspect, à induire cet individu à entreprendre, poursuivre ou achever d'exécuter un acte punissable ou de lui surprendre, à l'aide de personnes secrètement apostées, un aveu qui doit être porté devant le juge.

Art. 26. Les tribunaux criminels ont le droit de correspondre directement par voie de réquisition avec toutes les autorités de l'État, de la province et de la commune (*Staats-, Landes- und Gemeinde-Behörden*), appartenant aux pays représentés au Reichsrath. Toutes ces autorités sont tenues de leur prêter leur assistance et de répondre à leurs réquisitions avec toute la diligence possible, ou de les informer des obstacles qui les arrêtent. Les tribunaux criminels peuvent également communiquer directement avec les autorités du royaume de Hongrie et celles des pays étrangers, sauf dans le cas où il en est autrement décidé par des dispositions spéciales.

Art. 27. Lorsqu'un tribunal criminel remarque que ces autorités apportent quelque négligence ou quelque lenteur à répondre aux réquisitions par lui adressées, il doit ou en informer leur supérieur immédiat ou dénoncer le fait à la cour de seconde ins-

[1] Voyez les art. 88, 141, 177.

tance au ressort de laquelle il appartient, pour qu'il y soit porté remède dans la forme convenable. Faute de ce, le tribunal ne pourra invoquer la négligence d'une autre autorité pour décharger sa propre responsabilité.

Cette disposition est applicable, même lorsque le ministère public n'accomplit pas ponctuellement son devoir dans les cas où la loi l'oblige à produire des explications ou à faire des réquisitions dans un délai déterminé.

Art. 28. Les tribunaux criminels sont autorisés à requérir, lorsque les circonstances l'exigent, directement et sans l'intermédiaire d'une autre autorité, l'assistance de la force armée.

CHAPITRE III.

DU MINISTÈRE PUBLIC (*STAATSANWALTSCHAFT*).

ART. 29. Il sera institué près chaque cour de première instance un procureur d'État (*Staatsanwalt*), près chaque cour de seconde instance un procureur général d'État (*Oberstaatsanwalt*), et près la Cour de cassation un procureur général (*General-Procurator*). Il leur sera adjoint un nombre convenable de substituts (*Stellvertreter*). Les substituts, lorsqu'ils remplacent leurs chefs respectifs, sont légalement investis de toutes leurs fonctions.

ART. 30. Les membres du ministère public ont la garde des intérêts de l'État dans le cercle de leurs attributions. Ils sont, dans l'exercice de leurs fonctions, indépendants des tribunaux près lesquels ils sont placés. Les procureurs d'État près les cours de première instance sont subordonnés aux procureurs généraux d'État près les cours de seconde instance, et ces derniers, ainsi que le procureur général près la Cour de cassation, au ministre de la justice [1].

ART. 31. Le ministère public près la cour de première instance prend part aux constatations, à l'instruction et aux débats relatifs à des crimes ou délits, ainsi qu'aux débats sur l'appel interjeté devant cette cour des décisions des tribunaux de district, et aux

[1] Les art. 29 et 30 posent en principe l'unité et l'indivisibilité du ministère public, ainsi que son indépendance à l'égard des tribunaux. Soumis directement au ministre de la justice, tous les membres du ministère public doivent suivre ses instructions. (Rulf, p. 82, 83.) Les procureurs généraux d'État ne sont que des organes du pouvoir exécutif. (Rapport de la Commission de la Chambre des députés, 1869, p. 35.)

débats devant la cour d'assises siégeant dans le ressort de la cour de première instance.

Il a le droit de prendre part, en personne ou par un substitut, aux actes qui sont de la compétence du tribunal de district. Il doit envoyer au procureur général d'État un rapport mensuel sur les affaires jugées et sur celles qui sont encore pendantes, ainsi que sur l'état de ces dernières. Il doit aussi, lorsqu'il y a doute sur l'opportunité de commencer ou de suspendre une instruction, ou même, en cas de mesure importante à prendre dans le cours d'une instruction, lui en donner avis et suivre ses indications.

Art. 32. Le procureur général d'État près les cours de seconde instance intervient dans les actes qui s'accomplissent devant ces cours. Il a de plus la surveillance de tous les organes du ministère public près les cours de première instance et les tribunaux de district du ressort de la cour de seconde instance. Il a le droit d'intervenir, par lui-même ou par un substitut, dans les affaires criminelles pour y exercer les actes de ses fonctions.

Art. 33. Le procureur général ou ses substituts interviennent dans les actes qui s'accomplissent devant la Cour de cassation.

Le procureur général près la Cour de cassation peut, d'office ou sur l'invitation du ministre de la justice, former un pourvoi dans l'intérêt de la loi contre les jugements des tribunaux criminels pour violation ou fausse application de la loi et contre toute décision ou tout incident (*Vorgang*) qui parvient à sa connaissance, et cela, alors même que l'accusé ou l'accusateur n'aurait pas usé dans le délai légal de la faculté de se pourvoir. Les procureurs d'État sont tenus, lorsqu'il leur apparaît qu'il y a matière à pourvoi, de soumettre l'affaire aux procureurs généraux d'État, qui apprécient s'il y a lieu de dénoncer le cas au procureur général [1].

[1] Voyez art. 292.

Art. 34. Les procureurs d'État doivent poursuivre d'office tous les actes punissables qui parviennent à leur connaissance, sauf ceux qui ne peuvent donner lieu à une instruction et à une condamnation que sur la demande de la partie intéressée, et provoquer à leur occasion une instruction et une condamnation par le tribunal compétent. Ils doivent veiller à ce que tous les moyens propres à découvrir la vérité soient mis en œuvre. Ils ont le droit de prendre en tout temps, par le vu des pièces, connaissance de l'état de l'instruction en cours ou d'en demander communication et de prendre les réquisitions qu'ils jugeront convenables, sans cependant arrêter la marche de la procédure. S'ils remarquent des irrégularités ou des retards, ils doivent y porter remède par les moyens que la loi met à leur disposition.

Les procureurs d'État interviennent dans l'exécution des peines, dans la mesure déterminée par le présent Code d'instruction criminelle.

Art. 35. Les procureurs d'État prennent de vive voix ou par écrit leurs réquisitions qui doivent toujours être suivies d'une ordonnance ou d'une décision du juge. Ils donnent de la même manière des explications sur la défense de l'inculpé ou sur les questions posées par le tribunal. Ils peuvent assister aux délibérations de la cour, toutes les fois qu'il ne s'agit pas d'une décision à prendre sur le fond ou sur un appel ou un pourvoi. Ils n'ont cependant pas le droit d'être présents au vote et au formulé de la décision.

Art. 36. Les procureurs d'État ont le droit d'entrer en relations directes avec les autorités de police et les autres autorités de l'État, de la province et de la commune, et de réclamer leur assistance, et au besoin celle de la force armée, sans l'intermédiaire d'une autre autorité. Les autorités de police et les employés placés sous leurs ordres doivent obéir à leurs réquisitions.

Art. 37. Le procureur général près la Cour de cassation et les procureurs généraux d'État doivent adresser au ministre de la justice, à l'expiration de chaque année, un rapport sur les affaires criminelles jugées dans le courant de l'année, sur celles qui restent à juger et sur l'administration de la justice criminelle, ainsi que sur les vices reconnus dans la législation et dans la marche des affaires [1].

---

[1] Le ministère public a encore d'assez nombreuses fonctions qui lui sont conférées par des dispositions distinctes du Code d'instruction criminelle. Ainsi les procureurs d'État ont la surveillance des prisons, d'après la loi du 1er avril 1872 sur l'exécution des peines privatives de la liberté; ils sont membres de la commission d'exécution, et, comme tels, ils ne sont pas seulement appelés à coopérer aux décisions, ils doivent encore dénoncer au ministre de la justice les décisions illégales (voir la traduction de cette loi, *Annuaire de la législation étrangère* de 1873). La loi du 25 juillet 1871 sur le notariat, et celle du 1er avril 1872 sur l'exercice du pouvoir disciplinaire dans l'ordre des avocats, donnent encore d'importantes fonctions au ministère public.

CHAPITRE IV.

DE L'INCULPÉ ET DE SA DÉFENSE.

Art. 38. L'individu soupçonné d'avoir commis un acte punissable ne peut être considéré comme inculpé (*Beschuldigter*) que lorsqu'il a été l'objet d'un acte d'accusation ou d'une réquisition d'instruire. Est considéré comme accusé (*Angeklagter*) l'individu qui a été renvoyé devant le tribunal pour être jugé. Les dispositions de la présente loi relatives à l'inculpé sont applicables, en tant qu'elles ne sont pas limitées par leur nature à l'instruction, aux individus soupçonnés d'avoir commis un acte coupable et à celui qui, comme tel, a été cité à comparaître ou qui est l'objet d'un mandat de dépôt (*Verwahrung*) ou d'arrêt (*Haft*).

Art. 39. Tout inculpé peut se faire assister d'un défenseur choisi parmi ceux qui sont inscrits sur la liste des défenseurs d'un des pays représentés au Reichsrath.

Le père, le tuteur ou le curateur peut constituer un défenseur au mineur ou au pupille, même contre la volonté de celui-ci.

Chaque cour de seconde instance dresse pour son ressort une liste de défenseurs, qui doit être renouvelée au commencement de chaque année, et la transmet à tous les tribunaux criminels qui doivent la communiquer au public. Sur cette liste figurent d'abord tous les avocats exerçant réellement leur profession dans le ressort de la cour. Y doivent être également admis, sur leur demande, les personnes qui ont passé leurs examens de droit pour la judicature, le barreau ou le notariat, ainsi que tous les docteurs en droit qui sont membres du corps enseignant d'une faculté de

droit ou d'administration [1], à moins qu'il n'existe des empêchements légaux de nature à les exclure de la judicature, du barreau
ou du notariat. Quiconque s'estime lésé pour avoir été exclu de
la liste peut se pourvoir auprès du ministre de la justice [2].

Les fonctionnaires de l'État ne peuvent être admis sur la liste
qu'avec l'assentiment de leurs supérieurs hiérarchiques.

ART. 40. Ne peuvent assister le prévenu comme défenseurs,
pendant les débats, les personnes qui y figurent en qualité de
témoin. La chambre du conseil décide s'il y a lieu d'exclure de
la défense, dans le cours de la procédure qui précède les débats,
certaines personnes, soit parce qu'elles ont été entendues comme
témoins, soit parce qu'elles doivent être citées pour être entendues
dans le cours des débats.

L'inculpé peut se faire assister de plusieurs défenseurs [3]; mais
les débats ne peuvent être prolongés dans ce cas par les explications fournies en son nom.

ART. 41. Lors de la notification de l'acte d'accusation, l'inculpé
doit être averti qu'il a le droit de prendre un défenseur [4]. En

---

[1] Le projet du Gouvernement de 1867 comprenait dans la liste des défenseurs tous les docteurs en droit.

[2] La loi détermine limitativement les personnes qui peuvent être choisies comme défenseurs. Toutefois, en matière de contraventions, le prévenu peut choisir son représentant en dehors de la liste des défenseurs (art. 455).

[3] Cette disposition résout en faveur de l'accusé une question discutée sous l'empire des Codes de 1850 et de 1853.

[4] Il n'en faudrait pas conclure qu'un avertissement de ce genre n'est pas prescrit par la loi durant l'instruction. L'ar-

ticle 3 du Code d'instruction criminelle impose aux magistrats l'obligation d'instruire l'inculpé de ses droits, même dans les cas pour lesquels il n'existe aucune disposition expresse spéciale.

La désignation d'un défenseur n'est nécessaire que pour les débats devant la cour d'assises; elle doit avoir lieu même contrairement à la volonté de l'accusé, à peine de nullité. (Voyez aussi désigna-tion d'un défenseur d'office par la Cour de cassation, art. 347.)

Voyez, sur le cas où le défenseur désigné ne se présente pas, l'article 274.

cas de renvoi devant la cour d'assises, il doit être désigné d'office un défenseur à l'accusé s'il refuse de s'en pourvoir.

S'il est à la connaissance du tribunal que l'inculpé n'est pas en état de faire les frais de sa défense, il lui est donné, sur sa demande, un représentant des pauvres (*Armenvertreter*) pour suivre le recours qu'il a introduit, soutenir l'opposition qu'il a formée contre l'acte d'accusation, et présenter sa défense à l'audience.

Art. 42. Dans tous les cas où un défenseur doit être désigné par le tribunal [1], il doit être pris, autant que possible, parmi ceux qui résident dans la localité où siége ce tribunal (art. 39).

Dans les localités où il existe un conseil de discipline des avocats (*Advocatenausschuss*), c'est à ce conseil qu'il appartient de désigner un défenseur parmi les avocats et les stagiaires (*Advokatur-candidaten*).

S'il y a plusieurs coïnculpés, il peut leur être désigné un défenseur unique. Il doit être cependant, sur la demande d'un des inculpés ou du défenseur, ou même d'office, pourvu à la représentation spéciale de chacun des inculpés qui ont des intérêts contraires.

Art. 43. Toute personne inscrite sur la liste des défenseurs est tenue d'accepter la défense qui lui est confiée au lieu de sa résidence. La chambre du conseil statue sur les excuses qu'elle présente. Les officiers établis près le tribunal, et aptes à remplir les fonctions de juge, doivent accepter la défense que le président leur confie faute d'autre défenseur, alors même qu'ils ne sont pas inscrits sur la liste des défenseurs [2].

---

[1] Il est désigné, suivant la période de la procédure dans laquelle on se place, par le juge d'instruction ou par le président de la chambre du conseil (si le juge d'instruction n'a pas été saisi) jusqu'au moment où l'acte d'accusation est soumis à la cour (art. 210); à partir de ce moment, par la cour.

[2] Mittermaïer a critiqué vivement le système qui autorise à désigner comme défenseurs des stagiaires attachés au tribunal. Il dit qu'il n'est pas digne de faire

Art. 44. Le défenseur, une fois désigné, n'a pas besoin d'un pouvoir spécial pour chaque acte de procédure, ni même pour demander la reprise de la procédure. L'inculpé peut toujours confier sa défense à une personne autre que celle qui a été choisie par lui. Les pouvoirs du défenseur nommé d'office cessent dès que l'inculpé a désigné un autre défenseur. Dans ce cas, la marche de la procédure ne doit pas être retardée par ces changements.

Art. 45. Au cours des constatations préliminaires et de l'instruction, l'inculpé peut se faire assister d'un conseil choisi sur la liste des défenseurs [1], soit pour veiller à la conservation de ses droits à chaque acte de la procédure qui intéresse directement l'établissement du fait et qui ne peut être renouvelé plus tard, soit pour suivre sur un recours déjà formé par lui. S'il est détenu, il pourra s'entretenir avec lui en présence d'une personne attachée au tribunal. Ce conseil pourra prendre connaissance de tout ou partie des actes si le juge d'instruction et, en cas de contestation, la chambre du conseil juge cette communication compatible avec le but de l'instruction. En tous cas il doit lui être délivré, sur sa demande, copie du mandat d'arrêt (*Verhaftsbefehl*) et de ses motifs, ainsi que de toute ordonnance du juge contre laquelle l'inculpé s'est pourvu.

Après la notification de l'acte d'accusation, l'inculpé peut s'entretenir avec son défenseur hors la présence d'un tiers. Ils ont l'un et l'autre le droit de prendre connaissance des actes, à l'exception du procès-verbal de délibération de la cour, et d'en tirer copie. Il doit leur être délivré, sur leur demande, copie sans frais des procès-verbaux des visites de lieux, des rapports d'experts, des ....terminent l'objet du procès criminel.

---

acquérir à des gens inexpérimentés de l'expérience au détriment de l'accusé. Il ajoute que de tels défenseurs ne jouissent pas d'une indépendance suffisante à l'égard des juges ou de l'État.

[1] Sous l'empire de la législation antérieure, le droit pour l'accusé d'avoir un défenseur durant l'instruction était contesté.

CHAPITRE V.

DE L'ACCUSATEUR PRIVÉ ET DE LA PARTIE CIVILE
(*PRIVATANKLÄGER UND PRIVATBETHEILIGTER*) [1].

ART. 46. Lorsqu'il s'agit d'un délit qui, aux termes de la loi pénale, ne peut être poursuivi que sur la demande d'un individu lésé [2], celui-ci a le droit de formuler oralement, ou par écrit.

[1] Le Code d'instruction criminelle autrichien, en restreignant ce qu'on a appelé *le monopole* du ministère public en matière d'accusation, apporte à la législation antérieure dans les articles 46 à 5o des modifications assez importantes.

Le Code de 1803, qui consacrait le système inquisitorial, ne se préoccupait naturellement pas du droit de la personne lésée de participer à l'accusation. Le Code de 185o lui reconnaissait le droit d'accusation en ce qui concerne les crimes, délits et contraventions qui ne peuvent être poursuivis que sur sa plainte formelle (art. 3o7, 4o4, 438). Seulement elle devait demander d'abord au ministère public d'exercer des poursuites, et ce n'était qu'autant qu'il s'y refusait, qu'elle pouvait agir elle-même. Cette sorte de droit d'accusation subsidiaire était admise en matière de contraventions, même quant à celles qui pouvaient être poursuivies sans plainte préalable. En outre, la partie lésée pouvait toujours se joindre à l'accusation; alors elle avait le droit de faire statuer sur ses intérêts privés en même temps que sur le procès

criminel, sans avoir celui de participer aux poursuites au point de vue pénal.

Le Code de 1853 réglementait en général, comme le Code de 185o, le droit d'accusation de la partie lésée.

Le nouveau Code d'instruction criminelle admet aussi que la partie lésée peut intenter l'accusation quand il s'agit d'infractions qui ne peuvent être poursuivies que sur sa plainte. Seulement il n'est plus nécessaire que la personne lésée s'adresse d'abord au ministère public pour provoquer des poursuites de sa part.

C'est principalement quant au droit d'accusation relatif aux infractions qui peuvent être poursuivies sans plainte préalable que le nouveau Code contient d'importantes innovations. La partie lésée qui a déclaré se joindre à la procédure pénale peut soutenir l'accusation en un certain nombre de cas mentionnés dans l'article 48.

[2] Les crimes peuvent être tous, sans exception, poursuivis d'office; l'accusation privée dont il est question dans cet article ne concerne donc jamais que les délits et les contraventions.

devant le tribunal criminel en qualité d'accusateur privé, sa requête tendant à ce qu'une poursuite soit instituée.

L'accusateur privé a le droit, au cours des constatations préliminaires et de l'instruction, de mettre à la disposition du tribunal tout ce qui peut soutenir son accusation, de prendre connaissance des actes et de procéder auprès du tribunal pour les besoins de son accusation. de la même façon que le ministère public [1]. Si l'accusa-

[1] La partie lésée, qui joue le rôle d'accusateur privé dans les cas prévus par l'article 46, jouit en cette qualité de droits nombreux et importants.

L'accusateur privé peut à son choix ou demander une instruction, ou provoquer la mise en état d'accusation en présentant un acte d'accusation (art. 91 et 207). Il peut demander au ministère public de le représenter (art. 46, 2° alinéa); mais, en ce cas, l'accusation ne prend pas le caractère d'accusation publique.

L'accusateur privé, comme le ministère public, reste durant tout le cours de la procédure, jusqu'au moment où la cour se retire pour délibérer, seul maître de l'accusation. Il peut donc renoncer à l'accusation, et alors l'accusé doit être acquitté (art. 109, 227, 259).

Pendant l'instruction, l'accusateur privé a le droit de transmettre au tribunal tout ce qui peut justifier l'accusation, de prendre connaissance de toutes les pièces et en général de faire tous les actes que peut faire le ministère public. Il peut proposer la citation de témoins ou d'experts; des compléments d'instruction (art. 224, 226); en cas de huis clos, réclamer l'autorisation de rester à l'audience pour trois personnes (art. 230). Il a la faculté de demander, en cas de non-comparution d'un témoin ou d'un expert, la remise ou la lecture des dépositions faites dans l'instruction (art. 242), d'adresser des questions à toute personne appelée à déposer (art. 249). Enfin, il doit montrer les résultats des preuves produites et poser des conclusions sur la culpabilité de l'accusé et sur les peines à lui appliquer (art. 255, 261, 263).

Devant la cour d'assises, l'accusateur privé a le droit de récuser le même nombre de jurés que l'accusé, de demander des modifications aux questions posées au jury, ou l'adjonction d'autres questions (art. 316), enfin de demander que l'instruction donnée par le président au jury soit consignée au procès-verbal (art. 325).

L'accusateur privé peut attaquer les jugements définitifs par un pourvoi en cassation, ou par un appel dans les limites fixées par les art. 282, 283, 346, 465, 479.

D'autres droits sont encore conférés à l'accusateur privé par les art. 62, 63. 72, 76, 193, 352, 355, 357, 362, 373, 421, 422, 425, 426, 487. (Voy. spécialement pour les contraventions les art. 448, 451, 455, 456.)

Des différences existent cependant entre l'accusateur privé et le ministère public. Elles dérivent de ce principe que le ministère public est non-seulement un accusateur privé a omis de déposer l'acte d'accusation ou de prendre les réquisitions nécessaires dans le délai prescrit par la loi, s'il ne comparaît pas aux débats ou s'il n'y prend pas de réquisitions sur le fond de l'affaire, il sera considéré comme ayant renoncé à la poursuite.

Le ministère public peut représenter, sur sa demande, l'accusateur privé.

Art. 47. Toute personne lésée par un crime ou par un délit qui doit être poursuivi d'office peut, jusqu'au commencement des débats, joindre son action civile à la procédure et devenir ainsi partie civile [1].

La partie civile a les droits ci-dessous énumérés :

1° Elle peut mettre à la disposition du ministère public et du juge d'instruction tout ce qui peut servir à établir la culpabilité de l'inculpé ou justifier sa demande en dommages et intérêts;

2° Elle peut prendre connaissance des actes même au cours des constatations préliminaires et de l'instruction, à moins qu'un motif particulier ne s'y oppose;

3° Elle doit être citée pour les débats, avec avertissement qu'en

teur, mais encore le représentant de l'intérêt public, et comme tel obligé de veiller à ce qu'un innocent ne soit pas condamné. Aussi l'accusateur privé ne peut pas, comme le ministère public, requérir les agents de la police afin de faire opérer des constatations, conclure à l'application de peines aux personnes qui troublent l'audience, attaquer des jugements ou demander une reprise de procédure en faveur de l'accusé, se pourvoir en cassation dans l'intérêt de la loi, etc.

Le ministère public ne peut jamais être condamné aux frais. Au contraire,

l'accusateur privé est condamné aux frais quand le procès n'aboutit pas à une condamnation (art. 390 et 393).

[1] Pour faciliter à la partie lésée la déclaration qu'elle se porte partie civile, l'article 172 prescrit au juge d'instruction de demander à la partie lésée, lors de sa déposition, si elle entend se joindre à la procédure; en outre, l'article 365 décide que, quand il y a incertitude sur le point de savoir si la partie lésée a connaissance de la procédure pénale, avis doit lui en être donné.

cas de non-comparution l'affaire sera néanmoins continuée, et qu'il sera donné lecture de ses réquisitions consignées dans la procédure. Elle peut poser des questions à l'accusé, aux témoins et aux experts, et obtenir la parole au cours des débats pour présenter des observations. A la clôture des débats, elle obtient la parole immédiatement après le réquisitoire du ministère public (*Schlussantrag*) pour développer et justifier sa demande et poser les conclusions sur lesquelles il sera statué en même temps que sur la culpabilité de l'inculpé.

Aʀт. 48. La partie civile a de plus le droit de soutenir et de mener à fin l'accusation publique au lieu et place du ministère public, dans les limites ci-dessous indiquées [1] :

1° Lorsque le ministère public écarte la plainte de la partie lésée et refuse de suivre, soit immédiatement, soit après les constatations préliminaires, la partie lésée doit en être avertie. Dans ce cas, si elle déclare se joindre à la procédure, elle a le droit de requérir de la chambre du conseil qu'une instruction soit commencée. La chambre du conseil doit statuer sur ces réquisitions, après toutefois qu'il a été procédé aux constatations obligées.

2° Quand le ministère public abandonne la poursuite d'un acte punissable avant que l'inculpé soit légalement en état d'accusation, il doit en être donné avis à la partie civile. Celle-ci a le droit de notifier oralement ou par écrit au juge d'instruction, dans les trois jours qui suivent la notification à elle faite, sa déclaration qu'elle reprend la poursuite. Si la partie lésée n'a pas été officiellement avertie de l'abandon de la poursuite par le ministère public, elle a pour faire cette déclaration trois mois à partir de la suspension de la procédure. Dans les deux cas, la déclaration, qui doit dési-

[1] Cet article contient une innovation importante en ce qu'il autorise la partie lésée à se porter accusateur lorsque le ministère public abandonne l'accusation. On appelle alors la partie lésée *Subsidiar-Ankläger*.

gner d'une façon précise l'inculpé et le fait relevé à sa charge, doit être soumise, avec l'ensemble de la procédure, à la cour de seconde instance qui, si elle estime qu'il y a motif suffisant de continuer la poursuite, ordonne que l'instruction sera commencée ou reprise. Si l'inculpé a déjà été interrogé sur le chef d'inculpation relevé contre lui, la cour de seconde instance peut, sur la déclaration de la partie civile, prononcer la mise en état d'accusation.

3° Si le ministère public abandonne l'accusation après la mise en état d'accusation [1], il doit en être fait notification à la partie civile avec avertissement qu'elle a le droit de reprendre l'accusation, à la condition de le déclarer dans les trois jours à la cour de première instance. La déclaration faite après ce délai est non avenue [2].

---

[1] Le ministère public peut abandonner l'accusation, soit avant, soit durant les débats. La disposition du troisième alinéa de l'article 48 est relative au premier cas; car, dans le second, la partie civile peut prendre la parole après le ministère public et faire valoir ses prétentions. Autrement, si un délai devait être accordé en ce cas à la partie civile, les débats seraient retardés; ce qui serait contraire aux articles 273 et 276, ainsi qu'à l'article 259, qui décide qu'il y a lieu à acquittement quand l'accusateur abandonne l'accusation.

[2] Les commentateurs du Code d'instruction criminelle constatent qu'ici ce Code présente une lacune : il ne résout pas les questions relatives aux rapports entre les divers accusateurs privés, quand il y en a plusieurs. Il est certain que, quand il y a plusieurs parties lésées, l'exercice de l'accusation privée par l'une d'elles n'enlève point aux autres le droit de l'exercer aussi. Mais alors il semble que, contrairement à la règle *non bis in idem*, le même individu pourrait être exposé à plusieurs accusations à raison du même fait.

Le projet de Code d'instruction criminelle pour l'empire d'Allemagne actuellement soumis au Reichstag admet dans une certaine mesure l'accusation privée, et, dans l'article 292, il a résolu les questions relatives au concours des accusateurs privés; selon cet article du projet, les accusateurs privés sont indépendants les uns des autres; cependant, si l'accusation a été formée par un seul d'entre eux, les autres ne peuvent que se joindre à la procédure commencée dans l'état où elle se trouve. Toute décision déjà rendue au profit de l'accusé produit ses effets, même à l'encontre de la partie lésée restée étrangère à l'accusation.

Art. 49. Dans le cas où l'accusation émane de la partie civile, le ministère public peut prendre connaissance de la procédure et il a toujours le droit de reprendre la poursuite en quelque état qu'elle soit [1].

Les dispositions du Code relatives à l'accusateur privé sont applicables à la partie civile qui porte l'accusation au lieu et place du ministère public [2], sous les réserves qui suivent :

1° Elle n'a pas la faculté de déposer l'acte d'accusation sans instruction préliminaire.

2° Elle n'a aucun recours contre les décisions de la chambre du conseil, sauf l'opposition contre la décision qui suspend l'instruction.

3° Elle n'est pas autorisée à se pourvoir contre les décisions de la cour de seconde instance ou contre le jugement qui a statué sur le fond. Elle peut former appel de ce jugement dans les conditions déterminées par les articles 283, 345, 465. Elle n'a pas le droit de proposer la reprise de la procédure.

4° La mise en liberté de l'inculpé ne doit pas être retardée à raison du droit conféré à la partie civile par l'article 48, § 2.

Dans le cas prévu par l'article 48, § 3, la chambre du conseil décide s'il y a lieu de différer la mise en liberté de l'accusé.

[1] Une question théorique, qui en Allemagne et en Autriche est très-vivement discutée, est celle de savoir comment il doit être procédé quand l'accusateur privé obtient l'autorisation d'exercer le droit d'accusation. Parmi les criminalistes, les uns pensent que l'exercice de ce droit doit être confié au ministère public et qu'ainsi on évite le *chantage*, danger inhérent au système de l'accusation privée. Les autres soutiennent que, pour ne pas donner au ministère public une situation peu digne et pour ne pas retirer d'une main ce qu'on accorde de l'autre, on doit laisser à l'accusateur privé le droit *exclusif* d'agir.

Le législateur du nouveau Code d'instruction criminelle a trouvé une sorte de transaction entre ces deux systèmes : il permet à l'accusateur privé d'intenter l'accusation à l'exclusion du ministère public; mais en même temps il autorise le ministère public à reprendre l'accusation abandonnée par l'accusateur privé.

[2] Voy. article 48.

Art. 5o. L'accusateur privé et la partie civile, ainsi que leurs représentants légaux, peuvent agir par eux-mêmes ou par un fondé de pouvoirs, et se faire assister d'un conseil choisi sur la liste des défenseurs.

Le tribunal peut, lorsqu'il le juge opportun, inviter l'accusateur privé ou la partie civile qui ne résident pas dans la localité où il siége à prendre un fondé de pouvoirs y résidant. Il peut aussi les avertir qu'ils aient à se faire assister d'un conseil choisi sur la liste des défenseurs.

CHAPITRE VI.

DE LA COMPÉTENCE DES TRIBUNAUX CRIMINELS;
DES AFFAIRES CONNEXES.

I. — DE L'ATTRIBUTION DE COMPÉTENCE [1] (*EINZELNE GERICHTSSTÄNDE*).

ART. **51.** En principe, est compétent pour connaître d'un acte punissable le tribunal dans le ressort duquel il a été commis, alors même que les conséquences qui se rattachent au fait se sont produites en d'autres lieux.

Si l'acte punissable a été commis dans plusieurs ressorts ou sur les limites de deux ressorts, ou si l'on ignore dans quel de plusieurs ressorts déterminés il a été commis, l'affaire est retenue par le tribunal qui s'en est le premier saisi par un acte d'instruction [2].

[1] En Autriche, sous le Code de 1803, la compétence, au regard de l'information, du tribunal du lieu où l'inculpé avait été saisi, était la règle (art. 218, 219, 1re partie; 278, 282, 2e partie).

Sous le Code de 1850, la compétence du tribunal du lieu où le fait a été commis était admise exceptionnellement (art. 60 et 62). Le tribunal du lieu du domicile ou de la résidence était compétent dans deux cas déterminés : 1° lorsque la personne lésée avait dénoncé le fait au tribunal dans le ressort duquel l'inculpé avait son domicile ou sa résidence et que le renvoi au tribunal du lieu où le fait avait été commis n'avait pas été demandé; 2° Lorsque le fait punissable, à l'occasion duquel il y avait lieu d'informer, avait été commis en pays étranger (art. 65). Dans ce dernier cas, si l'auteur présumé du fait n'avait ni domicile ni résidence sur le territoire national, le tribunal dans le ressort duquel il avait été arrêté était compétent.

Le Code de 1853 ne s'écartait pas sensiblement de ces principes.

[2] Il faut que cet acte soit un acte accompli contre l'inculpé, qu'une information spéciale soit dirigée contre un individu déterminé. Les actes qui peuvent être accomplis dans la période préliminaire à l'instruction proprement dite (*Vorerhebungen*), y compris même les mesures d'instruction dont il est parlé dans l'article 89, n'auraient pas le même effet. (Mitterbacher und Neumayer, Graz, 1873, p. 167.)

Si le lieu où le fait s'est passé est découvert avant la mise en accusation, le tribunal de ce lieu devient compétent pour continuer la procédure.

ART. 52. Lorsqu'un acte punissable a été dénoncé au tribunal dans le ressort duquel l'inculpé[1] (*Beschuldigter*) a son domicile ou sa résidence, ou dans le ressort duquel il se trouve, ce tribunal est compétent si le tribunal du ressort où le fait a été commis ne s'est pas encore saisi de l'affaire. Cependant, l'affaire doit être renvoyée à ce tribunal si le renvoi est demandé par le ministère public de l'un ou de l'autre de ces tribunaux, ou par l'accusateur privé, ou par l'inculpé. S'il y a plusieurs inculpés, la demande d'un seul suffit.

Lorsque la procédure instituée contre un individu détenu, inculpé d'un crime ou d'un délit, est suspendue avant les débats, s'il a été relevé à sa charge un acte punissable dont la répression appartient aux tribunaux de district, le tribunal de district compétent est celui dans le ressort duquel il est détenu. Cependant, dans ce cas encore, l'accusateur ou l'inculpé peuvent demander le renvoi au tribunal du lieu où le fait a été commis.

ART. 53. Le tribunal criminel qui a eu le premier connaissance d'un acte punissable commis dans un des pays représentés au Reichsrath est compétent pour suivre la procédure, jusqu'à ce que se produise une circonstance qui attribue compétence à un autre tribunal dans les termes des art. 51 et 52[2].

ART. 54. Lorsqu'un acte punissable a été commis hors des pays représentés au Reichsrath, le tribunal compétent, parmi ceux qui sont institués dans ces pays, est celui dans le ressort duquel l'in-

---

[1] Le mot inculpé n'est pas pris ici dans son acception technique déterminée par l'article 38.

[2] S'il n'est pas dessaisi de la sorte, ce tribunal est compétent pour mener à fin l'information.

culpé a son domicile ou sa résidence, ou, à défaut de domicile et de résidence, le tribunal dans le ressort duquel l'inculpé a été trouvé[1].

Lorsqu'un Gouvernement étranger ou une autorité des pays dépendant du royaume de Hongrie demande l'extradition d'un inculpé, ou lorsqu'il y a lieu de demander l'extradition et que la compétence d'un tribunal national n'est pas encore établie, la Cour de cassation décide, après avoir entendu le procureur général, quel est le tribunal compétent[2].

ART. 55. Le tribunal compétent au regard de l'auteur l'est aussi au regard de tous les coauteurs et complices.

ART. 56. Lorsque plusieurs actes punissables sont relevés à la charge d'un même inculpé, ou que plusieurs personnes ont participé à l'acte punissable, ou qu'une de ces personnes a commis un acte punissable conjointement avec d'autres, la procédure doit en principe être suivie en même temps devant le même tribunal contre toutes ces personnes et comprendre tous ces actes punissables. Il doit être statué sur toutes ces affaires connexes par un seul juge-

[1] Au cas de plusieurs inculpés domiciliés ou résidant dans des lieux différents sur le territoire national, la compétence appartient au tribunal le premier saisi.

[2] (a) Sous l'empire du Code de 1850, lorsqu'un individu avait commis des actes punissables sur le territoire national et à l'étranger, le tribunal national compétent à l'égard des actes commis sur le territoire national l'était également à l'égard de ceux commis à l'étranger. Le Code actuel ne reproduit pas cette disposition qui ne figurait déjà plus dans le Code de 1853.

(b) Aux termes de la loi pénale sont punissables sur le territoire national lorsqu'ils ont été commis à l'étranger :

1° Les crimes commis par un sujet autrichien ;

Les délits par lui commis s'ils n'ont été déjà punis ou poursuivis à l'étranger (art. 36, Code pénal) ;

2° Les crimes de haute trahison envers l'État autrichien et de falsification de monnaie ou de papier de crédit public, commis même par un étranger à l'étranger (art. 38 *ibid.*) ;

3° Tous les autres crimes commis par un étranger à l'étranger, lorsque l'extradition proposée par l'Autriche au gouvernement étranger n'a pas été accordée (art. 39, 40 *ibid.*).

ment[1]. Dans ce cas, le tribunal compétent est celui qui le premier s'est saisi de l'affaire. Toutefois, si une de ces affaires est de la compétence de la cour d'assises, elle détermine pour toutes la compétence de cette cour, alors même qu'un tribunal compétent pour une autre de ces affaires s'en serait déjà saisi. De même, en cas de crime ou délit de la compétence d'une cour, celle-ci est compétente pour toutes les affaires, alors même qu'un tribunal de district se serait saisi d'un acte punissable de sa compétence.

Art. 57. Le tribunal compétent aux termes de l'article 56 pour plusieurs affaires connexes peut, sur réquisition ou d'office, ordonner que chaque acte punissable ou chaque inculpé fera l'objet d'une procédure distincte, si cette mesure lui semble utile pour éviter des retards et des difficultés ou pour abréger la détention de l'inculpé [2].

En pareil cas, l'accusateur est tenu de déclarer aussitôt s'il fait des réserves relativement aux autres chefs d'inculpation relevés contre l'inculpé. S'il fait cette déclaration, la procédure relative à ces chefs doit être suivie sans délai et mise à fin. Dans le cas contraire, les faits à l'égard desquels il n'a pas été fait de réserves ne

[1] Le principe de la connexité avait déjà trouvé place dans les Codes de 1850 (art. 71) et de 1853 (art. 38).

[2] La disposition initiale de l'art. 57 et celle de l'art. 58 sont nouvelles. Le législateur a permis de limiter le principe de la connexité pour ne pas compromettre celui du débat oral, et surtout pour éviter au jury des *procès monstres*. Il a pensé également qu'on faciliterait de la sorte l'instruction et la défense. Il a d'ailleurs réservé à l'inculpé le droit de s'opposer à la disjonction (art. 114 et 214, § 3). (Exposé des motifs du projet du Gouvernement, p. 25 à 29.) Il a été observé que le principe proclamé dans le Code pénal, qui veut qu'en cas de plusieurs crimes ou délits la peine la plus forte soit seule prononcée, principe qui, dans les idées du législateur autrichien, commande l'unité d'information, n'est pas atteint par ces dispositions nouvelles; le juge saisi de la seconde affaire doit tenir compte de la condamnation prononcée par le premier jugement. Il n'est apporté d'exception qu'au principe de l'information unique.

peuvent être l'objet d'une poursuite que sous les conditions auxquelles est autorisée la reprise d'une procédure suspendue avant les débats. S'il n'a été rien déclaré relativement à un acte punissable qui a été l'objet de constatations judiciaires ou d'une instruction, l'inculpé peut demander que l'accusateur se prononce sur cet acte et que, faute de le faire, il soit considéré comme s'étant désisté de sa poursuite. S'il s'agit de délits ou de contraventions qui peuvent être poursuivis sans la demande de la partie lésée, il y a lieu de demander une déclaration au ministère public.

Art. 58. S'il a été ordonné qu'une des affaires connexes sera jugée séparément ou qu'une instruction distincte sera dirigée contre un inculpé, l'affaire détachée peut être renvoyée au tribunal qui eût été compétent pour en connaître s'il n'y eût eu connexité.

Art. 59. Lorsqu'il y a lieu de livrer un inculpé à une autorité du royaume de Hongrie [1] ou d'un Gouvernement étranger [2], la cour de première instance compétente pour statuer et traiter de l'extradition avec cette autorité est celle dans le ressort de laquelle l'individu qui est réclamé a son domicile ou a sa résidence, ou, à défaut, celle dans le ressort de laquelle il a été trouvé. Sur la demande d'extradition ou sur la délivrance des lettres patentes d'ar-

---

[1] Les dispositions de l'art. 59 ont dû être étendues à la Hongrie, parce que les tribunaux hongrois repoussaient les demandes d'extradition qui leur étaient adressées par l'Autriche lorsqu'ils ne les jugeaient pas fondées aux termes de leurs anciennes lois remises en vigueur (voyez Instruction du ministre de la justice du 6 octobre 1869).

[2] Date des traités d'extradition entre l'Autriche et les principales puissances : Pays-Bas, 28 août 1852; Belgique, 16 juillet 1853 et convention additionnelle du 18 mars 1857; Confédération de l'Allemagne, 5 avril 1854, 9 juillet 1855; Suisse, 20 novembre 1855; France, 13 novembre 1855, convention additionnelle, 12 février 1869; Amérique du Nord, 3 juillet 1856; Suède et Norwége, 2 juin 1869; royaume d'Italie, 27 février 1868; traité avec la Grande-Bretagne du 28 novembre 1852 pour l'extradition des matelots autrichiens désertant dans les ports anglais, et à l'inverse.

restation (*Steckbriefe*), l'envoi du signalement, les mesures nécessaires pour empêcher la fuite de l'inculpé doivent être prises, mais
son extradition ne peut être proposée à la cour de seconde instance
par la chambre du conseil, le ministère public entendu, que lorsque
l'autorité qui demande l'extradition produit, soit de suite, soit dans
un certain délai, des preuves ou des motifs de suspicion sur lesquels
l'inculpé ne peut se justifier sur-le-champ dans son interrogatoire.
La cour de seconde instance doit entendre le procureur général
d'État avant de rendre sa décision, qui doit être ensuite soumise
à l'approbation du ministre de la justice.

II. — RÈGLES SPÉCIALES DE COMPÉTENCE (*BESONDERE GERICHTSSTÄNDE*).

Art. 60. Les poursuites contre les personnes relevant de la juridiction pénale militaire demeurent réservées aux tribunaux militaires [1]. La constatation du corps de délit appartient aux tribunaux militaires lorsque l'inculpé relève notoirement de la juridiction
militaire. Si le fait se révèle au cours d'une instruction suivie
devant la justice criminelle non militaire, la poursuite doit être
interrompue et renvoyée au tribunal militaire.

Art. 61. Les envoyés étrangers accrédités près la cour Austro-
Hongroise et le personnel de la mission ne relèvent pas de la
juridiction des autorités nationales. Il en est de même de leurs
domestiques et gens de service, et de ceux des souverains étrangers

[1] En temps de guerre ou après déclaration de guerre, les personnes ne relevant d'ordinaire que de la juridiction
civile sont soumises à la juridiction militaire à raison des crimes d'intelligence
avec l'ennemi (art. 67, Code pén.), de
raccolement (*Werbung*) non autorisé
(art. 92, *ibid.*), d'excitation des soldats à
violer leur devoir militaire, ou de compli-
cité de délits militaires (art. 222, *ibid.*).

La législation relative à la juridiction
militaire se compose de la loi du 20 mai
1869, concernant les attributions des tribunaux militaires, et de la loi du 23 mai
1871, qui traite de la juridiction relative
à la *landwehr*.

résidant en Autriche sujets de l'État auquel appartiennent ces souverains ou ces envoyés. Lorsqu'il y a lieu d'agir contre ces personnes à raison d'un acte punissable, l'autorité doit, suivant les circonstances, s'assurer de la personne de l'inculpé et dénoncer aussitôt le fait au grand maréchalat de la cour (*Obersthofmarschall-amt*), qui avertit le souverain ou son envoyé que l'inculpé lui sera livré.

III. — DROIT DE DÉLÉGATION (*BEFUGNISS ZUR DELEGIRUNG*).

Art. 62. La cour de seconde instance a le droit, après avoir entendu le procureur général d'État, d'enlever exceptionnellement, pour cause de sécurité publique ou pour tout autre motif grave, une affaire au tribunal compétent pour l'attribuer à un autre tribunal de même nature et de son ressort.

Art. 63. La Cour de cassation a le même droit dans toute l'étendue des pays représentés au Reichsrath [1]. L'accusateur et l'inculpé peuvent se pourvoir, près la Cour de cassation, contre l'ordonnance de délégation rendue par la cour de seconde instance par application de l'article 62. Ce pourvoi doit être déposé dans les trois jours de l'avis donné de la délégation au tribunal délégué [2].

IV. — CONTESTATIONS SUR LA COMPÉTENCE DES TRIBUNAUX.

Art. 64. S'il y a contestation sur la compétence entre des tri-

---

[1] Déjà le Code de 1850 accordait aux juridictions qui sont devenues les cours de seconde instance (alors appelées *Oberlandesgerichte*), le droit de délégation dans l'intérêt de la sécurité publique ou à raison du manque de prison suffisante (article 49). Le Code de 1853 donnait le droit de délégation à ces cours ainsi qu'à la cour suprême dans un plus grand nombre de cas, par exemple, lorsqu'il y avait lieu de hâter la procédure, d'éviter des frais ou pour d'autres motifs.

[2] Voy. articles 288, § 1, 348, 350 et 475.

bunaux de district du ressort d'une même cour de première instance, il est statué par la chambre du conseil de cette cour. Si deux cours de première instance ne peuvent s'accorder sur leur compétence ou sur celle de deux tribunaux de leur ressort, il est statué par la cour de seconde instance. S'il y a contestation sur la compétence entre tribunaux qui ne sont pas du ressort d'une même cour de seconde instance ou entre deux cours de seconde instance, il est statué par la Cour de cassation. Toutes ces décisions ne peuvent être prises que le ministère public entendu, et ne peuvent faire l'objet d'un recours. Dans l'intervalle, chacun des tribunaux contestants doit, dans son ressort, faire le nécessaire pour l'instruction et pour la constatation du corps de délit (*Thatbestand*), et notamment prendre toutes les mesures d'instruction urgentes.

V. — ACTION DES TRIBUNAUX NON COMPÉTENTS.

ART. 65. Tous les tribunaux non compétents dans le district desquels se trouvent des indices d'un crime ou d'un délit ont le droit et sont tenus, lorsqu'il y a urgence, de prendre les mesures qui peuvent être utiles pour constater le corps du délit ou s'assurer de l'inculpé. Ils doivent alors en donner connaissance immédiate au tribunal compétent ou au ministère public près ce tribunal, et lui transmettre les actes de procédure.

ART. 66. Les actes d'instruction accomplis par un tribunal incompétent hors des prescriptions de l'article précédent ne sont pas nuls en tant qu'ils ne se réfèrent qu'à l'instruction. Il appartient au tribunal compétent d'apprécier s'il y a lieu de refaire ou de compléter cette procédure.

CHAPITRE VII.

DE L'EXCLUSION (*AUSSCHLIESSUNG*) ET DE LA RÉCUSATION (*ABLEHNUNG*) DES JUGES ET GREFFIERS (*GERICHTSPERSONEN*) ET DU MINISTÈRE PUBLIC.

I. — DE L'EXCLUSION DES JUGES ET GREFFIERS.

Art. 67. Tout juge ou greffier est exclu de ses fonctions dans la procédure lorsqu'il a été lui-même lésé par l'acte punissable, ou lorsque l'inculpé ou la personne lésée lui est uni par les liens du mariage, ou lorsque l'inculpé, la personne lésée, le ministère public, l'accusateur privé ou le défenseur est son parent ou allié en ligne ascendante ou descendante, ou son parent ou allié en ligne collatérale jusques et y compris le degré de cousin germain, ou qu'il existe entre lui et une de ces personnes les relations de tuteur officieux (*Pflege-Eltern*) ou adoptif (*Wahl-Eltern*) à enfant, ou de tuteur à pupille [1].

Art. 68. Ne peut exercer les fonctions de juge ou de greffier dans une instance, quiconque :

1° A été, hors de ses fonctions, témoin de l'acte qui est l'objet

[1] Le Code de 1853 plaçait parmi les causes d'exclusion la relation de débiteur à créancier entre le juge ou le greffier, d'un côté, et l'inculpé, la partie lésée, le ministère public, l'accusateur privé ou le défenseur, de l'autre.

Le législateur de 1873, estimant que cette situation n'était pas de nature à faire suspecter, dans tous les cas, l'indépendance du juge, n'a pas maintenu cette disposition. Si cette situation devait, dans un cas particulier, affecter l'indépendance du juge, elle constituerait pour lui un motif suffisant de s'abstenir.

de l'examen, ou a été entendu dans l'affaire comme témoin ou comme expert;

2° A été partie à l'affaire comme défenseur, représentant de l'accusateur privé, partie civile ou ministère public.

Ne peuvent prendre part aux débats ni à la décision du fond ceux qui ont connu de l'affaire comme juges d'instruction ou ont pris part à la décision sur l'opposition formée contre la mise en état d'accusation (art. 211 et 214); s'il est procédé à de nouveaux débats par suite d'un appel ou d'un pourvoi, ne peuvent y prendre part les juges qui. ont siégé lors des premiers débats.

Art. 69. Les membres des tribunaux d'instance supérieure (*höherer Instanzen*) ne peuvent prendre part :

1° Aux affaires dont ils ont fait l'instruction;

2° A l'examen des recours contre les décisions de l'instance inférieure auxquelles ils ont participé.

Ils ne peuvent faire le rapport ou présider dans les affaires dans lesquelles le juge d'instruction ou le rapporteur, près la juridiction inférieure, était avec eux dans les relations déterminées par l'article 67.

Art. 70. Le juge est tenu de dénoncer immédiatement, au président du tribunal dont il est membre, les circonstances qui nécessitent son exclusion. Lorsque le président d'un tribunal de district est tenu de s'abstenir, il doit en donner avis au président de la cour de première instance.

Lorsque le greffier doit s'abstenir, il en donne avis au juge près lequel il doit instrumenter.

Art. 71. Tout juge ou greffier doit, à partir du moment où un motif d'exclusion est venu à sa connaissance, s'abstenir de tout acte de juridiction, à peine de nullité. Toutefois, en cas d'urgence et s'il ne peut être pourvu aussitôt à son remplacement, il doit faire les actes nécessaires, sauf lorsqu'il s'agit de procéder contre la femme du juge ou contre les personnes qui lui sont unies par les liens de la parenté ou de l'alliance (article 67), auquel cas il doit se démettre immédiatement aux mains du juge le plus proche.

II. — RÉCUSATION DES JUGES ET GREFFIERS.

Art. 72. Le ministère public, la partie civile, l'accusateur privé et l'inculpé peuvent récuser des membres du tribunal ou le greffier, en invoquant des circonstances autres que celles énumérées dans les articles 67 à 69 et de nature à faire suspecter leur impartialité.

Art. 73. La demande en récusation d'un juge par une partie doit être portée au tribunal auquel il appartient. Elle doit être déposée ou enregistrée, s'il s'agit d'un membre du tribunal qui doit statuer sur l'affaire, au plus tard dans les vingt-quatre heures après que l'affaire est en état, et s'il s'agit de la récusation d'une cour tout entière, au plus tard dans les trois jours après la citation à comparaître à l'audience [1]. Les motifs de récusation doivent être articulés dans cette demande et, autant que possible, établis par des documents.

Art. 74. Il est statué sur l'admissibilité de la demande par le président du tribunal auquel appartient le juge ou le greffier dont la récusation est demandée.

S'il s'agit de la récusation d'un juge de district, il est statué

---

[1] Les commentateurs Mitterbacher et Neumayer font remarquer (p. 206) que le législateur a laissé une lacune dans la loi, en n'indiquant pas de quelle façon et à quelle époque les noms des juges doivent être communiqués à la personne intéressée. Le cas a été prévu, lorsqu'il s'agit des jurés, par l'article 301.

par la chambre du conseil de la cour de première instance; s'il
s'agit de la récusation de toute une cour de première instance
ou de son président, il est statué par la cour de seconde instance;
enfin, s'il s'agit de la récusation d'une cour de seconde instance ou
de son président, il est statué par la Cour de cassation.

Ces décisions ne sont susceptibles d'aucun recours. Si la récusation est admise, le président de la cour qui a statué désigne
aussitôt le juge ou le tribunal auquel l'affaire sera renvoyée.

III. — CAUSES D'EXCLUSION DU MINISTÈRE PUBLIC.

ART. 75. Ne peuvent procéder en matière criminelle les membres du ministère public qui se trouvent avec l'inculpé ou son
défenseur, ou la partie lésée par le crime ou le délit, ou l'accusateur
privé, dans les relations déterminées par l'article 67, ou qui ont
été entendus dans l'affaire comme témoins ou comme experts, ou
qui sont intervenus dans l'affaire comme défenseurs, représentants
de l'accusateur privé ou de la partie civile ou comme juges.

ART. 76. Tout membre du ministère public est tenu, à partir
du moment où un motif d'exclusion est venu à sa connaissance,
de s'abstenir de procéder dans l'affaire, de se démettre entre les
mains de son substitut et d'en donner avis à son supérieur immédiat. La procédure ne doit pas être arrêtée par la plainte des
parties contre un membre du ministère public qui ne se serait pas
abstenu dans les cas où la loi lui en fait un devoir.

CHAPITRE VIII.

DE LA NOTIFICATION (*BEKANNTMACHUNG*) DES DÉCISIONS DE JUS-
TICE ET DE LA PERMISSION DE PRENDRE CONNAISSANCE DES
PIÈCES DE LA PROCÉDURE.

ART. 77. Les décisions de justice sont portées à la connaissance des parties, soit par le prononcé devant le tribunal, soit par
la présentation de la minute ou par une copie certifiée conforme
de cette minute. Le prononcé doit être consigné dans le procès-
verbal dont les parties intéressées peuvent alors demander qu'il
leur soit délivré copie.

ART. 78. Les décisions de justice sont portées à la connaissance
du ministère public par la communication de la minute. Celui-ci
y appose son visa et le date. Il lui en est délivré copie sur sa demande.

ART. 79. La citation pour comparaître aux débats en première
instance doit être faite à l'inculpé en personne; la notification à
l'accusateur privé et à la partie civile de cette citation, ainsi que
de tous les documents dont la délivrance fait courir pour une
partie intéressée les délais fixés pour former un recours ou une
opposition contre la mise en état d'accusation, doit être faite soit
à la partie elle-même, soit à son fondé de pouvoirs. Si la partie
intéressée cherche, quoique sa résidence soit connue, à éviter que
la notification soit faite à sa personne, la décision à notifier sera
délivrée au maire de la commune et portée à la connaissance de
la partie intéressée par l'affichage à la porte de son domicile et de
la maison de ville (*Gemeindehaus*).

Art. 80. Lorsqu'il y a lieu à des notifications dans des cas autres que ceux énoncés dans l'article 79, et que l'individu auquel elles doivent être faites n'est pas trouvé à son domicile, la décision de justice doit être délivrée à une personne adulte de sa maison; s'il n'en existe pas, à un voisin qui l'accepte, et, à défaut de voisin qui l'accepte, au maire de la commune. Dans ces cas, un avertissement doit être laissé dans le domicile de l'intéressé en un lieu apparent et, si l'on ne peut pénétrer dans son domicile, apposé à la porte d'entrée.

Si le domicile de l'individu auquel la notification doit être faite ne peut être découvert, la notification est faite par l'affichage à la maison de ville et, si le tribunal l'a ordonné, par l'insertion dans les feuilles publiques.

Art. 81. Si l'individu auquel la notification doit être faite se trouve hors du ressort du tribunal duquel émane la décision, la notification a lieu par les soins du tribunal de district de l'endroit où elle doit être opérée. Sont notifiées de même les décisions de la cour de première instance quand elles doivent être notifiées hors de la circonscription du tribunal de district du lieu où elle a son siége.

Dans ces cas, l'individu qui doit recevoir la notification peut adresser son recours, conformément au présent Code d'instruction criminelle, au tribunal de district chargé de la faire.

Art. 82. Le tribunal peut, s'il le juge convenable, permettre à une partie ou à son représentant de prendre connaissance ou copie des pièces de la procédure en dehors des cas déterminés par le présent Code, s'il est démontré que cette faculté lui est nécessaire pour justifier une demande en dommages et intérêts, ou demander la reprise d'une procédure, ou pour tout autre motif [1].

[1] Pour les cas où la loi permet de prendre connaissance de la procédure, voy. articles 34, 45, 46, 74, § 2, 78, 123, 271, 446. Pour le cas où il est délivré copie des pièces, voy. articles 45, 78, 269, 271, 303, 316, 402, 427.

Art. 83. Lorsqu'une procédure criminelle est dirigée contre une personne appartenant à l'armée ou à la landwehr, ou qui est investie de fonctions ou occupe un emploi public de l'État, de la province (*Land*) ou de la commune, ou qui est membre d'un conseil communal ou d'un autre corps représentatif chargé d'un service public, ou à qui a été accordé soit un titre officiel, soit un ordre, soit une décoration nationale ou étrangère, il doit être donné avis de l'introduction et de la clôture de cette procédure, soit à son supérieur hiérarchique, soit au bureau du corps représentatif auquel il appartient, soit au fonctionnaire de la Cour compétent, soit à la chancellerie de l'ordre.

CHAPITRE IX.

DE LA RECHERCHE (*ERFORSCHUNG*) DES ACTES PUNISSABLES ET DE LA CONSTATATION (*VORERHEBUNGEN*) DES CRIMES ET DES DÉLITS.

Art. 84. Toutes les autorités et tous les fonctionnaires publics sont tenus de dénoncer immédiatement au ministère public du tribunal compétent les actes punissables qui peuvent être poursuivis sans la plainte d'une partie, et dont ils ont été témoins, ou qui sont parvenus à leur connaissance.

En cas d'urgence, la dénonciation peut être faite au tribunal de district dans le ressort duquel se trouve cette autorité [1].

Art. 85. Le tribunal qui déclare ouverte une contribution (*Concurs*), ou qui décide qu'il ne sera pas ouvert de contribution pour cause d'insuffisance d'actif ou parce qu'il n'y a qu'un seul créancier personnel, doit en donner connaissance immédiatement au ministère public de la cour de première instance dans le ressort de laquelle le débiteur est domicilié. Le tribunal est de plus tenu de donner au ministère public et au juge criminel tous les ren-

---

[1] Voyez, pour les obligations imposées par la loi à ce sujet : aux employés des finances, les décisions du ministre des finances des 8 février 1852, 12 juillet 1852, 6 mars 1856; aux préposés à la garde des propriétés publiques ou d'établissements scientifiques ou artistiques, l'instruction ministérielle du 12 décembre 1868; aux employés des postes, la décision du ministre du commerce du 28 décembre 1857, et celle du ministre de la justice du 12 juin 1858; aux conseils des prud'hommes (*Gewerbegerichte*), la loi du 14 mai 1869; aux chambres de discipline des notaires, la loi du 25 juillet 1871 (art. 167), et aux chambres de discipline des avocats, la loi du 1er avril 1872.

seignements nécessaires, et de leur communiquer, en original ou en copie conforme, les pièces dont ils ont besoin [1].

Art. 86. Quiconque a connaissance d'un acte punissable qui doit être poursuivi d'office a le droit de le dénoncer. Sont tenus de recevoir la dénonciation non-seulement le ministère public, mais encore le juge d'instruction, le juge de district et les autorités de police qui la transmettent alors au ministère public.

Art. 87. Le ministère public est tenu d'examiner toutes les dénonciations relatives à des actes punissables qui doivent être poursuivis d'office, et de suivre toutes les traces de ces actes punissables qui seront parvenues à sa connaissance. Il cherche à découvrir l'auteur inconnu par l'étude des motifs de suspicion.

Lorsque des dénonciations anonymes, ou émanant d'inconnus, contiennent des détails précis qui rendent vraisemblable qu'un fait punissable a été commis, il y a lieu de vérifier ces détails, mais on doit procéder avec tout le secret possible et en ménageant autant que possible l'honneur de la personne inculpée.

Lorsque la rumeur publique fait connaître au ministère public un acte punissable qui peut être poursuivi sans plainte d'une personne lésée, celui-ci est tenu d'interroger les personnes qui ont propagé ce bruit, de remonter à sa source avec l'aide des autorités de police et de s'assurer autant que possible de son bien ou mal fondé.

Art. 88. Le ministère public fait procéder par le juge d'ins-

---

[1] Voyez aussi art. 102 du *Concursordnung* (loi du 25 décembre 1868). Le tribunal doit également informer le ministère public lorsque le débiteur refuse de prêter le serment qu'il n'a rien détourné de sa fortune (art. 66 *ibid.*) ou dissimule sa situation active ou passive (art. 99); enfin lorsque la détention à laquelle est soumis le débiteur soupçonné d'avoir l'intention de s'enfuir a pris fin (art. 101).

truction, le juge de district ou les autorités de police aux constatations (*Vorerhebungen*) de nature à motiver soit la poursuite, soit le classement sans suite de la dénonciation.

Les droits et les devoirs du juge d'instruction et du juge de district sont, en ce qui concerne ces constatations, les mêmes que ceux du juge en matière d'instruction.

Le ministère public peut faire interroger sans prestation de serment, par les autorités de police, les personnes qui pourraient être en état de fournir des renseignements sur un acte punissable qui a été commis. Il peut assister à cet interrogatoire. Il ne peut faire procéder au constat (*Augenschein*) et à la perquisition domiciliaire (*Hausdurchsuchung*) par la police, que lorsqu'il y a urgence et que les magistrats qui ont qualité pour ces opérations sont absents. Il peut assister à ces actes d'instruction, dans lesquels doivent être observées toutes les formalités prescrites en général par la loi pour les opérations de cette nature [1]. Le procès-verbal dressé à cette occasion ne peut, à peine de nullité, être employé comme moyen de preuve s'il n'a pas été transmis immédiatement au juge d'instruction, qui en vérifie la forme et la teneur, et ordonne, s'il y a lieu, que le constat sera complété ou refait à nouveau.

Art. 89. Le juge d'instruction près la cour de première instance ne peut prendre, sans réquisition du ministère public, que les mesures qui ne peuvent être différées sans compromettre le résultat à atteindre, ou dont l'urgence résulte de l'expiration

[1] Voyez, pour le rôle des autorités de police, les art. 24, 25, 36, 87, 88, 141, 177.

La loi autrichienne n'organise pas une police judiciaire. Elle se contente de mettre à la disposition du ministère public les agents de la police ordinaire, sans leur donner un caractère judiciaire.

Les ordonnances du 14 août 1853 et du 20 avril 1854 donnent aux employés de la police le droit de contraindre les personnes par eux citées à comparaître devant eux, sauf excuses valables.

prochaine d'un délai fixé par la loi. Il doit en donner avis au ministère public et attendre ses réquisitions. Les tribunaux de district doivent dénoncer sans retard au ministère public les crimes et les délits qui doivent être poursuivis d'office et qui sont parvenus à leur connaissance, et procéder aux constatations (art. 88, §§ 1 et 2), sans attendre les réquisitions du ministère public. Cependant, ils ne peuvent prendre qu'en cas d'urgence les mesures d'instruction qui sont susceptibles de détruire les traces de l'acte punissable et d'empêcher un second examen. Ils apprécient d'après la dénonciation s'il y a nécessité de prendre des mesures, et veillent à ce que la trace de l'acte punissable soit conservée jusqu'à l'arrivée du juge d'instruction ou jusqu'à la réception d'une commission rogatoire émanée de lui.

Le tribunal de district doit envoyer au ministère public les procès-verbaux des constatations en toute diligence et, s'il y a eu arrestation, au plus tard dans les huit jours. Dans ce dernier cas le ministère public doit, dans les trois jours de la réception, renvoyer le détenu de la poursuite ou requérir l'instruction (art. 27, § 2).

Art. 90. Si, dans la dénonciation ou dans les documents et procès-verbaux des constatations préliminaires qui pourront être complétées, s'il y a lieu, sur sa demande, le ministère public trouve des motifs suffisants pour commencer une procédure contre une personne [1], il dépose un réquisitoire à fin d'instruire (art. 91) ou

[1] Cet examen ne porte selon Rulf (p. 103) que sur les points de savoir si l'acte est punissable et peut être poursuivi aux termes de la loi. Le Code d'instruction criminelle de 1850 donnait au ministère public, dans son art. 94, le pouvoir d'apprécier si, à raison des circonstances, l'intérêt public commandait de poursuivre ou d'écarter la dénonciation. Selon Rulf, la rédaction nouvelle de la loi ne permet pas de douter que ce pouvoir d'appréciation ne lui ait été enlevé. Mitterbacher et Neumayer estiment au contraire que ce pouvoir d'appréciation appartient encore au ministère public.

un acte d'accusation. Dans le cas contraire, il classe sans suite la dénonciation, en indiquant rapidement sur la pièce les considérations qui l'y déterminent, et envoie au juge d'instruction les documents et procès-verbaux de constatations en lui faisant connaître qu'il estime qu'il n'y a pas lieu à suivre. Dans ce cas, le juge d'instruction suspend les opérations et met immédiatement en liberté l'inculpé détenu [1].

[1] Le projet de la commission de 1869 renfermait une disposition aux termes de laquelle l'individu soupçonné d'être l'auteur d'un crime ou d'un délit, ou dénoncé comme tel, ou proclamé comme tel par le cri public, pouvait, soit pour se laver d'un soupçon mal fondé, soit pour acquérir les preuves nécessaires à sa justification, demander au ministère public d'instruire sur l'inculpation qui pesait sur lui. Le ministère public était tenu d'introduire sur cette demande un réquisitoire à fin d'instruction. Cette disposition a été écartée comme contraire au principe d'accusation. (Rapport de la commission de la Chambre des députés, 1872, p. 6.)

CHAPITRE X.

DE L'INSTRUCTION (*VORUNTERSUCHUNG*) DES CRIMES ET DÉLITS
EN GÉNÉRAL.

I. — DE LA MISE À L'INSTRUCTION ET DES FONCTIONS
DU JUGE D'INSTRUCTION.

ART. 91. La mise en accusation (ch. XVI) doit être précédée d'une instruction lorsqu'il s'agit d'un crime dont la cour d'assises doit connaître, ou lorsque la poursuite est dirigée contre un absent. Dans tous les autres cas, le ministère public ou, lorsqu'il y a lieu, l'accusateur privé, apprécie s'il y a lieu ou non de requérir une instruction [1].

. L'instruction a pour but de soumettre à un examen préalable l'inculpation dont une personne est l'objet et de recueillir les éclaircissements nécessaires pour permettre de motiver soit la suspension de la procédure, soit la mise en accusation et le renvoi devant le juge du fond [2].

---

[1] Le système de la citation directe (*directe Ladung*) ne figurait pas dans les Codes de 1850 et 1853. La partie civile n'a pas reçu le droit de citer directement. Elle en est même formellement privée par l'art. 49, § 2. Il faut remarquer que l'instruction n'est pas nécessaire lorsqu'il s'agit d'un délit (*Vergehen*) de la compétence du jury.

[2] Le projet du Gouvernement de 1867 portait que le juge d'instruction ne devait pas perdre de vue que le centre de gravité (*Schwerpunkt*) de la procédure était dans le débat oral à l'audience, et non dans l'instruction. Cette disposition a été écartée comme constituant une recommandation qui ne devait pas trouver place dans la loi. (Rapport de la commission de la Chambre des députés, 1869, p. 47.)

Art. 92. Le juge d'instruction ne doit commencer une instruction qu'à raison d'un acte punissable, et seulement contre les personnes à l'égard desquelles il a été requis d'instruire par un accusateur autorisé.

Lorsque le ministère public requiert qu'une instruction soit commencée, il transmet au juge d'instruction la dénonciation, les moyens de preuve qu'il a recueillis et les constatations auxquelles il a été procédé. Si le juge d'instruction éprouve des doutes sur le point de savoir s'il y a lieu de faire droit à la réquisition d'instruire, il provoque sur ce point une décision de la chambre du conseil. Il prend part à la délibération, mais non à la décision. Le ministère public doit être averti à l'avance du délibéré afin qu'il puisse exposer son opinion oralement ou par écrit.

Art. 93. En principe, l'instruction est dirigée par le juge d'instruction agissant en personne et sans intermédiaire. Ce juge peut cependant commettre rogatoirement, pour procéder à certaines opérations, les tribunaux de district, qu'ils aient ou non leur siége dans le ressort de la cour à laquelle il appartient. Le tribunal de district doit exécuter la commission rogatoire d'après les prescriptions du juge d'instruction et procéder de lui-même à des actes d'instruction qui rentrent dans sa compétence, s'il en reconnaît la nécessité.

Art. 94. Le juge d'instruction fait un rapport oral à la chambre du conseil une fois par mois, sur toutes les instructions en cours, et plus souvent, s'il le juge nécessaire à raison de la gravité d'une affaire, ou s'il a à demander une décision à cette chambre [1]. Le ministère public assiste aux séances auxquelles sont faits ces rapports à la chambre du conseil, et a le droit de prendre des réquisitions.

[1] Ce rapport est adressé par les juges d'instruction à la chambre du conseil qui a un droit de surveillance sur toutes les instructions.

Art. 95. Lorsqu'un tribunal de district a été délégué par décision de la chambre du conseil pour procéder à une instruction (art. 12), il doit observer les prescriptions qui concernent les juges d'instruction. Il présente par écrit le rapport mensuel sur l'état des instructions en cours et il provoque de la même façon les décisions de la chambre du conseil à laquelle, dans ces cas, un rapport oral est fait par un de ses membres. Le ministère public assiste à ces audiences.

II. — DES OPÉRATIONS (*GESCHÄFTSGANG*) AU COURS DE L'INSTRUCTION.

Art. 96. L'affaire mise à l'instruction, le juge d'instruction procède d'office sans réquisitions nouvelles de l'accusateur, afin de constater le fait, d'en découvrir l'auteur et de recueillir, autant que possible, les preuves suffisantes pour établir la culpabilité ou l'innocence de l'inculpé, dans la mesure requise pour remplir le but de l'instruction [1].

Art. 97. L'accusateur a le droit de requérir le juge d'instruction de faire certains actes d'instruction. Celui-ci, s'il a des doutes sur le point de savoir s'il y a lieu de faire droit à ces réquisitions, provoque une décision de la chambre du conseil (art. 94).

Le ministère public ne peut, à peine de nullité, faire un acte d'instruction [2]. Ni l'accusateur, ni le défenseur ne peuvent être

[1] Excepté dans le cas prévu par l'article 206.

[2] Le Code de 1850 contenait déjà cette interdiction. Le législateur autrichien a pensé que la loi française laissait trop l'accusateur public s'immiscer dans les fonctions du juge. «Des plaintes nombreuses,» dit le docteur Würth, en commentant le Code de 1850, «avaient été formulées sur la manière arbitraire dont «les membres du ministère public exerçaient leurs fonctions et sur les efforts par eux faits pour arracher des aveux à l'aide de l'interrogatoire. Même aux audiences publiques des cours d'assises, il s'était produit, à l'occasion des agissements des membres du ministère public, des plaintes de nature à jeter un jour plus ou moins défavorable sur l'institution du ministère public.»

présents à l'interrogatoire de l'inculpé ou à la déposition des témoins devant le juge d'instruction. Ils ont le droit d'assister au constat (*Augenschein*), aux perquisitions domiciliaires (*Hausdurch-suchung*), à la perquisition des papiers, et d'indiquer les objets auxquels doivent s'étendre ces constatations et ces recherches. A cet effet, le juge d'instruction prévient, en règle générale, l'accusateur lorsqu'il doit être procédé à une de ces opérations; mais, en cas d'urgence, il peut y procéder sans lui en donner avis préalable.

Art. 98. Si un crime ou un délit a laissé des traces, elles doivent être relevées dans la forme convenable, principalement à l'aide d'un constat (*Augenschein*), conformément aux dispositions du chapitre suivant.

Les objets qui constituent le corps du délit, ou qui ont servi à perpétrer l'acte punissable, ou ceux que l'auteur a abandonnés sur les lieux, principalement ceux qui peuvent être reconnus par l'inculpé ou les témoins ou peuvent servir d'une autre façon à l'édification de la preuve, doivent être autant que possible mis et conservés sous la main de justice. Ils doivent être placés dans une enveloppe scellée du sceau de justice ou il en doit être dressé description, pour éviter qu'ils ne soient soustraits ou qu'il ne leur en soit substitué d'autres.

S'il se rencontre parmi les objets trouvés des choses consacrées, la justice doit veiller à ce qu'elles soient séparées des autres objets et gardées à part.

Art. 99. Lorsque le dommage causé par un crime ou un délit ou le profit qui en a été retiré n'a pu être déterminé d'une façon certaine par le dire de la personne lésée, ou lorsqu'il y a lieu de soupçonner quelque exagération dans l'estimation qu'elle en donne, l'importance de ce dommage ou de ce profit est évaluée d'après les dépositions des témoins, ou par experts, dans les cas où elle exerce une influence sur la qualification du fait, sur le degré de la peine ou sur la fixation des dommages-intérêts.

Art. 100. Le juge d'instruction fait traduire par un interprète assermenté les pièces écrites dans une langue qui n'est pas usitée en justice, et qui sont importantes pour l'instruction. La pièce est jointe avec la traduction au dossier de la procédure.

Art. 101. Il doit être tenu procès-verbal de toutes les opérations de justice se référant à l'instruction. Un greffier assermenté doit toujours être présent aux opérations que dirige un fonctionnaire.

Art. 102. Les témoins instrumentaires (*Gerichtszeugen*), appelés dans certains cas pour assister à une opération d'instruction, doivent être majeurs, irréprochables (*unbescholtene*), n'avoir aucun intérêt à l'affaire et promettre solennellement en levant la main, soit une fois pour toutes, soit pour chaque cas particulier, de témoigner devant le tribunal de tout ce qui s'est passé et de ce qui a été dit devant eux, d'apporter toute leur attention à ce qu'il en soit dressé fidèle procès-verbal, et de garder le silence jusqu'au jour des débats sur tout ce qu'ils ont appris en cette occasion [1].

Art. 103. Tout citoyen a le devoir de prêter comme témoin son concours gratuit aux opérations de l'instruction. Ce devoir incombe, en premier lieu, aux habitants de la commune dans laquelle il est procédé à l'opération. Sont exemptés :

1° Les ministres des religions légalement reconnues ;

2° Les militaires et individus appartenant à la landwehr, en service actif, et les fonctionnaires et employés publics en exercice ;

[1] Voyez, dans les articles 116, 142, 198, l'indication des cas où deux témoins instrumentaires sont nécessaires.

3° Les instituteurs publics. les médecins en exercice. les avocats. les notaires, les employés des chemins de fer et bateaux à vapeur, et en général toutes les personnes dont l'exercice de la profession ne peut être interrompu sans nuire à l'intérêt public;

4° Les personnes qui vivent d'un salaire quotidien ou hebdomadaire.

Art. 104. Le procès-verbal des opérations de justice doit être dressé séance tenante. ou. en cas d'impossibilité. immédiatement après. Ce procès-verbal doit contenir l'indication du lieu, de l'année, du jour et des personnes présentes.

Les questions n'y sont reproduites que dans la mesure nécessaire pour l'intelligence des réponses. Les réponses ne doivent être consignées, en principe, qu'en substance et en style indirect. Ce n'est que dans les passages importants pour l'appréciation de l'affaire ou dont on présume qu'il pourra être utile de donner lecture lors des débats. que l'on doit s'attacher à reproduire les expressions de la personne qui parle.

Le juge doit dicter le procès-verbal à haute voix de façon à être entendu des assistants. Cependant la personne entendue peut dicter ses réponses au greffier. Si elle abuse de ce droit. le juge peut lui en interdire l'usage.

Art. 105. Le procès-verbal doit être lu à la personne entendue ou aux témoins instrumentaires. Ils pourront demander d'en prendre lecture. Il sera consigné sur le procès-verbal qu'il en a été donné ou pris lecture et qu'il a été approuvé. La personne entendue apposera sa signature ou son parafe sur chaque page du procès-verbal, qui sera signé à la clôture par le fonctionnaire présent. le greffier et les témoins instrumentaires. Si la personne entendue refuse de signer, il en sera fait mention dans le procès-verbal, ainsi que du motif de son refus.

Art. 106. Il ne doit être fait dans l'écrit ni retranchement, ni addition, ni correction. Les passages raturés doivent rester lisibles, les additions et rectifications faites sur la demande de la personne entendue doivent être placées en marge ou à la fin du procès-verbal, approuvées et parafées ainsi qu'il est dit à l'article 105.

Art. 107. Si le procès-verbal a plusieurs pages, elles doivent être reliées par un fil aux extrémités duquel doit être fixé un cachet portant le sceau du tribunal.

Le juge d'instruction doit tenir note sur un registre (*Tagebuch*) de tous les actes de la procédure.

Art. 108. Quiconque tiendra, au cours d'une opération de justice et malgré un avertissement préliminaire, une conduite inconvenante pourra être puni par le juge d'instruction d'une amende de cinquante florins au maximum ou des arrêts pendant huit jours au maximum; s'il est déjà détenu, il peut être ordonné qu'il sera puni par la mise sur un lit dur (*hartes Lager*), l'isolement, la cellule obscure (observation faite des limitations posées dans les articles 255 à 257 du Code pénal) ou la suppression d'aliments chauds pendant une semaine. Les témoins, experts, conseils des parties, ne peuvent être punis que d'une amende.

Les ordonnances rendues en ces circonstances doivent être consignées dans les pièces et dénoncées à la chambre du conseil, qui a le droit d'élever ou d'abaisser, même d'office, la peine prononcée par le juge d'instruction (art. 113).

III. — DE LA SUSPENSION (*EINSTELLUNG*) ET DE LA CLÔTURE DE L'INSTRUCTION.

Art. 109. L'instruction est suspendue par une ordonnance du juge d'instruction, dès que l'accusateur retire sa demande à fin de poursuite, ou requiert la suspension de l'instruction, ou déclare qu'il n'y a pas lieu de continuer la poursuite (art. 112) [1].

Hors ces cas, la suspension de l'instruction ne peut résulter que d'une décision de la chambre du conseil ou de la cour de seconde instance.

Art. 110. La suspension de l'instruction doit être portée à la connaissance de l'accusateur, de la partie civile et de l'inculpé, qui, lorsqu'il est détenu, doit être mis en liberté.

Sur la demande de l'inculpé, il lui est délivré un certificat attestant qu'il n'existe pas de motif pour continuer la poursuite contre lui.

Si la personne lésée par un crime ou un délit n'est pas partie jointe à la procédure, il doit lui être, sur sa demande, donné avis officiel de la suspension.

Art. 111. L'instruction est close aussitôt que sont rassemblées les constatations nécessaires pour renvoyer devant le tribunal et qu'il est assuré que toutes les preuves nécessaires seront fournies aux débats [2].

Art. 112. Après la clôture de l'instruction, le juge d'instruction communique les pièces au ministère public, qui est tenu

[1] Dans la plupart des autres législations de l'Allemagne, le ministère public n'a pas le pouvoir d'arrêter ainsi l'instruction. Les résultats de cette instruction doivent être soumis au tribunal, qui décide s'il y a lieu de suivre ou non.

[2] Aux termes du projet du Gouvernement, l'instruction ne pouvait être close qu'avec l'assentiment de l'accusateur d'accord avec le juge d'instruction. Cette dispo-sition a été écartée parce que l'on a craint qu'elle ne retardât la marche de la procédure, surtout dans les cas où l'instruction aurait été confiée au tribunal de district. Les droits de l'accusation sont, d'ailleurs, suffisamment sauvegardés par les dispositions de l'article 112. (Rapport de la commission de la Chambre des seigneurs, p. 9.)

(art. 27), dans les huit jours de la réception, de déposer l'acte d'accusation au juge d'instruction ou de renvoyer ces pièces en déclarant qu'il n'y a pas lieu de continuer la poursuite [1]. L'accusateur privé doit être informé de la clôture de l'instruction avec mise en demeure de déposer l'acte d'accusation dans les quinze jours. Il lui est en même temps donné avis que, passé ce délai, l'accusation sera tenue pour retirée (art. 109). Pendant le délai fixé pour le dépôt de l'acte d'accusation, il peut être pris des réquisitions tendant à un complément d'instruction. Si ces réquisitions sont rejetées, un nouveau délai pour le dépôt de l'acte d'accusation court du jour où a été rendue la décision de la chambre du conseil.

IV. — RECOURS CONTRE LES DÉCISIONS DU JUGE D'INSTRUCTION ET DE LA CHAMBRE DU CONSEIL.

ART. 113. Quiconque estime qu'il lui a été fait grief par une ordonnance ou une négligence du juge d'instruction, au cours des constatations préliminaires ou de l'instruction ou de la procédure qui suit le dépôt de l'acte d'accusation, a le droit de provoquer sur ce point une décision de la chambre du conseil, et de formuler sa demande par écrit ou oralement devant le juge d'instruction, ou directement devant la chambre du conseil. Ce recours ne suspend l'exécution de l'ordonnance du juge d'instruction que dans les cas spécifiés à l'article 108. La chambre du conseil statue en audience non publique, le juge d'instruction et le ministère public entendus.

---

[1] La commission de la Chambre des députés avait ajouté à cette disposition, que le défaut de déposer l'acte d'accusation ou de le déposer dans le délai légal vaudrait désistement de l'accusation. Cette addition n'a pas été conservée par ce motif que l'intérêt public ne doit pas pouvoir être compromis par la négligence du ministère public. (Rapport de la commission de la Chambre des députés, 1872, p. 6.) Il résulte de là que, lorsque le ministère public ne remplit pas son devoir, il y a lieu seulement à l'application de l'article 27.

Art. 114. En principe, la décision de la chambre du conseil est en dernier ressort. Cependant le ministère public, l'accusateur privé et l'accusé peuvent se pourvoir devant la cour de seconde instance contre cette décision lorsqu'elle a trait à la disjonction d'une affaire d'avec celles qui lui sont connexes, à l'emprisonnement ou à la mise en liberté, ou à la fixation de la somme à déposer à titre de garantie.

Le ministère public et l'accusateur privé peuvent, de plus, se pourvoir près la cour de seconde instance contre les décisions qui rejettent des réquisitions tendant à ce qu'une instruction soit commencée, ou ordonnent que l'instruction sera suspendue.

En principe, le pourvoi n'est pas suspensif (art. 197). Il doit être porté devant la chambre du conseil dans les trois jours après qu'a été rendue la décision contre laquelle il est élevé. La cour de seconde instance statue définitivement sur le pourvoi en séance non publique, le ministère public entendu.

En statuant sur ces pourvois, la cour ne peut, en aucun cas, modifier au détriment de l'inculpé les ordonnances et décisions contre lesquelles aucun recours ne s'est produit. Au surplus, elle a le droit de faire régulariser la procédure lorsqu'elle y découvre des irrégularités qui n'ont pas été ou ne pouvaient être la matière d'un pourvoi.

Si elle reconnaît le bien fondé d'un pourvoi contre la suspension d'une instruction, elle peut immédiatement prononcer la mise en accusation, lorsqu'il s'agit d'un acte dont la poursuite a été requise par un accusateur autorisé (art. 92) et à raison duquel l'inculpé a déjà été interrogé.

Art. 115. Les transmissions de pièces nécessitées par ces pourvois ne doivent pas, autant que possible, retarder le cours de la procédure; au besoin il est pris copie des pièces sans lesquelles elle ne pourrait être continuée.

CHAPITRE XI.

DU CONSTAT (*AUGENSCHEIN*) ET DES EXPERTS (*SACHVERSTÄNDIGE*).

I. — DU CONSTAT ET DE L'EXPERTISE EN GÉNÉRAL.

Art. 116. Il y a lieu à constat (*Augenschein*) toutes les fois que cette opération paraît nécessaire pour éclaircir une circonstance qui intéresse la recherche. Il y doit être toujours procédé en présence de deux témoins instrumentaires (*Gerichtszeugen*)[1], et même de l'inculpé lorsque sa présence est utile pour la reconnaissance des objets recherchés ou pour obtenir les renseignements nécessaires. Le défenseur de l'inculpé a le droit d'assister au constat.

Il doit même être donné avis, à moins d'inconvénient particulier, au défenseur déjà constitué, du commencement de la procédure du constat[2].

[1] L'assistance de témoins instrumentaires est une ancienne institution autrichienne, qui figurait également dans les Codes de 1850 et 1853 (art. 117 et 177). Les Codes d'instruction criminelle de la Saxe et du grand-duché de Bade exigent également la présence de témoins instrumentaires (auxquels ils donnent le nom de *Urkundspersonen*) à la plupart des constatations faites au cours de l'information. Cette institution a été écartée comme inutile par les rédacteurs du projet de Code d'instruction criminelle allemand actuellement soumis au Reichstag; ils ont fait remarquer que, puisque le procès-verbal de la déposition d'un témoin dressé par le juge et le greffier fait preuve que le témoin a déposé ainsi qu'il est écrit dans ce procès-verbal, le procès-verbal dressé à l'occasion d'un constat doit suffire à prouver la sincérité des constatations qu'il indique avoir été faites par les officiers de justice.

[2] Le constat (*inspectio ocularis*) est essentiellement une opération de l'instruction à laquelle le juge peut seul procéder (voy. art. 97). En Wurtemberg, en Saxe et dans le grand-duché de Bade, d'autres fonctionnaires que le juge peuvent procéder au constat dans les affaires de peu

Art. 117. Le procès-verbal de constat doit contenir un tableau fidèle et complet des objets placés sous les yeux; leur description précise doit être complétée, s'il y a lieu, par des dessins ou des plans. Les mesures, poids, grandeurs et distances doivent être déterminés selon le mode usité et de façon qu'aucun doute ne subsiste.

Art. 118. S'il est utile que des experts assistent au constat, le juge d'instruction doit, en principe, en amener deux.

La présence d'un seul expert suffit quand l'affaire est de peu d'importance, ou lorsqu'on ne peut attendre l'arrivée du second expert sans compromettre le résultat des recherches.

Art. 119. Le choix des experts appartient au juge d'instruction. S'il y a des experts désignés près les tribunaux, il n'en peut être pris hors de la liste que lorsqu'il y a urgence, ou lorsque ces experts sont retenus par des circonstances particulières, ou lorsqu'ils sont suspects.

L'expert qui n'obéit pas à la citation qui lui a été délivrée, ou refuse de prêter son concours au constat, peut être puni par le juge d'instruction d'une amende de cinq à cent florins [1].

Art. 120. Les personnes qui ne doivent pas être entendues comme témoins, ou prêter serment dans l'affaire en cours d'instruction, ou qui sont avec l'inculpé ou la personne lésée dans les

d'importance. Cette opération est entourée de formes nombreuses et solennelles, parce que, seule parmi tous les actes de l'instruction, elle crée une preuve dans toute la force du terme, et qu'à ce titre elle constitue en quelque sorte une partie du débat public (*Hauptverhandlung* ; voy. art. 252).

[1] C'est une question controversée en théorie, que celle de savoir si l'expert peut être contraint sous sanction pénale de prêter le secours de son art au juge qui l'en requiert. Les législateurs du Hanovre, de la Prusse et de la Saxe l'autorisent à s'y refuser.

rapports déterminés par l'article 152, § 1, ne peuvent être employées comme experts, à peine de nullité de l'opération. En principe, il doit être donné avis à l'accusateur et à l'inculpé, avant qu'il soit procédé au constat, du choix des experts. Si des objections graves sont présentées, et s'il n'y a pas d'urgence. d'autres experts doivent être commis.

Art. 121. Si l'expert est déjà assermenté à raison des fonctions permanentes qu'il exerce, le juge d'instruction lui rappelle, avant qu'il commence à remplir sa mission. la sainteté du serment qu'il a prêté.

Les autres experts doivent, avant qu'il soit procédé à l'opération de constat[1], prêter serment d'en rechercher avec soin tous les éléments, de consigner fidèlement toutes leurs observations, et de donner leur rapport (*Befund*) et leur avis en toute science et conscience et en se conformant aux règles de leur science ou de leur art.

Art. 122. Les experts doivent rechercher et inspecter l'objet du constat en présence des gens de justice, excepté lorsque ceux-ci jugent convenable de s'éloigner par respect pour la morale, ou lorsque les observations exigent un examen prolongé ou de longues recherches, comme lorsqu'il y a lieu de rechercher un poison; mais, dans ce cas, toutes précautions doivent être prises pour s'assurer que foi sera due aux constatations que doit faire l'expert.

Si les experts doivent, en accomplissant leur mission, détruire ou modifier un des objets sur lesquels porte l'enquête, une portion de cet objet doit être autant que possible mise sous la garde de justice.

---

[1] Voyez exception art. 254.

ART. 123. Le juge d'instruction dirige le constat. Il décrit, en tenant compte autant que possible des dires de l'accusateur et de l'inculpé ou de son défenseur, les objets sur lesquels devra porter l'examen des experts et pose les questions qu'il juge convenable. Les experts peuvent demander qu'il leur soit donné soit par la lecture de pièces, soit par l'interrogatoire de témoins, des renseignements sur certains points déterminés lorsqu'ils l'estiment utile pour former leur opinion.

Lorsque les experts jugent indispensable pour donner leur opinion de prendre connaissance des pièces de l'instruction, ces pièces leur peuvent être communiquées à moins que des motifs particuliers ne s'y opposent.

ART. 124. Les rapports des experts sur les constatations par eux faites (*Befund*) sont consignés immédiatement dans le procès-verbal. Leur avis et les motifs sur lesquels il est fondé peuvent ou bien être insérés immédiatement dans le procès-verbal, ou bien être donnés par écrit dans un délai qui doit être déterminé.

ART. 125. Si les rapports des experts sur les constatations par eux faites diffèrent notablement ou sont obscurs, sans précision, contradictoires entre eux ou en contradiction avec les faits relevés, et si une seconde audition des experts ne lève pas la difficulté, le constat doit être, s'il est possible, recommencé avec l'assistance, soit des mêmes experts, soit d'experts nouveaux.

ART. 126. Si c'est dans les avis des experts que se manifestent ces contradictions ou ces lacunes, ou s'il apparaît que les conclusions ne sont pas logiquement déduites des prémisses posées, et si la difficulté n'est pas levée par une seconde audition des experts, il y a lieu de prendre l'avis d'un ou de plusieurs autres experts. Si les experts sont médecins ou chimistes, on peut prendre, en pareil cas, l'avis d'une Faculté de médecine d'un des pays représentés au Reichsrath. Il en est de même quand la chambre du conseil estime nécessaire de prendre l'avis d'une Faculté à raison de la gravité d'une affaire ou de la difficulté qu'elle présente.

II. — DE LA PROCÉDURE DE L'ENQUÊTE SPÉCIALEMENT EN MATIÈRE D'HOMICIDE (*TÖDTUNGEN*) ET DE COUPS ET BLESSURES (*KÖRPERVERLETZUNGEN*).

Art. 127. Lorsqu'un décès est présumé avoir été le résultat d'un crime ou d'un délit, il doit être procédé, avant l'inhumation, à l'examen et à l'autopsie du cadavre.

Si l'inhumation a eu lieu, le corps doit être exhumé à cet effet, lorsque les circonstances permettent de penser qu'il y a encore utilité à le faire et que l'exhumation ne présente aucun danger pour la santé des personnes qui procéderont à l'examen du corps.

Avant de commencer l'autopsie, il doit être dressé description exacte du corps et l'identité doit être établie par l'audition de témoins ayant connu le défunt. Il pourra être demandé à ces personnes, avant de leur présenter le corps à reconnaître, de décrire exactement le défunt. Si le défunt est absolument inconnu, la description exacte du corps est portée à la connaissance du public par les feuilles publiques. Lors de la visite du corps, le juge d'instruction veille à ce que la situation et la pose du cadavre, le lieu où il a été trouvé, et la manière dont il était vêtu soient spécifiés avec soin. Les blessures et autres traces extérieures de violence sont énumérées et décrites. Les moyens et les instruments à l'aide desquels elles ont été faites sont indiqués. Les instruments qui ont été trouvés, et dont il a pu être fait usage, sont rapprochés des blessures et des traces laissées par la violence.

Art. 128. Il est procédé à la visite du corps et à l'autopsie conformément aux prescriptions de la matière, par deux hommes de l'art, dont l'un peut n'être que chirurgien [1].

Le médecin qui a traité le défunt dans sa dernière maladie est appelé pour être présent à la visite, lorsque cette mesure est utile et n'occasionne pas de retard.

Art. 129. Les experts doivent énoncer, dans leur rapport, les causes immédiates qui ont occasionné la mort, et les causes qui ont donné naissance à ces causes immédiates [2].

S'il existe des lésions, ils doivent spécifier : 1° si elles sont le résultat d'un acte d'autrui ; 2° au cas où cette question serait résolue affirmativement, si cet acte a amené la mort soit parce qu'elle en était la conséquence, soit par suite de quelque particularité inhérente à la personne ou d'un état particulier de la victime, soit par suite de circonstances accidentelles, soit parce qu'elle est résultée de causes médiates que cet acte a déterminées directement ou indirectement ; 3° enfin, si des secours efficaces et administrés à temps auraient pu l'empêcher.

Le juge d'instruction pose aux experts des questions sur toutes les circonstances qui intéressent la décision à rendre, lorsque leur rapport ne s'explique pas sur ces points.

Art. 130. En cas d'infanticide (*Kindestödtung*) présumé, il doit être recherché, à l'aide des constatations prescrites, si l'enfant est né vivant [3].

[1] Voyez, sur la distinction entre les médecins et les chirurgiens en Autriche, l'*Annuaire de la législation étrangère* publié par la Société de législation comparée, 1874, pages 189 et 190.

[2] La loi distingue ici les causes immédiates, causes physiologiques, des causes physiques qui les ont produites.

[3] Aux termes des Codes d'instruction criminelle de 1850 (art. 133) et de 1853 (art. 90) et du projet de la Chambre des députés de 1869, il devait être également recherché si l'enfant était né viable. Cette disposition a été écartée comme sans intérêt dans la circonstance, et aussi parce qu'on a considéré que la constatation ne pouvait être faite avec une complète certitude.

Art. 131. En cas d'empoisonnement (*Vergiftung*) présumé, les constatations doivent, autant que possible, avoir lieu en présence de deux chimistes adjoints aux médecins. Cependant, la recherche du poison peut être faite par les chimistes seuls, dans un local à ce approprié.

Art. 132. En cas de blessures, il est procédé à la visite du blessé par deux experts qui doivent, après une exacte description du blessé, dire si les blessures ou les atteintes à la santé paraissent légères, graves ou entraînant danger de mort par elles-mêmes, soit par leur réunion, soit à raison des circonstances particulières, soit indépendamment de ces circonstances; indiquer quelles sont les conséquences habituelles des blessures de cette nature et quelles en ont été les conséquences dans la circonstance, ainsi que la manière dont elles ont été faites et les moyens ou instruments employés à cet effet.

Art. 133. S'il est nécessaire de procéder à la visite d'une personne du sexe féminin, des accoucheurs ou, dans les affaires de moindre importance, des sages-femmes, peuvent être commis au lieu de médecins et de chirurgiens.

III. — MODE DE PROCÉDER EN CAS DE DOUTE SUR L'ÉTAT MENTAL ET SUR LA RESPONSABILITÉ.

Art. 134. En cas de doute sur le point de savoir si l'inculpé possède l'usage de sa raison, ou s'il est atteint d'une maladie mentale qui peut lui enlever la responsabilité de ses actes, il est commis, dans tous les cas, deux médecins pour faire une enquête sur son état mental.

Ces médecins consignent leurs observations dans un rapport, rassemblent tous les faits qui peuvent influer sur l'appréciation de l'état mental de l'inculpé, examinent la portée de ces faits considérés isolément ou dans leur ensemble, et s'ils constatent l'existence d'une maladie mentale, spécifient sa nature, son mode et son degré, enfin, s'expliquent, soit d'après les pièces, soit d'après leurs propres observations, sur l'influence que la maladie exerce et a exercé sur les perceptions, les impulsions, les actes de l'inculpé, et sur la mesure dans laquelle existait ce dérangement d'esprit au temps où l'acte a été commis.

IV. — EXAMEN D'ÉCRITURES.

Art. 135. En cas de doute sur l'authenticité d'un document ou s'il y a lieu de rechercher de quelle main émane un écrit, il peut être procédé par des experts à une comparaison avec des pièces d'écriture d'une incontestable authenticité.

V. — MODE DE PROCÉDER DANS L'INSTRUCTION EN MATIÈRE DE FALSIFICATION OU DE CONTREFAÇON DE PAPIER DE CRÉDIT PUBLIC (*ÖFFENTLICHE CREDIT-PAPIERE*), OU DE FABRICATION DE FAUSSE MONNAIE.

Art. 136. En cas de contrefaçon ou de fabrication de papier de crédit public, le juge d'instruction doit en principe envoyer les pièces qui font l'objet de l'instruction au ministère des finances, afin d'avoir son avis sur le point de savoir si elles sont ou non de bon aloi, quel a été le mode de falsification employé, s'il a été fait usage d'un outillage permettant de les multiplier facilement, enfin, si des pièces ainsi falsifiées ont déjà été présentées, et dans quel lieu.

Lorsque la procédure est terminée, les pièces falsifiées ainsi que les instruments, matériaux ou objets ayant servi à commettre le délit doivent être envoyés de même au ministre; si l'autorité judiciaire a de nouveau besoin de ces objets, ils lui sont communiqués sur sa demande.

En cas de falsification de billets et de papiers de crédit de la
Banque nationale autrichienne privilégiée, ou de falsification de
monnaie légale du pays, le juge d'instruction doit faire, soit à la
Banque, soit à l'office monétaire compétent, la communication et
l'envoi prévus au présent article.

Lorsqu'il s'agit de falsification d'une monnaie étrangère ou
d'un papier de crédit étranger, c'est au ministère de la justice
que le juge d'instruction s'adresse directement pour avoir l'avis
dont il vient d'être parlé.

VI. — MODE DE PROCÉDER DANS L'INSTRUCTION EN MATIÈRE D'INCENDIE.

Art. 137. En cas d'incendie, il y a lieu de rechercher particulièrement de quelle façon le feu a été mis, s'il a été fait emploi
de matières inflammables, et de quelles matières; dans quel endroit et à quel moment le feu a été mis, si c'est de jour ou de
nuit, s'il a été mis dans des circonstances telles que l'action du
feu ait atteint les propriétés d'autrui ou ait été sur le point de les
atteindre, si la vie d'autrui a été mise en danger, si le feu aurait
pu facilement être éteint dès qu'il a éclaté. Enfin, il y a lieu,
dans les cas où l'incendie a produit des dégâts, d'estimer l'importance du dommage causé.

VII. — MODE DE PROCÉDER DANS L'INSTRUCTION EN MATIÈRE D'AUTRES DOMMAGES.

Art. 138. En cas de crime ou délit ayant causé d'une autre
manière que dans les cas ci-dessus énumérés un dommage ou un
danger pour la vie ou pour la propriété, il est procédé à un
constat pour déterminer la nature de la ruse ou de la violence,
les moyens ou instruments employés, l'importance du dommage
causé ou prémédité et du gain qui en a été tiré, enfin s'il y a eu
danger pour la vie, la santé, la sécurité ou la propriété d'autrui.

CHAPITRE XII.

DE LA PERQUISITION SUR LES PERSONNES ET DANS LES MAISONS.
ET DE LA SAISIE.

I. — DE LA PERQUISITION SUR LES PERSONNES ET DANS LES MAISONS.

Art. 139. Il ne doit être procédé à une perquisition dans les maisons (*Hausdurchsuchung*), c'est-à-dire dans l'habitation et les localités qui en dépendent, qu'au cas où il y a présomption grave soit qu'une personne soupçonnée de crime ou de délit y est cachée, soit qu'il s'y trouve des objets qu'il importe de saisir ou d'examiner dans l'intérêt d'une recherche déterminée [1].

Il peut aussi être procédé à une perquisition et à l'inspection des vêtements des personnes qui, selon toute vraisemblance, détiennent certains objets, ou qui sont soupçonnées d'un crime ou d'un délit, ou qui sont mal famées.

Art. 140. En principe, la perquisition n'a lieu qu'après l'interrogatoire de l'individu sur la personne ou au domicile duquel

---

[1] *a.* La loi constitutionnelle du 21 décembre 1867 proclame dans son article 10 l'inviolabilité du domicile (*das Hausrecht ist unverletzlich*), et déclare faire partie de la loi constitutionnelle les prescriptions de la loi du 27 octobre 1862 relatives à cet objet.

b. Il faut se garder de confondre l'examen de la personne avec la perquisition sur la personne.

c. Le législateur a employé dans l'article 139 les mots : « Une recherche déterminée, » pour indiquer que, s'il est nécessaire qu'une information ait été commencée à raison d'un acte punissable, il n'est pas nécessaire qu'une instruction ait été commencée contre une personne déterminée. Les perquisitions peuvent être faites pendant toute la durée des constatations préliminaires.

elle doit être faite, et au cas seulement où l'interrogatoire n'aura pas amené la livraison volontaire de l'objet de la recherche, ou écarté les motifs qui dictaient cette mesure. Il peut y être procédé avant l'interrogatoire s'il s'agit de personnes mal famées, ou s'il y a urgence, ou si la perquisition doit être faite dans un local ouvert au public.

En principe, la perquisition ne peut être faite qu'en vertu d'un mandat motivé[1]. Ce mandat doit être notifié à la personne intéressée immédiatement ou dans les vingt-quatre heures au plus tard.

S'il est ordonné, en cas de crime ou de délit, une perquisition au domicile et qu'il puisse y avoir lieu à de plus amples recherches ou à des mesures ultérieures à prendre par la police dans l'intérêt de la sécurité publique, il en doit être donné avis préalable, s'il est possible de le faire sans délai, aux autorités de police les plus voisines afin qu'elles délèguent un agent pour assister à l'opération et pour, sans prendre part à l'œuvre de justice, recueillir les indications nécessaires pour les mesures ultérieures qu'il peut y avoir lieu de prendre.

Si la perquisition doit être faite dans un édifice occupé par des militaires appartenant à l'armée ou à la landwehr, il doit en être donné avis au commandant, et un militaire désigné par lui assiste à l'opération.

Art. 141. Les fonctionnaires judiciaires (*Gerichtsbeamten*), ou les fonctionnaires de la police (*Beamten der Sicherheitsbehörden*),

---

[1] En cas d'urgence, il peut être procédé à la perquisition domiciliaire, sans ordre du juge, par des autorités judiciaires ou de police (art. 24, 89, 141, 1er alinéa). Le ministère public, qui, à raison de son incapacité générale pour faire des actes d'instruction, ne peut faire une perquisition (art. 97), a cependant le droit de requérir les autorités de police de procéder, lorsque le représentant compétent de l'autorité judiciaire est absent et qu'il y a urgence. Dans ce cas, il assiste à la perquisition (art. 88).

peuvent, dans l'intérêt d'une poursuite criminelle et en cas d'urgence, faire opérer une perquisition dans une maison, même sans mandat du juge. Le délégué chargé d'y procéder doit être porteur d'une commission par écrit qu'il doit exhiber à la personne intéressée.

Les agents de la police (*Sicherheitsorgane*) peuvent aussi procéder de leur propre autorité à une perquisition dans une maison dans l'intérêt d'une poursuite criminelle, lorsqu'il a été décerné mandat d'amener ou d'arrêt contre une personne, ou lorsqu'un individu est surpris en flagrant délit, ou dénoncé par la clameur publique, ou trouvé en possession d'objets qui attestent sa participation à l'acte punissable.

Dans tous les cas prévus par le présent article, la personne intéressée peut se faire délivrer sur sa demande, soit immédiatement, soit dans les vingt-quatre heures au plus tard, un certificat constatant qu'une perquisition a été opérée et pour quels motifs elle l'a été.

Aᴿᴛ. 142. Dans les perquisitions on doit éviter les inspections inutiles et ne pas déranger ou importuner la partie intéressée au delà du nécessaire, prendre tout le soin possible pour ne pas compromettre sa réputation et respecter ses secrets en tant qu'ils n'intéressent pas l'instruction, enfin, procéder avec convenance et modération.

Le propriétaire du local où a lieu la perquisition doit être mandé afin d'y assister. S'il est empêché ou absent, le mandement est délivré à un membre adulte de sa famille ou, à défaut, à une personne de sa maison ou à un voisin.

La perquisition doit toujours être faite en présence d'un greffier et de deux témoins instrumentaires.

Le procès-verbal de perquisition doit être signé de toutes les personnes présentes. S'il n'a été rien découvert de suspect, il en est délivré attestation à la partie intéressée, sur sa demande.

II. — SAISIE.

ART. 143. S'il est trouvé des objets qui peuvent être intéressants pour l'information, il en est dressé inventaire et ils sont placés sous la main de la justice ou saisis (art. 98). Toute personne est obligée d'exhiber ces objets et particulièrement les papiers, sur la demande qui en est faite. Si l'exhibition d'un objet dont la détention est présumée ou démontrée est refusée, et si la perquisition ne le fait pas découvrir, la personne qui le détient peut, à moins qu'elle ne paraisse elle-même devoir être soupçonnée d'avoir commis l'acte punissable ou qu'elle ne soit du nombre des personnes que la loi dispense de l'obligation d'être témoin, être punie d'une amende de 1 à 50 florins et, s'il y a nouveau refus. dans les cas graves, de six semaines d'arrêt (*Arrest*) au maximum.

ART. 144. Si la perquisition dans une maison ou sur une personne fait découvrir des objets qui ont un rapport avec la perpétration d'un acte punissable autre que celui à raison duquel il a été procédé à la perquisition, ces objets doivent être saisis si cet acte punissable est de ceux qui doivent être poursuivis d'office. Il doit être, en ce cas, dressé procès-verbal particulier qui doit être transmis sans retard au ministère public. Si celui-ci ne requiert pas une information. les objets saisis doivent être aussitôt restitués.

III. — PERQUISITION ET SAISIE DE PAPIERS.

ART. 145. Lorsqu'il est procédé à une perquisition de papiers, il doit être veillé à ce qu'il ne puisse être pris connaissance de leur contenu par des personnes non autorisées.

Si le détenteur des papiers ne consent pas à la perquisition, les papiers doivent être transmis sous scellés au tribunal.

La chambre du conseil statue immédiatement sur le point de savoir s'il y a lieu d'opérer la perquisition ou de renvoyer les papiers.

Les papiers mis sous la main de justice, et qui ne peuvent être inventoriés séance tenante, doivent être placés sous une enveloppe fermée et scellée du sceau du tribunal. Toute personne intéressée et présente peut obtenir la permission d'apposer son sceau sur l'enveloppe. Lorsqu'il y a lieu de lever les scellés, elle doit être appelée afin d'assister à l'opération. Si elle ne comparaît pas ou si, étant absente, elle n'a pas été touchée par l'avertissement, il est passé outre à la levée.

IV. — SAISIE ET OUVERTURE DE LETTRES ET AUTRES ENVOIS.

ART. 146. Si l'inculpé est déjà détenu à raison d'un crime ou d'un délit, ou s'il y a eu mandat d'amener ou mandat d'arrêt décerné contre lui, le juge d'instruction peut faire saisir les télégrammes, lettres et autres envois émanant de l'inculpé ou à lui adressés, et se les faire livrer par l'administration des postes et des télégraphes et les autres établissements de transport[1]. Toutes ces administrations sont tenues de suspendre ces envois, sur la demande du ministère public, jusqu'à ce qu'intervienne l'ordonnance du juge d'instruction. S'il n'intervient pas une ordonnance dans les trois jours, les établissements de transport ne sont pas obligés de différer plus longtemps l'envoi.

[1] Le secret des lettres est protégé par la loi constitutionnelle du 21 décembre 1867, art. 10, et par une loi du 6 avril 1870 concernant spécialement le secret des lettres et écrits. (Voyez la traduction de cette loi par M. Gonse. dans l'*Annuaire de la législation étrangère* de 1872, publié par la Société de législation comparée, pages 279 et suivantes.)

Art. 147. Les envois saisis ne peuvent être ouverts que par le juge d'instruction et avec l'assentiment de l'inculpé. Si l'inculpé n'y consent pas, le juge d'instruction doit préalablement obtenir l'assentiment de la chambre du conseil[1], sauf en cas d'urgence.

Lors de l'ouverture, dont il doit être tenu procès-verbal, le cachet doit être respecté, l'enveloppe et l'adresse doivent être conservés.

Art. 148. La saisie des envois doit être immédiatement dénoncée, dans les vingt-quatre heures au plus tard, à l'inculpé ou, s'il est absent, à l'un des siens. S'il est procédé à l'ouverture des envois, les télégrammes et les lettres sont communiqués en original ou en copie, en tout ou en partie, à l'inculpé ou aux destinataires, à moins que cette communication n'ait pour résultat de nuire à l'instruction. Si l'inculpé est absent, la communication est faite à l'un des siens; à défaut de ceux-ci, le juge d'instruction renvoie la lettre à l'expéditeur, s'il juge qu'il y a lieu de le faire dans l'intérêt de ce dernier, ou, si la lettre ou le télégramme doit demeurer aux pièces, il lui dénonce la saisie.

Art. 149. Les envois saisis dont l'ouverture n'est pas jugée nécessaire doivent être transmis sans délai au destinataire ou renvoyés à l'établissement de transport.

[1] Même dans les cas prévus par l'article 187; l'article 147 ne comporte pas d'exception.

CHAPITRE XIII.

DE L'AUDITION DES TÉMOINS.

Art. 150. En principe, la personne citée comme témoin est tenue d'obéir à la citation et de témoigner en justice de ce qu'elle sait relativement aux faits qui font l'objet de l'instruction [1].

Art. 151. Ne peuvent être entendus comme témoins, à peine de nullité de leur déposition :

1° Les ecclésiastiques, sur les faits qui leur ont été révélés dans la confession ou sous le sceau du secret professionnel ecclésiastique ;

2° Les fonctionnaires de l'État [2], lorsqu'ils ne pourraient déposer sans violer le secret professionnel dont ils sont tenus, à moins qu'ils ne soient déliés de leur obligation par leurs supérieurs hiérarchiques [3] :

[1] Aux termes d'un traité du 11 mars 1866, les consuls, chanceliers et agents consulaires français, lorsqu'ils sont sujets de la France, ne peuvent être cités en justice pour y déposer. Lorsque la justice juge nécessaire de recevoir leur déposition, elle se transporte à leur domicile ou leur demande une déclaration par écrit. Il en est de même à l'égard des consuls et agents consulaires américains, à l'exception du cas où le témoignage d'un consul est requis à la décharge d'une personne accusée de crime (art. 3 de la convention consulaire du 11 juillet 1870). Les consuls de l'empire d'Allemagne, de l'Espagne et du Portugal jouissent de la même prérogative. Le témoignage des membres de la maison impériale est reçu à leur domicile par le grand maréchal de la cour, ou, hors de Vienne, par le président de la cour de première instance (art. 155). Ils sont dispensés du serment ; il leur suffit d'affirmer par écrit la sincérité de leur déposition. (Instruction ministérielle du 14 mai 1854.)

[2] De l'État, mais non de la province ou de la commune.

[3] L'article ne parle pas des médecins, pharmaciens, sages-femmes, avocats, etc. Le Code pénal, art. 498, 499, oblige les médecins, etc., au secret professionnel. Les avocats y sont tenus aux termes de

3° Les personnes qui, au temps où elles doivent déposer, sont, à raison de leur état physique ou de leur situation d'esprit, hors d'état de dire la vérité.

Art. 152. Sont dispensés de l'obligation de témoigner :

1° Les parents et alliés de l'inculpé en ligne directe ascendante et descendante, son conjoint, les frères et sœurs de son conjoint, ses frères et sœurs et leurs conjoints, les frères et sœurs de ses père, mère, grands-pères et grand'mères, ses neveux, nièces, cousins germains, ses parents adoptifs, ses enfants adoptifs et son pupille ;

2° Le défenseur, relativement aux faits qui lui ont été confiés par l'inculpé en sa qualité de défenseur.

Si une des personnes citées comme témoins est dans les relations ci-dessus spécifiées avec un seul ou plusieurs coïnculpés, elle ne peut refuser de témoigner à l'égard des autres que dans le cas où il ne serait pas possible de ne comprendre que ces derniers dans sa déposition. Le juge d'instruction doit avertir les personnes appelées comme témoins, soit avant leur audition, soit, au moins, aussitôt que la nature de leurs relations avec l'inculpé est relevée, qu'elles ont le droit de se refuser à déposer. Mention doit être faite dans le procès-verbal de la déclaration faite par le témoin en réponse à cet avertissement. Si le témoin n'a pas renoncé expressément au droit qu'il a de se refuser à déposer, sa déposition est nulle.

Art. 153. Un témoin ne peut être contraint de déposer ou de répondre à une question, quand sa déposition ou sa réponse causerait un préjudice matériel ou moral, direct et important, soit à sa fortune ou à sa personne, soit à la personne ou à la fortune

la loi (*Advokatenordnung*) du 6 juillet 1868. La loi permet au défenseur de l'inculpé de déposer des faits qui lui ont été confiés par l'inculpé en sa qualité de défenseur; mais il n'y est pas forcé (art. 152, 2°).

d'un des siens (art. 152, § 1er), à moins que l'affaire ne soit particulièrement grave.

Art. 154. Les personnes qui sont empêchées par la maladie ou par des infirmités de comparaître devant le tribunal peuvent être entendues à leur domicile.

Art. 155. Le témoignage des membres de la maison impériale sera reçu à leur domicile par le grand maréchal de la cour, ou, hors de Vienne, par le président de la cour de première instance du lieu de leur résidence.

Art. 156. Si le témoin réside hors du ressort du tribunal de district dans la circonscription duquel se trouve le juge d'instruction, en principe il y a lieu de commettre, pour recevoir la déposition du témoin, le tribunal de district dans le ressort duquel il réside. Cependant, si le juge d'instruction estime qu'il est nécessaire qu'il entende lui-même le témoin, soit afin que la déposition soit complète, soit pour éviter des délais, il peut le citer à comparaître devant lui, directement ou par l'intermédiaire du tribunal de district dans le ressort duquel ce témoin réside. Si le témoin ne peut se transporter qu'avec une trop grande difficulté ou des frais trop considérables, le juge d'instruction peut l'entendre au lieu de sa résidence. Il doit cependant, lorsque le lieu de cette résidence est situé hors du ressort de la cour à laquelle il appartient, en donner aussitôt avis à la cour compétente.

Art. 157. Si les témoins à entendre résident hors des pays représentés au Reichsrath, il y a lieu, en principe, de commettre rogatoirement le juge étranger compétent pour recevoir leur déposition. La commission rogatoire doit contenir les renseignements nécessaires, indiquer les questions à poser, avec prière de provoquer, selon les circonstances, les déclarations du témoin par les questions dont sa déposition aura révélé l'intérêt. Cependant, si la comparution du témoin devant le tribunal paraît nécessaire, il y a lieu, lorsque le témoin ne se présente pas volontairement, d'en faire rapport au ministre de la justice.

Art. 158. Si la personne à entendre exerce des fonctions ou est employée à un service public et doit être remplacée pendant le temps qu'elle sera empêchée, dans l'intérêt de la sécurité publique ou dans un autre intérêt public, il doit être donné avis de la citation, en même temps qu'elle est lancée, à son supérieur immédiat.

Cette prescription s'applique également au cas où la personne citée est employée dans les chemins de fer, sur les bateaux à vapeur, dans les mines, les fonderies, les forges, les laminoirs, dans les services sanitaires de l'État ou des communes, dans le service public ou privé des forêts.

Art. 159. Si le témoin n'obéit pas à la citation qui lui a été adressée, il est cité de nouveau avec menace d'une amende de 100 florins, au maximum, en cas de non-comparution, et d'un mandat d'amener. S'il fait défaut et ne donne pas d'excuse valable, le juge d'instruction le condamne à l'amende et décerne mandat d'amener contre lui. Dans les cas urgents, le juge d'instruction peut décerner le mandat d'amener contre lui après le premier défaut. Les frais d'exécution du mandat sont à la charge du témoin.

Art. 160. Si le témoin comparaît mais refuse sans motif admis par la loi de déposer ou de prêter serment, le juge d'instruction peut lui infliger une amende de 100 florins au maximum, et s'il persiste dans son refus, et que l'affaire soit importante, les arrêts pour six semaines, au maximum, sans cependant que la poursuite et l'achèvement de l'instruction puissent en souffrir [1].

Art. 161. Les témoins qui relèvent de la juridiction militaire peuvent, selon que le juge d'instruction le juge convenable, être entendus par lui comme les autres témoins ou par le juge militaire de la juridiction duquel ils relèvent [2]. Dans le premier cas, le juge d'instruction doit faire parvenir la citation au chef de corps (*vorgesetze Commando*) ou au commandant de la plus proche station militaire (*Militär-Stationscommando*); dans le second cas, demander au juge militaire, duquel relève le témoin, de recevoir sa déposition. La déposition des personnes qui font partie de la gendarmerie, de la prévôté militaire (*Militär-Polizeiwache*) et de la police (*Sicherheitswache*), est toujours reçue de la même façon que celle des témoins non militaires. Cependant, les chefs de corps (*selbstständige Commandanten*) seuls sont cités directement; leurs subordonnés ne reçoivent la citation que par l'intermédiaire de leurs supérieurs auxquels il appartient de prendre les mesures nécessaires pour les faire comparaître devant l'autorité civile.

Si un témoin relevant de la juridiction militaire se refuse à comparaître devant le juge d'instruction, ou à déposer lorsqu'il en est requis, ou à prêter serment, le juge d'instruction s'adresse directement au supérieur de ce témoin, et ce supérieur doit appliquer la loi au témoin récalcitrant.

Art. 162. Les témoins doivent être entendus par le juge d'instruction séparément et hors la présence de l'accusateur, de

[1] Voyez art. 248.

[2] Aux termes des Codes d'instruction criminelle de 1850 (art. 164) et de 1853 (art. 120), les militaires cités comme témoins ne pouvaient être entendus par le juge d'instruction que dans les localités où il n'existait pas de juge militaire.

la partie civile ou de l'inculpé ou d'autres témoins. Il leur est donné un siége pendant qu'ils déposent.

ART. 163. Si le témoin n'entend pas la langue usuelle du tribunal, sa déposition ne peut être reçue sans l'aide d'un interprète que si le juge d'instruction et le greffier possèdent suffisamment la langue que ce témoin parle. S'il est nécessaire, il est joint aux pièces une traduction certifiée du procès-verbal dans le langage usuel du tribunal. Ce cas excepté, le témoin ne peut être entendu qu'avec l'assistance d'un interprète assermenté. La déposition doit être consignée sur le procès-verbal dans la langue employée par le témoin et traduite dans la langue du tribunal. L'interprète peut être employé comme greffier.

ART. 164. Si le témoin est sourd, les questions lui sont posées par écrit, et, s'il est muet, il lui est demandé de répondre par écrit. Lorsqu'il est impossible de recourir à ce mode d'audition, la déposition du témoin est reçue avec l'assistance d'une ou de plusieurs personnes qui connaissent le langage par signes dans lequel il s'exprime, ou possèdent la faculté de comprendre les sourds-muets. Ces personnes doivent préalablement prêter serment en qualité d'interprètes.

ART. 165. Le témoin doit être averti, avant de déposer, qu'en réponse aux questions qui lui seront adressées il doit dire la vérité en toute science et conscience, ne rien dissimuler, et faire sa déposition telle qu'il la puisse confirmer sous serment s'il en est requis.

ART. 166. Le juge demandera ensuite au témoin quels sont ses noms, prénoms, âge, lieu de naissance, religion, profession, industrie ou emploi, et, s'il y a lieu, l'interrogera sur les autres points intéressant sa personnalité, particulièrement sur ses relations avec l'inculpé ou toute autre personne intéressée dans l'instruction.

Le juge pourra, lorsque d'après les circonstances particulières de l'affaire il l'estimera absolument nécessaire, demander au témoin s'il a déjà été impliqué dans une instruction criminelle et quelle a été l'issue de cette instruction.

Art. 167. Le juge devra laisser le témoin narrer sans être interrompu les faits sur lesquels portera son témoignage, et ne provoquera qu'après les explications complémentaires ou de nature à faire disparaître les obscurités ou les contradictions. Il devra être particulièrement demandé au témoin comment le fait est parvenu à sa connaissance. Le juge devra éviter autant que possible de préciser dans les questions qu'il posera les circonstances de fait sur lesquelles le témoin s'expliquera pour la première fois dans sa réponse.

Lorsque des questions de cette nature seront posées, il en devra être fait mention dans le procès-verbal.

Art. 168. Lorsqu'il y aura lieu de faire reconnaître par le témoin des personnes ou des objets, ces personnes ou ces objets lui seront représentés après qu'il en aura donné une description exacte avec le détail des signes distinctifs.

Si les dépositions des témoins sont en désaccord sur des points importants, le juge d'instruction pourra recourir à une confrontation.

En principe, la confrontation ne pourra avoir lieu entre plus de deux personnes à la fois. Les personnes confrontées devront être entendues l'une après l'autre sur chacune des circonstances sur lesquelles elles sont en désaccord. Leurs réponses seront consignées au procès-verbal.

Art. 169. Le serment ne sera demandé aux témoins dans l'instruction que lorsqu'il y aura lieu de craindre qu'à raison d'une maladie, d'une absence ou du défaut de résidence fixe, ou pour tout autre motif, ils ne puissent se représenter lors des débats devant le tribunal, ou lorsque l'accusateur ou l'inculpé requerra pour des motifs graves que le serment soit exigé, ou lorsque le juge d'instruction ne croira pouvoir obtenir la vérité complète que si la déposition est faite sous serment [1].

Art. 170. Le serment ne pourra être prêté, sous peine de nullité de ce serment :

1° Par les personnes convaincues ou soupçonnées d'avoir commis l'acte coupable à l'occasion duquel elles sont entendues, ou d'y avoir participé ;

2° Par celles qui sont recherchées à raison d'un crime, ou qui ont été condamnées pour crime à une peine entraînant perte de la liberté et n'ont pas encore purgé leur condamnation ;

3° Par celles qui ont déjà été condamnées pour faux témoignage ou faux serment ;

4° Par celles qui, au moment de leur audition, n'ont pas encore accompli leur quatorzième année ;

5° Par celles dont les facultés de perception et de mémoire sont notablement affaiblies ;

6° Par celles qui vivent en état d'inimitié avec les inculpés

---

[1] Il est de doctrine en Autriche que le témoin ne doit pas prêter serment deux fois, la première dans l'instruction, la seconde, lors des débats publics, par ce motif que la multiplicité des serments en compromet la dignité et la sainteté. On comprend dès lors pourquoi le serment n'est exigé en principe par la loi que lors des débats. Les jurisconsultes autrichiens critiquent vivement le système français, auquel ils reprochent de placer le témoin dans une situation telle qu'il n'ose plus rectifier ni compléter lors des débats sa déposition faite dans l'instruction, et de produire en pratique ce résultat, que le faux témoignage commis au cours de l'instruction n'est pas poursuivi.

auxquels leur déposition se réfère, si cette inimitié est, eu égard aux personnes ou aux événements, de nature à enlever toute créance à leur témoignage ;

7° Par celles qui ont indiqué dans leur déposition des circonstances démontrées n'être pas vraies, et qui ne peuvent justifier que leur déposition, sur ce point, soit le résultat d'une erreur involontaire.

Art. 171. Le témoin prête serment devant le juge d'instruction aussitôt après sa déposition, dans les formes prescrites par la loi du 3 mai 1868. (*Bulletin des lois de l'Empire, n° 33* [1].)

Art. 172. La personne lésée par le crime ou le délit devra être interrogée, lorsqu'elle sera entendue comme témoin, sur le point de savoir si elle se joint à la procédure.

Même dans ce cas et lorsqu'elle se portera accusateur, toutes les prescriptions relatives à l'audition des témoins seront appliquées en ce qui la concerne.

---

[1] Le témoin ne prête serment qu'après avoir déposé parce que sa déposition seule peut faire apparaître les motifs qui autorisent à lui faire prêter serment devant le juge d'instruction. (Voyez art. 169.)

Aux termes de la loi du 3 mai 1868 qui donne la formule et règle les formes du serment, les Israélites prêtent serment la tête couverte et la main droite sur la Thora (art. 4). Quant aux personnes auxquelles leur doctrine religieuse défend de prêter serment, on les avertit de dire la vérité et elles affirment, la main levée, qu'elles s'y conformeront. (*Hofdecret*, 16 janvier 1816, et art. 5, loi du 3 mai 1868.)

CHAPITRE XIV.

DE LA CITATION (*VORLADUNG*); DU MANDAT D'AMENER (*VORFÜH-RUNG*); DE LA MISE EN ÉTAT DE DÉPÔT PROVISOIRE (*VORLÄU-FIGE VERWAHRUNG*) ET DE LA DÉTENTION PRÉVENTIVE[1].

I. — DE LA CITATION.

Art. 173. L'inculpé devra, dans les cas où la loi n'en aura pas autrement ordonné, être simplement cité pour être entendu. A cet effet, le juge d'instruction lui adressera une invitation rédigée par écrit, close et signée de lui. Cette invitation devra contenir la désignation du tribunal et celle de la personne citée, l'exposé sommaire de l'objet de l'instruction, le lieu, le jour et l'heure de la comparution, et, de plus, l'avis que l'inculpé sera entendu comme inculpé et, faute de comparaître, appréhendé pour être amené devant le tribunal.

II. — DU MANDAT D'AMENER, DE LA MISE EN ÉTAT DE DÉPÔT ET DE LA DÉTENTION PRÉVENTIVE.

Art. 174. Si la personne citée ne comparaît pas et ne fournit pas de motifs d'excuse suffisants, il y aura lieu de décerner contre elle un mandat d'amener.

[1] Sous le Code de 1803, la détention préventive était la règle. Le Code de 1850 en a fait l'exception et a établi des règles concernant le mandat d'amener, le dépôt provisoire, la détention préventive et la mise en liberté sous caution. Le Code de 1853 avait reproduit en général les dispositions du Code de 1850, sur la matière dont traitent l'article 174 et les articles suivants. Il en avait cependant modifié quelques-unes dans un sens libéral.

Art. 175. Le juge d'instruction pourra faire amener et mettre en état de dépôt provisoire (*vorläufige Verwahrung*) l'individu soupçonné d'un crime ou d'un délit, sans l'avoir préalablement cité :

1° Lorsque cet individu aura été pris sur le fait, ou désigné par la police à sa poursuite, ou par la clameur publique, comme l'auteur présumé d'un crime ou d'un délit qui vient d'être commis, ou trouvé porteur d'armes ou d'objets provenant du crime ou du délit, ou démontrant qu'il y a participé;

2° Lorsqu'il aura fait des préparatifs pour prendre la fuite ou si, soit à raison de la gravité de la peine qui le menace, soit à raison de son mode d'existence, soit parce qu'il est inconnu dans le pays, ou qu'il est sans patrie (*ausweis-oder heimathlos*), soit pour tout autre motif important, il y a lieu de présumer qu'il prendra la fuite;

3° Lorsqu'il aura tenté. soit d'agir sur les témoins, les experts ou ses coinculpés, de façon à empêcher la découverte de la vérité, soit de détruire, pour entraver l'instruction, les traces du crime ou du délit, ou lorsqu'il y aura motif grave de penser qu'il tentera de le faire;

4° Lorsqu'il y aura lieu de craindre. d'après certaines circonstances, que l'inculpé ne commette le fait à nouveau ou ne donne effet à sa tentative ou à ses menaces.

Lorsqu'il s'agira d'un crime puni par la loi de la peine de mort ou de dix ans au moins de reclusion (*Kerkerstrafe*), le juge d'instruction devra décerner immédiatement un mandat d'arrêt (*Haftbefehl*) contre l'auteur présumé [1].

---

[1] Aux termes du Code de 1850 (art. 191) et du Code de 1853 (art. 156), la mise en état de dépôt était obligatoire toutes les fois qu'il s'agissait d'un crime punissable de cinq ans au moins de reclusion. Le projet du Gouvernement reproduisait cette disposition. Le législateur a pensé que l'article 175 donnant au juge d'instruction les moyens de s'assurer, dans la plupart des cas, de la personne de l'auteur présumé du fait punissable, il n'y avait pas inconvénient

Art. 176. Dans ces cas (art. 175), le juge d'instruction décernera un mandat d'arrêt (*Verhaftsbefehl*) motivé, qui devra être notifié à l'inculpé immédiatement après son arrestation ou au plus tard dans les vingt-quatre heures.

Lorsqu'il y a lieu d'arrêter une des personnes mentionnées dans l'article 158, il en doit être donné avis à son supérieur immédiat aussitôt l'arrestation, et même, à moins qu'il n'y ait inconvénient à le faire, avant l'exécution du mandat d'arrêt. Il doit être donné avis de la mise en liberté aussitôt qu'elle est ordonnée.

Art. 177. Exceptionnellement, l'individu soupçonné d'un crime ou d'un délit peut être appréhendé et arrêté provisoirement [1] sans ordre écrit, pour être amené devant le juge d'instruction, et ce, même par ordre du juge non compétent pour l'instruction ou des autorités de police [2] :

1° Dans les cas mentionnés à l'article 175, § 1 :

2° Dans les cas de l'article 175, §§ 2, 3 et 4, s'il y a danger à attendre le mandat du juge.

L'individu arrêté doit être interrogé, sans retard, par le juge ou l'officier de police. S'il n'existe pas de motif pour le maintenir en état d'arrestation, il doit être immédiatement mis en liberté; dans le cas contraire, il doit être traduit dans les quarante-huit heures devant le juge d'instruction.

à se montrer plus libéral ni à restreindre l'obligation de la mise en état de dépôt aux crimes punissables de dix ans de reclusion.

[1] Le texte porte *vorläufige Verwahrung*...; mais nous n'avons pas cru devoir traduire comme ci-dessus par « mise en état de dépôt » pour ne pas jeter de confusion dans l'esprit du lecteur.

[2] Sous l'empire du Code de 1850 (art. 187) et du Code de 1853 (art. 152), le ministère public pouvait, dans les cas prévus par le présent article, mettre en état de dépôt provisoire. Le législateur de 1873 est parti de cette idée que le ministère public, en sa qualité de partie, ne doit avoir aucun pouvoir sur l'inculpé.

Art. 178. Le juge de district compétent pour procéder aux constatations préliminaires (art. 89) peut. lorsque l'inculpé, après son interrogatoire, semble être l'auteur présumé de l'acte qui lui est imputé et lorsqu'il se trouve dans l'un des cas prévus par l'article 175, décider qu'il sera maintenu en état de dépôt jusqu'à ce qu'il soit avisé par le juge d'instruction.

Cette décision est annoncée et motivée verbalement à l'inculpé. Mention de l'accomplissement de cette formalité doit être faite dans le procès-verbal. Cependant, si l'inculpé le demande, il doit être traduit devant le juge d'instruction dans les quarante-huit heures au plus tard.

Art. 179. Tout individu traduit devant la justice ou amené en exécution d'un mandat du juge d'instruction doit être interrogé par le juge d'instruction dans les vingt-quatre heures. En cas d'impossibilité, il est maintenu en état d'arrestation; mais il doit être interrogé aussitôt que possible, au plus tard dans les trois jours. et le motif du retard doit être consigné dans le procès-verbal. Après l'interrogatoire, le juge d'instruction décide immédiatement s'il y a lieu de remettre l'inculpé en liberté ou de le mettre en état de dépôt (*die ordentliche Untersuchungshaft verhängen*).

Art. 180. L'inculpé [1] ne peut être mis en détention préventive (*Untersuchungshaft*) que lorsque, après l'avoir interrogé, le juge d'instruction le présume l'auteur du crime ou du délit et lorsqu'il se trouve dans l'un des cas prévus par les §§ 2, 3 et 4 de l'article 175 [2].

[1] L'inculpé, c'est-à-dire l'individu qui est l'objet d'une réquisition à fin d'instruction à l'occasion d'un fait déterminé, émanée d'un accusateur autorisé, ou contre lequel il a été déposé un acte d'accusation. Au contraire, dans l'article 173, le terme *inculpé* n'est employé que pour désigner l'auteur présumé du fait.

[2] On a reproché au législateur de n'avoir pas compris le cas de flagrant délit parmi ceux dans lesquels la mise en détention préventive est autorisée. Aux

La mise en détention préventive doit intervenir quand il s'agit d'un crime qui entraîne la peine de mort ou au moins dix années de reclusion. La décision du juge d'instruction doit être annoncée verbalement à l'inculpé, avec ses motifs. Il en doit être fait mention dans le procès-verbal. Si l'inculpé le requiert, la décision motivée lui est notifiée par écrit dans les vingt-quatre heures.

Les individus appartenant à l'armée ou à la landwehr appelés en temps de paix pour les exercices d'instruction ou les manœuvres (*zur Recruten-Ausbildung oder zu den Waffenübungen*) ne peuvent, tant qu'ils sont retenus, être mis en détention préventive par le juge criminel non militaire. que lorsqu'il s'agit d'un crime ou dans les cas spécifiés par l'article 175, § 3.

Après que la guerre a été déclarée ou a éclaté, ces individus, s'ils ont été appelés sous les drapeaux. ne peuvent être mis en état de dépôt que lorsqu'il s'agit d'un crime puni de la peine de mort ou de plus de cinq ans de reclusion.

Art. 181. En cas de tumulte ou d'émeute, de voies de fait ou de tout autre acte punissable commis par un grand nombre d'individus, s'il n'est pas possible de découvrir immédiatement les coupables, tous ceux qui y ont assisté, et qui ne sont pas complétement à l'abri du soupçon d'y avoir participé, peuvent être retenus.

Ils doivent être interrogés. dans les trois jours au plus tard, par le juge compétent, et remis en liberté, à l'exception de ceux qui auront été mis en état de dépôt.

Art. 182. Lorsque le juge d'instruction se transporte. en cas de flagrant délit (*gleich nach Verübung eines Verbrechens oder Ver-*

termes de l'article 175, § 1, la mise en état de dépôt est autorisée en cas de flagrant délit. Les motifs qui justifient et exigent la mise en état de dépôt doivent justifier et exiger la mise en détention préventive.

gehens), pour opérer des constatations, il peut faire défense aux individus qu'il juge nécessaire de retenir, de quitter leur résidence pendant la journée et même pendant le jour suivant. L'infraction à cette défense peut être punie par le juge d'instruction, suivant les circonstances, d'une amende de cinquante florins au maximum. Il peut de plus être décerné mandat d'arrêt contre le contrevenant.

III. — DU TRAITEMENT DES DÉTENUS AU DÉPÔT (*UNTERSUCHUNGSGEFANGENE*).

ART. 183. La mise en état de dépôt ainsi que l'arrestation provisoire doivent être opérées de façon à ménager le plus possible la personne et la réputation de l'inculpé. Sa liberté ne doit être restreinte que dans les limites strictement nécessaires pour s'assurer de sa personne et empêcher les communications qui pourraient nuire à l'instruction.

ART. 184. Les individus arrêtés doivent, autant que possible, être détenus isolés les uns des autres. Lorsque cette séparation n'est pas possible, le juge doit veiller à ce que des personnes de sexe différent ne soient pas réunies, à ce que des coïnculpés ne soient pas placés dans la même prison; que des criminels non encore endurcis ou encore jeunes ne soient pas détenus avec des criminels endurcis et dans la maturité de l'âge. Il doit être encore tenu compte, dans cette répartition des détenus. de leur degré d'éducation et de la nature du crime ou du délit relevé à leur charge.

ART. 185. Les prisonniers ayant les ressources nécessaires peuvent se procurer à leurs frais les commodités et les occupations compatibles avec le but de leur détention, autorisées par le règlement de la maison et qui n'en compromettent pas la sécurité.

Art. 186. Lorsque le prisonnier demande à recevoir la visite d'un médecin ou d'un ecclésiastique de sa confession choisi par lui, ou lorsque ses parents ou les personnes qui sont en relation d'affaires avec lui ou dont il souhaite avoir les conseils veulent le visiter, la permission doit être accordée dans les conditions prescrites par le règlement de la maison. Ces visites n'ont lieu qu'en présence d'un fonctionnaire judiciaire (*Gerichtsperson*) et peuvent, dans les circonstances où elles semblent devoir nuire à l'instruction, être entièrement interdites par le juge.

Art. 187. Le détenu ne peut recevoir ou adresser des télégrammes, des lettres ou autres envois de ce genre sans que le juge d'instruction en ait connaissance, et, lorsqu'il y a lieu de craindre un préjudice pour l'instruction, seulement après que le juge les aura lus et n'aura pas estimé qu'il y a inconvénient à les laisser parvenir à leur destination. La faculté d'écrire aux fonctionnaires supérieurs de l'ordre judiciaire ne doit pas être refusée au détenu.

Art. 188. On ne devra recourir à la mise aux fers du détenu qu'en cas de désobéissance, de violence ou de rébellion, et au cas où il aura fait une tentative ou des préparatifs pour prendre la fuite. Cette mesure devra être temporaire et n'être maintenue que pendant le temps strictement nécessaire.

Art. 189. Le juge de district ainsi que le président de la cour de première instance sont tenus de visiter, au moins une fois par semaine et à l'improviste, accompagnés d'un fonctionnaire judiciaire, les prisons situées dans leur ressort, d'interroger les prévenus hors la présence des geôliers sur la manière dont ils sont traités et nourris, et de donner les ordres nécessaires pour faire cesser les abus qui seront venus à leur connaissance.

IV. — DE LA MISE EN LIBERTÉ SOUS CAUTION [1], DE LA CESSATION DE L'ÉTAT DE DÉPÔT PROVISOIRE ET DE LA DÉTENTION PRÉVENTIVE (*AUFHEBUNG DER VORLÄUFIGEN VERWAHRUNG UND DER UNTERSUCHUNGSHAFT*).

Art. 190. L'inculpé ne devra être maintenu en détention préventive et en état de dépôt provisoire, que tant que subsisteront les motifs qui auront déterminé ces mesures. Toutes les autorités qui concourent à la procédure seront tenues de s'efforcer d'abréger le plus possible cette détention.

Si l'inculpé n'est détenu qu'à raison d'un des motifs mentionnés dans l'art. 175, § 3, la détention ne devra pas en principe être prolongée au delà de deux mois. Cependant, exceptionnellement, elle pourra, sur la proposition du ministère public [2] ou du juge d'instruction, être maintenue pendant trois mois [3] au plus, à dater du

[1] Le Code de 1803 n'admettait pas la mise en liberté sous caution, qui fut établie en Autriche par le Code de 1850. Cependant ce Code n'en faisait pas un droit pour l'accusé et ne l'autorisait pas quand il s'agissait d'un crime ou d'un délit puni de plus de cinq ans de reclusion. L'appréciation des cas où il y avait lieu de mettre en liberté sous caution était laissée au juge d'instruction et au ministère public; en cas de désaccord entre eux, le *Bezirkscollegialgericht*, correspondant à peu près à la cour de première instance d'aujourd'hui, statuait sur la mise en liberté sous caution.

Le Code de 1853 supprima de nouveau cette institution, par ce motif «qu'il fallait que tous fussent égaux devant la loi et que celle-ci ne devait pas accorder aux riches une faveur dont par la force des choses les pauvres ne pourraient jouir.» La loi du 27 octobre 1862 sur la ga-

rantie de la liberté individuelle rétablit la mise en liberté sous caution. Ses dispositions ont passé dans le présent Code.

[2] Le projet du Gouvernement et celui de la Chambre des députés accordaient à «l'accusateur le droit de demander la prolongation de la détention» dans le cas indiqué au texte. La Chambre des seigneurs n'a accordé cette faculté qu'au *ministère public* «parce que l'accusateur subsidiaire (*Subsidiar-Ankläger*) ne tient de la loi qu'une influence très-restreinte sur la détention de l'inculpé, et que dans le cas où il existe un accusateur privé (*Privat-Ankläger*) le délai de deux mois est suffisant.»

[3] Ce délai court du jour de l'arrestation, qu'elle ait été opérée par la police ou par le juge de district procédant aux constatations préliminaires, ou par le juge d'instruction.

jour où elle aura commencé, par la cour de seconde instance, s'il
y a des motifs graves et si l'instruction exige de grandes recherches.

Art. 191. Le juge d'instruction pourra demander à l'inculpé
relaxé et mis en liberté de prendre l'engagement de ne pas s'éloigner du lieu de sa résidence sans l'assentiment du juge, jusqu'à ce
que l'instruction soit définitivement (*rechtskräftig*) terminée, de
ne pas se celer et de ne pas chercher à entraver l'instruction [1]. La
rupture de cet engagement entraîne la réintégration de l'inculpé
au dépôt.

Art. 192. S'il ne s'agit pas d'un crime puni de la peine de
mort ou d'une peine de cinq ans de reclusion au moins, l'individu
détenu parce que l'on craint qu'il ne prenne la fuite doit être, sur
sa demande, mis en liberté provisoire sous caution ou avec garantie
d'une somme déterminée par la chambre du conseil, eu égard à la
gravité de l'acte punissable [2], à la personne du détenu et à la fortune de la personne qui fournit le cautionnement. L'inculpé devra,
de plus, prendre l'engagement mentionné dans l'art. 191.

Art. 193. Le montant du cautionnement sera déposé en justice,
soit en numéraire, soit en une des valeurs (*Werthpapiere*) dans
lesquelles la loi exige l'emploi des fonds des mineurs ou des incapables, évaluées au cours de la Bourse du jour du versement. Il
peut être aussi garanti par une hypothèque sur des immeubles,

---

[1] Aux termes de l'art. 162 du Code
d'instruction criminelle de 1853, le juge
d'instruction devait faire prendre cet engagement à tout individu poursuivi et
laissé en liberté. La loi actuelle reproduit
la disposition de l'art. 203 du Code d'instruction criminelle de 1850.

[2] Il résulte de cette disposition, rap-
prochée de la disposition finale de l'article 193, qu'il doit être tenu compte, dans
l'appréciation de la somme à déterminer, du montant des dommages-intérêts
qui pourront être accordés à la partie
lésée.

ou par une caution solvable (art. 1374, Code civil général autrichien)[1] qui s'engage à payer.

Le montant du cautionnement doit être déclaré confisqué par le tribunal, si l'inculpé quitte sans autorisation le lieu de sa résidence ou ne comparaît pas dans les trois jours devant le tribunal sur la citation à lui adressée, laquelle, s'il n'a pu être trouvé, doit être apposée à la porte de son logement.

Cette condamnation, dès qu'elle a acquis force de chose jugée, peut, comme tout autre jugement, être exécutée.

Le montant du cautionnement confisqué doit être versé au trésor (*Staatscasse*); cependant la partie lésée par l'acte punissable a le droit de demander qu'il soit affecté par privilége (*vor allem*), et jusqu'à due concurrence, à l'acquittement des dommages-intérêts.

ART. 194. La cour de seconde instance peut, en observant les prescriptions précédentes relatives à la prestation de caution ou de garantie, décider que l'inculpé sera laissé ou remis en liberté, même lorsqu'il s'agit de crimes entraînant une peine de cinq ans de reclusion au minimum.

ART. 195. Lorsque l'inculpé, après qu'il aura obtenu de rester en liberté, fera des préparatifs pour prendre la fuite, ou lorsque des circonstances nouvelles surviendront qui nécessiteront sa détention, il devra être mis en état de détention nonobstant le cautionnement, qui s'éteindra dès que la détention aura commencé.

Il en sera de même lorsque la procédure sera terminée, soit par un non-lieu (*Einstellung*), soit par un jugement définitif (*Endurtheil*).

[1] Cet article considère comme caution solvable la personne qui possède une fortune convenable et qui peut être actionnée devant les tribunaux de la province.

Art. 196. Hors le cas de mise en liberté sous caution et d'expiration du délai fixé par l'art. 190, § 2, la détention prend fin par l'ordonnance du juge d'instruction avec l'assentiment du ministère public. En cas de dissentiment entre le ministère public et le juge d'instruction, il sera statué par la chambre du conseil.

Art. 197. Le pourvoi du ministère public contre la décision de la chambre du conseil ordonnant la mise en liberté, avec ou sans caution, n'aura d'effet suspensif que s'il a été formé avant l'expiration d'un délai de trois jours, à compter du moment où la décision a été connue.

CHAPITRE XV.

DE L'INTERROGATOIRE (*VERNEHMUNG*) DE L'INCULPÉ [1].

ART. 198. Au cours de l'instruction, l'inculpé devra être interrogé par le juge d'instruction hors la présence de l'accusateur ou de personnes autres que celles autorisées par la loi. Il devra être procédé à l'interrogatoire avec modération et patience.

En principe, l'interrogatoire sera oral. Cependant le juge d'instruction pourra permettre de répondre par écrit sur certains points difficiles à expliquer. Les témoins instrumentaires ne pourront assister à l'interrogatoire de l'inculpé que lorsque le juge d'instruction le jugera nécessaire, ou lorsque l'inculpé le demandera.

Dans le cas où le détenu porte des fers, ils doivent lui être enlevés avant son interrogatoire, s'il n'y a pas de danger à le faire. L'inculpé restera assis pendant l'interrogatoire. Si l'inculpé n'en-

[1] Sous l'empire du Code de 1803, qui consacrait le système inquisitorial, l'interrogatoire de l'accusé était considéré avant tout comme un moyen d'obtenir l'aveu : les questions devaient lui être adressées de façon à le déterminer à avouer. La loi partait de ce principe que l'inculpé était tenu de dire la vérité. Il en résultait que le refus de répondre, le mensonge, la simulation de folie, etc., étaient considérés comme des motifs d'appliquer des peines disciplinaires. Ces pénalités ont été supprimées par une décision impériale du 22 mai 1848. Le Code de 1850, au contraire, considérait que l'interrogatoire de l'inculpé avait pour but principal de lui faire connaître toutes les charges et de le mettre à même de se défendre. Il interdit de prolonger l'instruction dans le but d'obtenir un aveu, n'admit pas de peines disciplinaires, et défendit toute pression directe ou indirecte.

Le Code de 1853 recommandait au juge de diriger l'interrogatoire de façon à obtenir un aveu, voulant toutefois qu'il fût volontaire. Ce Code lui traçait les règles à suivre pour obtenir cet aveu et pour mettre l'accusé en contradiction avec lui-même; lui indiquait comment il devait profiter, pour obtenir un aveu, des impressions ressenties par l'inculpé, de son angoisse naturellement survenue, etc... (art. 172, 177, 179, 218 du Code d'instruction criminelle de 1853).

tend pas la langue officielle du tribunal, ou s'il est sourd ou muet, il y aura lieu d'appliquer les prescriptions des art. 163 et 164.

Art. 199. Le juge d'instruction donnera avis à l'inculpé, avant de commencer l'interrogatoire, qu'il doit répondre d'une façon précise, claire et conforme à la vérité, aux questions qui lui seront posées.

Après l'avoir interrogé sur les points qui concernent sa responsabilité, le juge d'instruction lui indiquera en termes généraux le crime ou le délit relevé à sa charge et le mettra en demeure de s'expliquer dans un récit suivi et circonstancié sur les faits qui font l'objet de l'inculpation. Les questions posées ensuite devront tendre, sans digressions inutiles, à compléter ce récit, à en faire disparaître les obscurités ou les contradictions. Elles devront être posées de façon à faire connaître à l'inculpé tous les motifs de suspicion qui pèsent sur lui, de façon à le mettre à même de les détruire ou de les confirmer. S'il invoque des faits ou des preuves à sa décharge, il y aura lieu de vérifier ces allégations, à moins qu'elles n'aient manifestement pour but de retarder l'instruction de l'affaire.

Art. 200. Les questions posées à l'inculpé ne devront être ni vagues, ni obscures, ni ambiguës, ni captieuses. Elles devront dériver l'une de l'autre dans un ordre logique.

On devra aussi éviter, particulièrement, de poser des questions qui impliqueraient la reconnaissance par l'inculpé d'un fait qu'il n'aurait point encore reconnu.

Les questions qui indiquent à l'inculpé des circonstances de fait que sa réponse pourra seule établir, ou qui lui désigneront, à l'aide de noms propres ou d'autres signes facilement reconnaissables, les complices qu'on recherche, ne pourront être posées que lorsqu'il n'existera pas d'autre moyen de l'amener à s'expliquer sur ces points. En pareil cas, les questions devront être insérées littéralement dans le procès-verbal.

Art. 201. Les objets qui se rapportent au crime ou au délit, ou qui servent de pièces à conviction, devront, après avoir été préalablement indiqués à l'inculpé, lui être présentés pour qu'il les reconnaisse; s'il n'est pas possible de les mettre sous ses yeux, on doit le conduire en vue de ces objets pour les lui faire reconnaître. L'inculpé pourra être invité à écrire devant le juge quelques mots ou quelques phrases, lorsque cette mesure paraîtra utile, afin d'écarter des doutes sur la sincérité d'un écrit qui lui sera attribué, sans toutefois qu'il puisse être employé de contrainte à cet effet.

Art. 202. Il ne pourra être employé ni promesses, ni représentations, ni menaces ou moyens de contrainte, pour amener l'inculpé à faire des aveux ou d'autres déclarations déterminées. L'instruction ne pourra non plus être retardée par les efforts faits en vue d'obtenir un aveu.

Art. 203. Si l'inculpé refuse de répondre d'une manière générale ou de répondre à des questions déterminées, ou s'il simule la surdité, la folie ou l'imbécillité, et si, dans ces derniers cas, le juge d'instruction est arrivé à se convaincre de la simulation, soit par ses observations personnelles, soit par l'audition de témoins ou d'experts, il devra se borner à faire remarquer à l'inculpé que son attitude ne peut entraver l'instruction, et qu'elle peut avoir pour effet de le priver de ses moyens de défense.

Art. 204. Si les nouvelles déclarations de l'inculpé s'écartent de ses déclarations primitives, et, en particulier, s'il rétracte des aveux antérieurs, il devra être interrogé sur le mobile de ses contradictions et sur les causes de sa rétractation.

Aʀᴛ. 205. Quand les réponses d'un inculpé diffèrent sur des points importants des déclarations des témoins qui déposent contre lui ou de celles de ses coïnculpés, ces derniers ne devront être confrontés avec lui au cours de l'instruction que si le juge d'instruction le considère comme nécessaire pour la manifestation de la vérité. Dans ces confrontations, il y a lieu d'observer le mode de procéder prescrit par l'art. 168, § 3 [1].

Les personnes désignées en l'art. 152, § 1, lorsqu'elles auront consenti à être entendues comme témoins, pourront décliner toute confrontation avec l'inculpé, à moins que celui-ci ne la réclame lui-même.

Aʀᴛ. 206. Les aveux de l'inculpé ne dispenseront point le juge d'instruction du devoir d'arriver, autant que possible, à la démonstration des faits. Si l'aveu est général et confirmé par les autres données de l'instruction, l'obligation de procéder à de nouvelles investigations sera subordonnée aux réquisitions spéciales de l'accusateur.

---

[1] Aux termes de l'art. 183 du Code d'instruction criminelle de 1853, le juge d'instruction devait procéder à une confrontation lorsque l'inculpé la demandait formellement dans l'intérêt de sa défense.

Aux termes du présent article, le juge conserve, même dans ce cas, un pouvoir d'appréciation. Si le juge repousse la demande qui lui est faite, l'inculpé a son recours devant la chambre du conseil.

CHAPITRE XVI.

DE LA MISE EN ACCUSATION [1].

Art. 207. C'est à l'accusateur qu'il appartient de provoquer

[1] Les législations qui consacrent le principe de la procédure orale et publique, et qui admettent le système accusatoire, se sont toutes efforcées d'entourer la mise en accusation de formes protectrices destinées à empêcher les accusations provoquées par des passions particulières. Pour atteindre ce but, les divers législateurs ont employé des moyens variés. Mittermaier disait que les législations pouvaient se diviser, à ce point de vue, en quatre groupes principaux :

1° La loi laisse au ministère public le pouvoir de décider s'il doit porter l'accusation devant le tribunal, et quel doit être l'objet de cette accusation.

2° Il appartient au juge d'instruction de statuer sur la question de savoir si le prévenu d'un délit déterminé doit être poursuivi.

3° Les poursuites devant les tribunaux dépendent de la décision d'un juge d'accusation.

4° Les actes de l'instruction doivent être soumis à la cour elle-même qui doit décider s'il y a lieu à mise en accusation.

La question de savoir s'il faut permettre au ministère public de prononcer lui-même la mise en accusation, ou si une décision judiciaire spéciale doit être rendue sur elle, est une des questions les plus vivement controversées dans les pays qui ont admis le système de la procédure accusatoire. Cette question n'a pas été tranchée de la même façon par les trois Codes d'instruction criminelle autrichiens de 1850, de 1853 et de 1873.

Le Code de 1850 avait établi que personne ne pourrait être poursuivi à raison d'un crime ou d'un délit, sans une décision judiciaire préalable prononçant la mise en accusation. Cette décision était rendue à huis clos sans entendre l'inculpé, sur rapport d'un juge, sur les réquisitions écrites du ministère public et après l'avoir entendu.

Le Code de 1853 décidait que la juridiction devant laquelle avait lieu la procédure orale statuait sur la mise en accusation à huis clos, sur les réquisitions écrites du ministère public et sur le rapport d'un juge.

Le Code d'instruction criminelle nouveau fait résulter la mise en accusation de l'acte d'accusation (*Anklageschrift*) qui émane du ministère public. Cet acte d'accusation doit être transmis à l'accusé avec avertissement qu'il a le droit d'y former opposition. S'il n'y a pas d'opposition, la cour de première instance ordonne les débats. Si, au contraire, une opposition est formée, les actes de la prola mise en état d'accusation [1] par le dépôt de l'acte d'accusation (*Anklageschrift*) [2].

L'acte d'accusation doit contenir :

1° Le nom de l'inculpé;

2° L'exposé de toutes les circonstances du fait punissable relevées par l'accusation à la charge de l'inculpé, qui sont de nature à établir la qualification légale de ce fait, notamment des circonstances de lieu, de temps, d'objet, ou de toutes autres circonstances nécessaires pour le déterminer nettement;

3° La qualification légale de l'acte punissable objet de l'accusation, le texte de loi dont l'application est requise et les indications nécessaires pour déterminer le juge compétent (*sachliche Zuständigkeit*);

4° L'indication du tribunal devant lequel les débats doivent avoir lieu.

A l'acte d'accusation doit être annexé :

Un exposé succinct, mais complet, indiquant avec suite l'ensemble des faits, tel qu'il se dégage de la dénonciation ou des procès-verbaux de l'enquête préliminaire et de l'instruction.

L'acte d'accusation doit comprendre, en outre, dans son contexte

---

rédure sont soumis à la cour de seconde instance, qui statue à huis clos après avoir entendu le ministère public. La cour de seconde instance peut ordonner que des vices de forme soient réparés, que les circonstances du fait seront mieux éclaircies, que l'affaire sera renvoyée à un autre tribunal; elle peut enfin ou repousser la mise en accusation (art. 213), ou décider que suite lui sera donnée.

[1] Dans certains cas exceptionnels, la mise en accusation est prononcée par la cour de seconde instance (art. 218, 48 alin. 2, 114).

[2] L'acte d'accusation a une très-grande importance; c'est cet acte qui fixe les chefs d'accusation. La décision définitive doit statuer sur tous ces chefs et sur eux seulement; c'est aussi sur eux que doivent porter les questions principales posées au jury. Les jugements qui n'épuisent pas l'accusation ou qui en dépassent les limites, contrairement aux articles 262, 263 et 267, sont nuls et sans effet (art. 281, alin. 7 et 8). Il y a aussi lieu à un pourvoi en nullité quand une question est posée au jury en violation de l'article 267 et qu'elle a été résolue affirmativement (art. 344, alin. 7).

ou dans une annexe, la liste des témoins et experts à citer, ainsi que l'indication des autres moyens de preuve dont l'accusateur se propose de se servir dans les débats.

L'accusateur peut aussi requérir, dans l'acte d'accusation, l'arrestation de l'inculpé.

L'acte d'accusation doit être dressé en un nombre d'expéditions suffisant pour qu'un exemplaire puisse en être remis à chacun des accusés, et qu'il en reste un entre les mains du juge d'instruction.

Art. 208. L'acte d'accusation doit être remis au juge qui a dirigé l'instruction, et, s'il n'y a pas eu d'information préalable, au président de la chambre du conseil.

Si le juge d'instruction (ou le président de la chambre du conseil) éprouve quelque hésitation à faire droit à la réquisition tendant à l'arrestation de l'accusé, il en réfère à la décision de la chambre du conseil. Si ces scrupules ne se produisent pas, ou s'ils sont levés par la décision de la chambre du conseil, le juge d'instruction communique l'acte d'accusation avec ses annexes à l'accusé, et l'informe qu'il peut former opposition contre l'acte d'accusation, et provoquer une décision de la cour de seconde instance, relativement à la compétence du tribunal désigné dans l'acte d'accusation, et à l'admissibilité de l'accusation.

Art. 209. Si l'accusé est déjà détenu, l'acte d'accusation doit lui être remis, au plus tard, dans les vingt-quatre heures; si son arrestation a lieu aux termes de l'acte d'accusation, il doit lui être remis en même temps que l'ordre d'arrestation.

L'accusé détenu a un délai de vingt-quatre heures pour déclarer qu'il forme opposition; ce délai court, dans le dernier cas, du moment de son écrou (*seiner Einlieferung*). Il doit donner suite à son opposition dans les huit jours suivants, par une déclaration devant le juge d'instruction, qui en dresse procès-verbal, ou par une déclaration écrite.

Si l'acte d'accusation est remis à son défenseur sur sa demande, le délai pour donner suite à l'opposition court du moment de la remise de cette pièce au défenseur.

Si l'accusé reste en liberté, l'acte d'accusation doit lui être remis avec avis qu'il peut déclarer son opposition et y donner suite devant le juge d'instruction, verbalement ou par écrit, dans le délai de huit jours.

Art. 210. Si l'opposition n'a pas été déclarée dans le délai légal, ou si l'accusé y a expressément renoncé, le juge d'instruction soumet la procédure à la cour de première instance, qui doit ordonner immédiatement que les débats auront lieu.

Dans le cas contraire, le juge d'instruction transmet la procédure à la cour de seconde instance après qu'il a été donné suite à l'opposition, ou après l'expiration du délai ouvert à cet effet: il doit, en même temps, en donner avis à l'accusateur.

La cour de seconde instance statue sur l'opposition en audience non publique, après avoir entendu le procureur général.

Il doit être procédé de même quand l'accusé se borne à se plaindre de son arrestation, qu'elle ait été ordonnée par le juge d'instruction ou par la chambre du conseil (art. 208); dans ce cas encore, la cour de seconde instance doit procéder comme s'il y avait opposition contre l'acte d'accusation [1].

Art. 211. La cour de seconde instance rejette provisoirement l'acte d'accusation lorsqu'elle le juge nécessaire pour faire disparaître un vice de forme ou pour faire mieux élucider l'affaire. Dans ce cas, l'accusateur doit, dans les trois jours, adresser au juge

[1] Ainsi, même quand l'opposition n'est dirigée que contre l'ordre d'arrestation, la cour doit examiner si l'accusation est admissible.

d'instruction les réquisitions qu'il peut avoir à faire, ou remettre un nouvel acte d'accusation (art. 27 et 46).

Art. 212. Si la cour de seconde instance juge que les débats doivent avoir lieu devant un autre tribunal de son ressort, elle évoque l'affaire et statue de suite elle-même. Si elle juge, au contraire, que le tribunal compétent est situé dans le ressort d'une autre cour de seconde instance, elle se déclare incompétente et transmet les pièces de la procédure à la cour de seconde instance compétente, pour être statué ce que de droit.

Art. 213. Si la cour de seconde instance juge :

1° Que le fait relevé à la charge de l'inculpé ne constitue pas un acte punissable de la compétence des tribunaux;

2° Qu'il n'y a pas de motifs suffisants pour retenir l'inculpé comme l'auteur présumé du fait;

3° Qu'il existe des circonstances à raison desquelles le fait ne peut plus être puni ou poursuivi;

4° Que les réquisitions qui doivent être prises aux termes de la loi par une personne compétente n'ont pas été prises, ou que cette personne n'a pas donné son assentiment dans les cas où la loi le réclame,

Elle décide qu'il ne sera pas donné suite à l'accusation et que la procédure sera arrêtée.

S'il est des chefs d'accusation qui ne tombent pas sous le coup d'une sentence de cette nature, la cour ordonne que les chefs qu'il y a lieu d'écarter ne figureront plus dans l'acte d'accusation. Au cas où il y a lieu de statuer que l'accusation restera sans suite, et où il y a un coaccusé qui n'a pas formé opposition contre l'acte d'accusation, la cour passe outre comme s'il avait formé opposition.

Art. 214. En dehors des cas prévus par les articles 211 à 213, il est statué qu'il sera donné suite à l'accusation.

Dans ce cas, il doit être statué en même temps sur toutes les questions concernant la connexité ou la disjonction de plusieurs accusations et la citation des témoins ou des experts. De plus, il doit être dans ce cas, comme dans les cas prévus par les articles 211 à 213, pris les décisions nécessaires relativement à la détention de l'inculpé, à sa remise à un autre tribunal ou à sa mise en liberté.

Art. 215. Ces décisions (art. 211 à 214) doivent être motivées de façon à ne pas préjuger la décision du tribunal qui connaîtra du fond de l'affaire [1]. Sur la grosse de ces décisions doivent être indiqués les noms des juges qui y ont concouru [2].

Art. 216. La seule voie de recours contre la décision sur l'opposition est le pourvoi en cassation (*Nichtigkeitsbeschwerde*) devant la Cour suprême siégeant comme Cour de cassation. Ce recours ne peut être formé que dans les cas suivants :

1° Si les prescriptions des articles 207 à 209, relatives au dépôt et à la communication, n'ont pas été observées;

2° Si la cour de seconde instance n'était pas compétente pour statuer sur l'opposition ou a statué étant irrégulièrement composée, ou lorsqu'un des juges qui ont concouru à la décision avait été récusé à bon droit (*mit Grund abgelehnt*), ou devait s'abstenir aux termes de la loi (*nach dem Gesetze ausgeschlossen*).

Art. 217. Le pourvoi en nullité peut être formé par le pro-

---

[1] Le législateur s'est préoccupé d'empêcher que les décisions statuant sur les oppositions à l'acte d'accusation préjugent la décision définitive. Aussi l'article 244 dispose-t-il que ces décisions ne doivent être lues dans les débats qu'autant qu'elles écartent des chefs d'accusation.

[2] Cette indication est nécessaire pour qu'on puisse savoir si un pourvoi s'appuyant sur la composition irrégulière de la cour est bien fondé.

cureur général près la cour de seconde instance [1], par l'accusateur privé [2] et par l'inculpé. Il doit être remis au juge d'instruction (art. 208, § 1), de quelque personne qu'il émane, dans les trois jours de la notification de la décision. Les griefs y doivent être nettement déterminés.

La Cour suprême siégeant comme Cour de cassation statue sur ces recours en audience non publique, et le procureur général entendu.

Si le recours est fondé (art. 216), la Cour annule (*aufhebt*) la décision de la cour de seconde instance et ordonne que la procédure sera régularisée.

Art. 218. Dans les cas où la cour de seconde instance prononce la mise en accusation sans être saisie par un acte d'accusation (art. 48, § 2, et 114, § 4) [3], sa décision doit être rendue conformément aux articles 214, dernier paragraphe, et à l'article 215. La grosse de la décision, qui doit contenir, autant que possible, les indications prescrites par l'article 207 concernant le contenu de l'acte d'accusation, tient lieu, pour la procédure ultérieure, de l'acte d'accusation.

Cette décision peut être l'objet d'un pourvoi en cassation conformément aux articles 216 et 217.

Art. 219. Lorsque l'inculpé est définitivement mis en état

[1] Le pourvoi formé par le procureur général d'État n'a pas d'effet suspensif en ce qui concerne la décision de la cour de seconde instance relative au maintien de la détention ou à la mise en liberté de l'inculpé (art. 114).

[2] La partie civile n'a pas le droit de former un pourvoi (art. 49, alin. 3).

[3] La mise en accusation peut résulter de la décision de la cour de seconde instance dans deux cas :

1° Quand, après la retraite du ministère public, la partie civile a déclaré qu'elle poursuivra l'accusation, et qu'en vertu de l'article 48 les pièces ont été soumises à la cour de seconde instance, qui décide qu'il y a lieu à accusation ;

2° Quand la cour de seconde instance juge fondé le recours du ministère public ou de la partie civile contre la suspension de l'instruction.

d'accusation (art. 210, 214, 218) [1], la compétence du tribunal devant lequel l'affaire est renvoyée pour être jugée au fond, soit par l'acte d'accusation, soit par la décision intervenue sur une opposition formée contre cet acte, ne peut plus être contestée, et les motifs de nullité mentionnés dans l'article 216 ne peuvent plus être invoqués. Au surplus, le fait d'avoir omis de former un recours contre l'acte d'accusation et de faire valoir des motifs de nullité demeure sans influence sur la procédure ultérieure [2].

[1] La mise en état d'accusation est considérée comme définitive dans les cas suivants :

1° Quand l'opposition n'a pas été formée dans le délai légal ou a été retirée ;

2° Quand l'opposition a été formée, mais que suite a été donnée à l'accusation par la cour de seconde instance ;

3° Quand la mise en accusation a été prononcée par la cour de seconde instance (art. 48, alin. 2, 214 et 218), et que la décision n'a pas été attaquée ou que le pourvoi en cassation a été rejeté.

[2] La fin de cet article consacre le principe selon lequel, bien qu'on ait négligé de former une opposition à l'acte d'accusation ou un pourvoi en cassation, le droit de faire valoir les nullités dans le cours des débats reste intact. Il y a là un abandon des règles admises par le Code de 1850 ; celui-ci décidait qu'on devait considérer comme couverte toute nullité antérieure à la décision du renvoi, quand il n'y avait pas eu de recours contre cette décision ou que le recours avait été repoussé.

CHAPITRE XVII.

DES PRÉLIMINAIRES DES DÉBATS [1].

Art. 220. Tout accusé détenu doit, en principe (art. 221, § 2), être transféré, dans les trois jours après qu'il a été définitivement mis en accusation, dans la prison de la cour devant laquelle les débats doivent avoir lieu. S'il est accusé d'un crime de la compétence de la cour d'assises, il doit être interrogé dans la prison, dans les vingt-quatre heures, par le président de la cour d'assises ou son représentant, ou par le président de la cour de première instance. Il lui doit être demandé s'il a quelque chose à ajouter ou à modifier aux déclarations qu'il a faites dans l'instruction. En même temps, il est invité à choisir un défenseur s'il n'en a pas encore, et, s'il ne défère pas à cette invitation, il lui en est désigné un d'office (art. 41, 42). Si l'accusé n'est pas détenu, le président peut le citer pour être interrogé, ou faire procéder à son interrogatoire par le juge de district dans le ressort duquel il se trouve.

Art. 221. Le jour où les débats auront lieu est fixé par le président, de façon à ce que l'accusé ait un délai d'au moins trois jours, et, s'il s'agit d'un crime de la compétence de la cour d'assises, d'au moins huit jours, pour préparer sa défense, et ce, à peine de nullité de la citation, sauf si l'accusé consent à ce que le

---

[1] La procédure dont il est question dans ce chapitre est celle qui se passe entre la mise en accusation et l'ouverture des débats. On peut l'appeler procédure intermédiaire. Le Code autrichien, à l'exemple de beaucoup de codes allemands, la désigne sous le nom de *Vorbereitungen zur Hauptverhandlung* (préliminaires ou préparatifs des débats).

délai soit abrégé. Il doit être donné connaissance du jour fixé à l'accusé et à son défenseur, au ministère public, et, s'il y a lieu, à l'accusateur privé et à la partie civile [1]. La citation délivrée à l'accusé doit contenir avertissement qu'au cas de non-comparution il sera selon les circonstances, soit passé outre aux débats en son absence, soit décerné un mandat d'amener contre lui, soit, si ce mandat ne peut être lancé en temps de droit, ordonné que les débats seront ajournés à ses frais et qu'il sera amené pour y comparaître. Les témoins et les experts doivent être également cités de façon à ce que, en principe, un laps de temps de trois jours sépare la notification de la citation du jour fixé pour les débats.

En principe, les débats ont lieu au siége de la cour de première instance. Cependant le président peut, sauf dans le cas prévu par l'article 297, § 3, ordonner, après avoir entendu l'accusateur, qu'ils auront lieu au siége du tribunal de district dans le ressort duquel l'acte a été commis.

S'il y a lieu de prévoir que les débats seront de longue durée, il est ordonné qu'un ou deux juges suppléants y assisteront afin de remplacer les juges qui pourront être empêchés.

Art. 222. Si l'accusateur, la partie civile ou l'accusé se propose de faire citer des témoins ou des experts non désignés pour être cités par l'acte d'accusation, ou par la décision intervenue sur l'opposition formée contre cet acte, il doit le dénoncer en temps utile au président, en indiquant les faits et points sur lesquels les témoins doivent être entendus [2].

---

[1] Voyez article 42.

[2] L'article 207 du Code oblige l'accusateur à donner dans l'acte d'accusation une liste des témoins et des experts à citer. Quand une opposition est formée, la cour de seconde instance doit statuer sur les demandes à fin de citation de té-moins. A défaut d'opposition, l'article 225 donne au président le droit d'examiner les citations de témoins et d'experts, et, dans le cas où il a quelques doutes, lui prescrit de recourir à l'avis de la chambre du conseil. L'article 222 indique qu'en en référant au président, l'accusateur, la

La liste de ces témoins et experts doit être communiquée à l'adversaire, au plus tard, trois jours avant les débats. S'il s'oppose à leur audition ils ne peuvent être entendus, sans préjudice cependant du pouvoir attribué à cet égard au président[1] (art. 254).

Art. 223. Les dispositions concernant les formes dans lesquelles doivent être cités et entendus les témoins en général s'appliquent à ceux qui relèvent de la juridiction militaire.

Le juge doit leur faire parvenir la citation à comparaître aux débats pour déposer, comme dans l'instruction, par l'intermédiaire des autorités militaires, selon les distinctions faites par l'article 161.

Art. 224. Si l'accusé ou son défenseur demande qu'il soit fait des recherches sur un point intéressant la défense, le président, s'il estime cette demande fondée, fait procéder sans délai à la constatation[2], et, lorsqu'elle a été faite, la porte à la connaissance de l'accusateur et de l'accusé ou de son défenseur, pour qu'ils en puissent tirer tel parti que de droit. L'accusateur ou la partie civile peuvent également obtenir que l'instruction soit ainsi complétée.

La discussion des résultats de ces constatations supplémentaires est produite en principe (art. 227) au cours des débats.

partie civile et l'accusé peuvent citer des témoins non indiqués dans l'acte d'accusation ou dans la décision rendue sur l'opposition. Si le président ne croit pas devoir faire droit à la demande, la chambre du conseil décide. Il résulte de là que les parties ne peuvent pas citer tous les témoins que bon leur semble, même en supportant les frais des citations. Une disposition qui déclarait formellement qu'elles avaient ce droit a été rejetée. Ainsi les parties désignent bien les témoins à citer, mais la chambre du conseil statue en définitive sur l'admissibilité des citations.

[1] Il s'agit ici du pouvoir discrétionnaire du président durant les débats.

[2] Le président ne pourrait pas, durant la procédure préparatoire, faire citer des témoins pour les débats ou ordonner de nouvelles recherches; car le président n'a cette faculté qu'en vertu de son pouvoir discrétionnaire, et ce pouvoir ne lui appartient que durant les débats (art. 254).

Art. 225. Si le président ne croit pas pouvoir faire droit aux demandes formées en vertu des articles 222 et 224, la chambre du conseil est appelée à statuer. Il y a lieu également à statuer par la chambre du conseil lorsque le président estime qu'il y aurait inconvénient à citer tous les témoins et experts nominativement désignés dans un acte d'accusation qui n'a pas été l'objet d'une opposition.

Les décisions rendues par la chambre du conseil ne sont susceptibles d'aucune voie de recours (*kein Rechtsmittel findet statt*). Cependant la demande peut être renouvelée au cours des débats.

Art. 226. Si l'accusé démontre qu'à raison du mauvais état de sa santé ou d'un empêchement qui ne peut être écarté, il ne peut comparaître aux débats, ou si l'accusateur ou l'accusé demandent, en s'appuyant sur d'autres motifs graves, que les débats soient différés, il est statué par la chambre du conseil. La remise ne peut avoir lieu à raison de l'empêchement du défenseur, que lorsque l'empêchement a été connu de l'accusé ou du tribunal trop tard pour qu'un autre défenseur puisse être choisi ou désigné.

Art. 227. Si l'accusateur abandonne l'accusation avant le commencement des débats, la chambre du conseil rend une décision de non-lieu et ordonne qu'il ne sera pas passé outre aux débats.

Lorsqu'il est procédé à des constatations judiciaires après la mise en accusation, l'accusateur a le droit, avant le commencement des débats, de retirer son acte d'accusation en en déposant un nouveau conforme aux prescriptions du chapitre xvi. La chambre du conseil rend les ordonnances nécessaires en ce qui concerne la détention de l'accusé [1].

---

[1] L'utilité de l'intervention de la chambre du conseil, relativement aux questions concernant la détention de l'accusé, se comprend quand le ministère public abandonne l'accusation avant les débats. Il importe alors qu'il soit décidé si la mise en liberté de l'accusé devra être retardée jusqu'à ce que la partie civile ait déclaré si elle reprend l'accusation (art. 48, alin. 3, et 49).

CHAPITRE XVIII.

DES DÉBATS (*HAUPTVERHANDLUNG*) DEVANT LES COURS DE PRE-
MIÈRE INSTANCE ET DES VOIES DE RECOURS CONTRE LEURS
JUGEMENTS.

I. — DÉBATS ET JUGEMENT.

1° PUBLICITÉ DES DÉBATS [1].

ART. 228. Les débats sont publics, à peine de nullité [2]. Les personnes adultes et sans armes sont seules admises à assister aux débats comme auditeurs. Toutefois, l'accès ne peut être interdit aux personnes qui sont tenues de porter des armes à raison du service public qu'elles remplissent.

ART. 229. La publicité des débats ne peut être interdite que pour des motifs intéressant les bonnes mœurs ou l'ordre public [3]. La cour ordonne le huis clos d'office, ou sur la demande de l'accusateur ou de l'accusé, après avoir délibéré en secret et par une

[1] Le principe de la publicité des débats est proclamé dans la loi organique du 21 décembre 1867 (art. 10); il l'était déjà dans le Code de 1850 (art. 260).

[2] On reconnaît qu'il serait contraire au principe de la publicité des débats que le public ne fût jamais admis qu'avec des cartes spéciales. Mais le président peut en certains cas, dans un but de police, en vertu de l'article 233, faire distribuer des cartes qui seules autoriseront à assister à l'audience (commentaire de Neumayer).

[3] Le Code de 1850 (art. 261) n'admettait le huis clos que dans l'intérêt des bonnes mœurs. L'ordonnance du 12 janvier 1852 suspendit complétement la publicité de la procédure. Le Code d'instruction criminelle de 1853 n'admettait qu'une publicité très-restreinte (art. 111) et autorisait le huis clos dans un grand nombre de cas.

décision rédigée par écrit et motivée, contre laquelle aucun recours n'est recevable [1].

Aʀᴛ. 230. Après la lecture publique de cette décision tous les assistants doivent se retirer. Les personnes lésées par l'acte punissable, les juges en exercice, les membres du ministère public (*Conceptsbeamten der Staatsanwaltschaft*), les fonctionnaires du ministère de la justice et les personnes figurant sur la liste des défenseurs ne doivent jamais être exclus de l'audience. L'accusé, la partie civile ou l'accusateur privé peuvent demander que trois personnes de leur intimité soient admises à assister aux débats.

Aʀᴛ. 231. Le huis clos peut être demandé dans les conditions de l'article 229, après l'appel de l'affaire, à un instant quelconque du débat. Le public peut être exclu pour une partie de la procédure ou jusqu'à la clôture de l'affaire. Dans tous les cas, le jugement doit être rendu en public.

2° ᴠ ꜰᴏɴᴄᴛɪᴏɴs ᴅᴜ ᴘʀÉsɪᴅᴇɴᴛ [2] ᴇᴛ ᴅᴇ ʟᴀ ᴄᴏᴜʀ ᴘᴇɴᴅᴀɴᴛ ʟᴇs ᴅÉʙᴀᴛs.

Aʀᴛ. 232. Le président dirige les débats. Il est tenu de poursuivre la recherche de la vérité, et, en conséquence, d'écarter toutes les discussions de nature à prolonger le débat sans fournir d'éclaircissements utiles. Il entend l'accusé et les témoins et fixe l'ordre dans lequel les personnes qui demandent la parole pourront

[1] Il faut ajouter à l'article 229, qu'en matière de contraventions le huis clos peut également être prononcé quand il y a un accusateur privé et que les deux parties le proposent (art. 456). En outre, le président peut toujours, en vertu des pouvoirs de police que lui confère l'article 233, ordonner que la salle d'audience sera évacuée quand l'ordre est troublé. Aucune voie de recours n'est ouverte contre cette décision (art. 237).

[2] On remarquera que les droits du président sont nombreux et très-importants; mais on a évité soigneusement de consacrer à son profit un pouvoir illimité.

la prendre; s'il y a plusieurs chefs d'accusation, il peut ordonner qu'il sera traité séparément, soit de l'un d'eux, soit de chacun d'eux.

Art. 233. C'est au président qu'il appartient de maintenir dans la salle d'audience le bon ordre, la tranquillité et la décence exigée par la dignité de la justice.

Toute personne interrogée ou entendue par le tribunal, ou qui adresse la parole aux juges, doit parler debout. Le président peut cependant faire des exceptions à raison de l'état physique de la personne qui parle ou de la longue durée de l'audition.

Les marques d'approbation ou d'improbation sont interdites. Le président a le droit de rappeler à l'ordre les personnes qui troublent l'audience de cette façon ou de toute autre, et, s'il y a lieu, de faire sortir de la salle d'audience tout ou partie de l'auditoire. Si quelque individu contrevient à ses ordres ou recommence à troubler l'audience, le président peut le faire arrêter, et, selon les circonstances, le condamner aux arrêts pour huit jours au maximum. Si cette personne relève de la juridiction militaire, le président peut la faire expulser et réclamer sa punition à l'autorité militaire la plus proche [1].

---

[1] Cette dernière disposition a été l'objet de discussions très-vives dans le sein du Reichsrath. Le député Rechbauer, aujourd'hui président de la Chambre des députés, soutirt que la dignité du tribunal exigeait que le président pût prononcer une peine même contre les militaires troublant l'audience. Il fit remarquer qu'autrement l'esprit de corps qui existe dans l'armée pourrait empêcher de punir le coupable, et qu'ainsi le principe de l'égalité des citoyens devant la loi serait violé. La commission de la Chambre des députés recourut à un moyen terme en proposant de décider que le président pourrait, en cas de trouble, exclure les militaires et requérir de l'autorité militaire l'exécution de la peine prononcée contre eux. Le ministre de la justice, M. Glaser, demanda le rejet de la proposition de M. Rechbauer et de celle de la commission. Il dit que les tribunaux civils n'ayant pas de juridiction sur les militaires, le pouvoir du président, qui émane du droit de juridiction, ne pouvait s'exercer sur eux, que sans cela on verrait, par une réciprocité légitime, les tribunaux militaires prononcer des peines contre les bourgeois troublant leurs audiences, ce qui n'a jamais été admis en Autriche.

Art. 234. Lorsque l'accusé trouble les débats par une conduite inconvenante, et persiste malgré les avertissements du président et la menace de le faire emmener hors de l'audience, la cour peut décider qu'il sera éloigné de l'audience pour un certain temps ou pour toute la durée des débats, que l'affaire sera continuée en l'absence de l'accusé et que le jugement sera porté à sa connaissance par un membre de la cour, en présence du greffier.

Art. 235. Le président doit veiller à ce qu'il ne soit proféré d'injures contre personne et qu'il ne soit pas porté d'accusations évidemment sans fondement ou sans relation avec l'affaire. Si l'accusé, l'accusateur privé, la partie civile, un témoin ou un expert se permet des manifestations de cette sorte, la cour peut, soit sur la réquisition de la personne lésée ou du ministère public, soit d'office, prononcer une amende de 50 florins au maximum ou les arrêts pour huit jours au maximum, et, si l'individu est déjà arrêté, une peine disciplinaire (art. 108).

Art. 236. Si le défenseur ou le représentant de l'accusateur privé ou de la partie civile se rend coupable d'une contravention de cette nature, ou manque au respect qu'il doit au tribunal, il peut être frappé par le tribunal d'une réprimande ou d'une amende qui peut s'élever jusqu'à cent florins.

S'il persiste dans sa conduite inconvenante, le président peut lui retirer la parole et inviter la partie à choisir un autre représentant, et, s'il y a lieu, désigner d'office un défenseur à l'accusé.

En cas de circonstance aggravante, la cour de seconde instance peut, sur la réquisition de la cour, interdire au coupable, s'il n'est pas avocat, de paraître devant le tribunal en qualité de représen-

Cependant la proposition de la commission fut adoptée par la Chambre des députés. La Chambre des seigneurs en revint au projet du Gouvernement, auquel adhéra enfin la Chambre des députés.

tant dans une affaire criminelle pendant un laps de temps d'un à six mois. S'il est avocat, le tribunal en réfère à l'autorité disciplinaire dont il relève et qui peut lui interdire l'exercice de la défense en matière criminelle, pour un laps de temps d'un à six mois [1].

Art. 237. Les décisions et jugements intervenus aux termes des art. 233 à 235 et 236, §§ 1 et 2. doivent être exécutés immédiatement. Aucun recours n'est ouvert contre eux. Si la conduite de l'accusé dont il est parlé dans les dispositions précédentes constitue un acte punissable prévu par les lois pénales, il y a lieu d'appliquer les dispositions de l'art. 278.

La déclaration de la personne lésée, qu'elle entend se réserver le droit de poursuivre à raison de l'acte punissable dont elle a été victime, ou qu'elle y renonce, ne fait pas obstacle à l'application des dispositions pénales des art. 233 à 236.

Art. 238. Lorsque, dans le cours des débats, les parties formulent des demandes (*Anträge*) contradictoires, concernant des points de la procédure, ou que le président ne juge pas devoir admettre une demande de ce genre, même non contestée, la cour statue immédiatement sur l'incident; sa décision ne peut être l'objet d'un recours particulier qui suspende les débats.

La décision doit, en tous cas, être motivée et consignée dans le procès-verbal.

[1] Dans le projet du Gouvernement, la cour de seconde instance avait le pouvoir de priver un avocat ou un stagiaire du droit de se présenter devant elle dans les affaires pénales. C'est sur la proposition du baron Haerdtl que la Chambre des seigneurs admit que les avocats (cette disposition ne s'applique pas aux stagiaires) ne pourraient être privés du droit de plaider que par leur conseil de discipline.

3° COMMENCEMENT DES DÉBATS.

ART. 239. Les débats commencent à l'appel de la cause par le greffier. L'accusé comparaît sans fers. S'il est détenu, il est accompagné de gardes. Les pièces à conviction qui doivent être présentées à l'accusé et aux témoins, pour être reconnues, doivent être apportées dans la salle d'audience avant le commencement des débats.

ART. 240. Le président demande à l'accusé ses nom, prénoms, âge, lieu de naissance, la commune à laquelle il appartient (*Zuständigkeitsgemeinde*), sa religion, sa condition, son industrie ou sa profession et le lieu de sa résidence. Il appelle ensuite son attention sur l'accusation portée contre lui et sur les débats.

ART. 241. Il est ensuite procédé à l'appel des témoins cités et des experts. Le président, après leur avoir rappelé la sainteté du serment qu'ils vont prêter, leur enjoint de se rendre dans la chambre qui leur est destinée. L'accusateur privé et la partie civile même peuvent, lorsqu'ils doivent être entendus comme témoins, se faire représenter aux débats par une autre personne pour veiller à la conservation de leur droit, et être éloignés de la salle d'audience. Le président prend les mesures nécessaires pour empêcher les communications et les colloques entre témoins.

En ce qui concerne les experts, le président peut, dans tous les cas où il le juge utile pour la découverte de la vérité, ordonner qu'ils resteront dans la salle d'audience pendant l'interrogatoire de l'accusé et pendant l'audition des témoins.

ART. 242. Lorsque des témoins ou des experts, ne déférant pas à la citation qui leur a été délivrée, ne comparaissent pas aux débats, la cour peut ordonner qu'ils seront amenés immédiatement.

S'il est impossible de le faire, la cour, après avoir entendu l'accusateur et l'accusé ou son défenseur, décide si les débats seront remis ou s'il y sera passé outre en suppléant à l'audition du témoin ou de l'expert par la lecture des dépositions par eux faites dans l'instruction. Le non-comparant doit être condamné à une amende de 5 à 50 florins. Si les débats sont remis, il doit de plus supporter les frais occasionnés par la remise. En outre, un mandat d'amener peut être décerné contre lui pour assurer sa comparution au jour indiqué.

Art. 243. Le témoin ou l'expert peut former opposition devant la cour au jugement rendu en conformité de l'article précédent, dans les huit jours après la notification à lui faite de ce jugement.

Lorsqu'il démontre qu'il n'a pas été touché par la citation ou qu'un empêchement imprévu et inévitable ne lui a pas permis de comparaître, il est déchargé des condamnations prononcées contre lui.

Il peut obtenir une diminution de la peine ou du chiffre des frais mis à sa charge, lorsqu'il démontre que la peine prononcée n'est pas proportionnée à sa faute ou que les frais mis à sa charge n'ont pas été intégralement occasionnés par sa non-comparution.

Si l'opposition n'est formée qu'après la clôture des débats, la cour de première instance statue en séance non publique, au nombre de trois juges, dont l'un prend la présidence.

La décision rendue sur l'opposition n'est pas susceptible de recours.

Art. 244. Après que les témoins se sont retirés [1], le président

[1] A la différence du Code de 1850, le Code de 1873 ordonne que la lecture de l'acte d'accusation n'aura lieu qu'après l'appel des témoins et des experts. Un grave inconvénient résulte de la lecture préalable de l'acte d'accusation. Les té-

fait, à peine de nullité, procéder à la lecture de l'acte d'accusation et, s'il y a lieu, de la décision qui écarte un chef d'accusation [1].

4° INTERROGATOIRE DE L'ACCUSÉ.

Art. 245. Le président interroge ensuite l'accusé sur les faits relevés à sa charge. Si l'accusé déclare qu'il n'est pas coupable des faits dont il est accusé, le président doit l'avertir qu'il a le droit d'exposer, en réponse à l'accusation, l'ensemble de l'affaire et de formuler des observations sur chacune des preuves qui seront produites. Si l'accusé s'écarte de ses déclarations antérieures, il doit être interrogé sur les motifs qui ont déterminé ces divergences. Dans ce cas et dans le cas où l'accusé refuse de répondre, le président peut faire donner lecture de tout ou partie du procès-verbal où sont consignées les déclarations antérieures. Le président doit laisser l'accusé répondre librement aux questions qui lui sont adressées.

L'accusé peut conférer avec son défenseur, même au cours des débats; il ne peut cependant se consulter avec lui, immédiatement après qu'une question lui a été posée, sur la réponse à faire.

---

moins qui peuvent assister à cette lecture apprennent les résultats de l'instruction et notamment ils connaissent les dépositions des autres témoins; ce qui, même à leur insu, peut influer sur les dépositions qu'ils font à l'audience. L'exposé des motifs indique en outre que, quand les témoins sont présents, l'attention prêtée à la lecture de l'accusation est souvent détournée par des incidents et que, quand, lors de l'appel des témoins, la nécessité d'une remise se fait sentir, le temps consacré à la lecture de l'acte d'accusation se trouve perdu.

[1] Le législateur n'a pas voulu que la lecture d'une décision de justice établît dès le début des débats un préjugé défavorable à l'accusé. Aussi il est donné lecture de l'acte d'accusation; mais les décisions intervenues sur l'opposition à cet acte ne sont lues que quand elles écartent des chefs d'accusation.

Cependant, dans les cas exceptionnels où il n'y a pas d'acte d'accusation et où le renvoi est ordonné par une décision de la cour de seconde instance, il devient nécessaire que lecture de cette décision soit donnée.

5° DE L'ADMINISTRATION DE LA PREUVE (*BEWEISVERFAHREN*).

ART. 246. Après l'interrogatoire de l'accusé, les preuves sont produites dans l'ordre prescrit par le président. En principe, l'accusateur fait sa preuve le premier. L'accusateur et l'accusé peuvent au cours des débats renoncer à un moyen de preuve, à moins que l'adversaire ne s'y oppose.

ART. 247. Les témoins et les experts sont appelés l'un après l'autre et entendus en présence de l'accusé. Ils doivent être avertis avant leur audition qu'ils sont tenus de dire la vérité. Les experts déjà assermentés et les témoins qui ont prêté serment dans la procédure antérieure doivent être rappelés à la sainteté du serment qu'ils ont prêté. Hors de ces cas, ils doivent, à peine de nullité, prêter serment conformément à la loi du 3 mai 1868 (*Bulletin des lois de l'Empire*, n° 33), après avoir répondu aux questions générales et avant de commencer leur déposition[1]. Sont exceptés ceux dont le serment ne peut être reçu aux termes de l'art. 170, §§ 1 à 6.

Lorsque l'accusateur et l'accusé y consentent, il peut être sursis au serment, qui peut n'être prêté qu'après l'audition du témoin.

ART. 248. Le président doit observer, dans l'audition des témoins et des experts, les formes prescrites au juge d'instruction au

---

[1] Le Code de 1853 (art. 131 et 239) n'admettait pas cette sorte de serment promissoire qui précède la déposition des témoins; il admettait une sorte de serment affirmatif : les témoins étaient appelés *après* leur déposition à jurer qu'ils avaient dit la vérité et ne connaissaient pas de détails plus précis. Le système du serment promissoire a été préféré pour différentes raisons dont nous indiquerons seulement la principale : le serment promissoire attire, dès le début, l'attention du témoin sur l'importance de sa déposition et sur sa responsabilité; le serment affirmatif, n'intervenant qu'après la déposition, n'a pas le même effet préventif.

Cependant, l'art. 254 indique un cas où le serment est prêté après la déposition. (Voy. aussi, sur le serment prêté pendant l'instruction par les témoins, l'article 169 et les articles suivants.)

chapitre de l'instruction, en tant qu'elles peuvent se concilier avec la procédure des débats. Il doit veiller à éviter qu'un témoin non encore entendu ne soit présent lors de la production des preuves, et qu'un expert non encore entendu ne soit présent lorsqu'un autre expert dépose sur le sujet sur lequel il doit déposer lui-même.

Le président peut confronter les témoins dont les déclarations diffèrent.

Les témoins et les experts ne peuvent quitter l'audience, après avoir déposé, qu'avec l'autorisation du président. Il est défendu aux témoins de se demander raison de leurs déclarations.

Après l'audition de chacun des témoins, des experts ou de ses coaccusés, il doit être demandé à l'accusé s'il a quelque objection à faire à la déclaration qu'il vient d'entendre.

Art. 249. Outre le président, les autres membres de la cour, l'accusateur, l'accusé et la partie civile ou leurs représentants ont le droit, après avoir obtenu la parole du président, de poser des questions à la personne qui dépose[1]. Le président a le droit d'écarter les questions qui lui paraissent inopportunes.

Art. 250. Exceptionnellement, le président a le droit de faire sortir l'accusé de la salle d'audience pendant l'audition d'un témoin ou l'interrogatoire d'un coaccusé. Le président doit alors, aussitôt que l'accusé a été réintroduit et interrogé sur le point traité en son absence, lui faire connaître tout ce qui s'est passé en son absence et particulièrement les déclarations qui ont été faites.

Cette communication peut n'être pas faite immédiatement, mais elle doit l'être, à peine de nullité, avant qu'ait pris fin la partie des débats consacrée à l'administration de la preuve.

---

[1] Les questions sont posées directement aux déposants, même par l'accusé ou par son avocat, à la différence de ce qui a lieu d'après les principes du Code d'instruction criminelle français (art. 320).

Art. 251. L'accusé et l'accusateur peuvent demander que des témoins soient, après leur audition, éloignés de la salle d'audience et ensuite rappelés et entendus à nouveau, soit isolément, soit en présence d'autres témoins. Le président peut également prendre cette mesure d'office.

Art. 252. Il ne peut être donné lecture du procès-verbal, de l'audition des coïnculpés, ou des témoins, ou des rapports des experts, que dans les cas suivants :

1° Lorsque la personne entendue est décédée depuis lors, que le lieu de sa résidence est inconnu ou que des motifs graves, notamment l'âge, l'état de santé, les infirmités, l'éloignement, rendent sa comparution difficile ;

2° Lorsque les personnes entendues au cours des débats s'écartent sur des points essentiels de leurs déclarations antérieures :

3° Lorsque, soit les coïnculpés, soit les témoins dans les cas où ils n'y sont pas autorisés, refusent de déposer ;

4° Lorsque l'accusateur et l'accusé consentent tous deux à ce qu'il en soit donné lecture [1].

Les procès-verbaux des constatations (*Augenscheins- und Befundaufnahmen*), les jugements de condamnation précédemment rendus contre l'accusé, et en général tous autres documents et pièces offrant un intérêt dans l'affaire, doivent être lus, à moins que les deux parties n'y renoncent.

[1] Le vœu du législateur, qui déduit les conséquences logiques du principe de la procédure orale et publique, est que les juges se forment une conviction d'après ce qu'ils voient et entendent à l'audience. C'est dans cette intention que l'art. 252 énumère limitativement les cas où les dépositions faites dans l'instruction peuvent être lues à l'audience.

Aux termes du Code de 1850 (art. 226, 281), le tribunal pouvait toujours ordonner qu'il serait donné lecture des pièces.

Il ne doit pas être donné lecture des procès-verbaux dressés par les autorités de police ; ces procès-verbaux, qu'il s'agisse de constatations ou d'audition de témoins, ne pouvant servir à constituer une preuve (voy. exposé des motifs du Gouvernement, p. 24).

Après la lecture de chacune de ces pièces, il doit être demandé à l'accusé s'il a quelque observation à présenter à cette occasion.

Art. 253. Au cours ou à la clôture de la partie des débats consacrée à l'administration de la preuve, le président fait placer sous les yeux de l'accusé, et, s'il est nécessaire, des témoins et des experts, les objets qui peuvent servir à établir les faits, et leur demande de déclarer s'ils les reconnaissent.

Art. 254. Le président a le pouvoir de citer au cours des débats et, s'il y a lieu, de faire amener pour les entendre, les témoins et les experts dont on peut attendre, d'après la marche des débats, des éclaircissements sur des points importants. Il n'est pas besoin qu'il en soit requis par l'accusateur ou l'accusé [1].

La cour décide, après l'audition et l'interrogatoire de ces témoins et experts, s'il y a lieu de leur faire prêter serment [2]. Le président peut aussi demander de nouveaux avis d'experts ou faire produire d'autres preuves, faire procéder en présence de la cour à un constat, ou désigner un membre de la cour qui fera son rapport.

6° DES RÉQUISITIONS, CONCLUSIONS ET DÉFENSES (*VORTRÂGE DER PARTEIEN*).

Art. 255. Après que le président a déclaré close la partie des débats consacrée à l'administration de la preuve, l'accusateur prend le premier la parole pour exposer l'ensemble des preuves

[1] Le pouvoir conféré ici au président est celui qu'on désigne en France sous le nom de pouvoir *discrétionnaire*.

[2] Le Code d'instruction criminelle admet donc que les témoins, même entendus en vertu du pouvoir discrétionnaire du président, peuvent prêter serment. Il ne dit pas, comme le Code français, que leur déposition n'est reçue qu'à titre de simple renseignement. Seulement, le serment ne peut être prêté par ces témoins qu'après leur déposition et sur une décision de la cour.

obtenues et prendre des réquisitions motivées relativement à la culpabilité de l'accusé[1] et aux dispositions de la loi pénale qui doivent être appliquées. Il n'a pas de réquisition particulière à prendre sur l'application de la peine[2]. La partie civile prend la parole aussitôt après le ministère public.

L'accusé et son défenseur ont le droit de répondre. Si le ministère public, l'accusateur privé ou la partie civile répliquent, l'accusé ou son défenseur doivent, dans tous les cas, avoir la parole les derniers.

Art. 256. En principe, les réquisitions, la demande et la défense (*Schlussvorträge*) doivent porter sur toutes les questions sur lesquelles la cour doit statuer. Cependant, le président ou la cour (art. 238) peuvent ordonner que la question de culpabilité, la question d'application de la loi, celle que soulève la demande de la partie et la question des frais, feront l'objet de discussions séparées. Dans ce cas, après que la cour a statué sur la question de culpabilité et prononcé son jugement. les parties obtiennent de nouveau la parole. mais elles doivent se borner aux questions qui restent à décider.

7° JUGEMENT DE LA COUR (URTHEIL DES GERICHTSHOFES).

Art. 257. Après que le président a déclaré les débats clos. la cour se retire dans la chambre des délibérations pour rendre

---

[1] Le ministère public ayant le droit d'abandonner l'accusation jusqu'à ce que la cour se retire pour délibérer, la réquisition du ministère public tend toujours à la déclaration de culpabilité de l'accusé.

[2] Le Code de 1850 (art. 292) admettait que le ministère public avait à faire des réquisitions sur la mesure de la peine, et décidait que la cour n'était liée par les réquisitions du ministère public concernant la nature et la mesure de la peine qu'en ce sens qu'elle ne pouvait pas prononcer de peine plus forte que la peine requise. D'après le Code de 1853. la cour n'était plus liée légalement par les réquisitions du ministère public.

son jugement [1]. Pendant ce temps. l'accusé. s'il est détenu, est emmené hors de la salle d'audience.

Art. 258. La cour, pour rendre son jugement, ne doit prendre en considération que ce qui s'est passé pendant les débats. Les documents qui ont été lus aux débats peuvent seuls servir comme moyens de preuve [2]. Le tribunal doit examiner avec soin et conscience les moyens de preuves. isolément et dans leur ensemble, pour déterminer leur force probante et le degré de confiance qu'ils méritent. Le juge ne résout pas la question de savoir si un fait doit être accepté comme démontré d'après des modes de preuves déterminés par la loi, mais seulement d'après sa conviction librement formée après l'examen des preuves fournies pour et contre [3].

Art. 259. L'accusé est renvoyé par le jugement de la cour des fins de l'accusation :

1° Lorsqu'il apparaît que la procédure a été introduite par un accusateur qui n'avait pas pouvoir pour le faire aux termes de la loi, ou qu'elle a été suivie contre sa volonté [4] ;

2° Lorsque l'accusateur renonce à l'accusation après l'ouverture des débats et avant que la cour se soit retirée pour délibérer [5] :

[1] Le Code de 1853 (art. 256) contenait la même règle ; mais il paraît que dans la pratique il arrivait souvent que le jugement était rendu sans que les juges se fussent retirés dans la salle de leurs délibérations.

[2] C'est une conséquence du principe de la procédure orale et publique (voy. art. 252 et note).

[3] Les Codes de 1803 et de 1853 admettaient au contraire un système de preuves légales. (Voy. l'introduction placée en tête de ce volume.)

[4] Ce cas se présenterait si le ministère public poursuivait un individu, soit avant toute plainte, à raison d'un délit qui ne peut être poursuivi sans plainte préalable, soit après le retrait de la plainte formée.

[5] Cette disposition diffère profondément de celle que contenait le Code de 1850 (art. 303) ; en cas d'abandon de l'accusation, le Code de 1850 faisait dépendre la suspension de la procédure du consentement de l'accusé. Le législateur nouveau a admis qu'en pareil cas l'accusé

3° Lorsque la cour reconnaît que le fait relevé par l'accusation n'est pas puni par la loi, ou n'est pas constant, ou qu'il n'est pas démontré qu'il soit imputable à l'accusé, ou qu'à raison de certaines circonstances une peine ne peut être prononcée [1], ou qu'il ne peut être donné suite à l'accusation par des motifs autres que ceux indiqués dans les paragraphes 1 et 2 [2].

Art. 260. Si l'accusé est reconnu coupable, le jugement doit mentionner :

1° Le fait dont il est reconnu coupable, avec spécification des circonstances qui peuvent servir à le qualifier légalement ;

2° L'acte punissable que constituent les faits reconnus démontrés et imputables à l'accusé ;

3° La peine à laquelle l'accusé est condamné.

Le tout à peine de nullité.

Le jugement doit encore contenir l'indication des dispositions légales dont application est faite, et statuer sur les demandes en dommages-intérêts présentées et sur les frais du procès.

Art. 261. Si la cour estime que les faits qui font l'objet de l'accusation constituent soit par eux-mêmes, soit réunis à des circonstances révélées par les débats, un crime ou un délit de la compétence de la cour d'assises, elle prononce son incompétence.

doit être renvoyé des fins de l'accusation. Il a trouvé au système de 1850 des inconvénients ; ce système plaçait dans une situation embarrassante à la fois le ministère public, l'accusé et le tribunal ; le ministère public avait toujours à craindre que l'accusé ne donnât pas son consentement et qu'une condamnation intervînt ; l'accusé avait à redouter une condamnation s'il n'acquiesçait pas à l'abandon de l'accusation ; les juges pouvaient craindre aussi, en le condamnant, de se mettre en contradiction avec le ministère public.

[1] Il y a, par exemple, légitime défense, ou l'accusé a par repentir réparé le dommage causé par son infraction. (Art. 168 et 187, Code pénal de 1852.)

[2] On peut supposer notamment que la partie lésée, dont la plainte était exigée, a accordé le pardon à l'accusé ou a laissé prescrire son droit de porter plainte. (Art. 530, Code pénal de 1852.)

Aussitôt que ce jugement est passé en force de chose jugée, l'accusateur dépose, dans les trois jours au plus tard (art. 27 et 46), ses réquisitions tendant à ce qu'une instruction soit commencée ou reprise ou, si une instruction n'est pas nécessaire, à ce qu'il soit pris des mesures pour le débat devant la cour d'assises. Dans le premier cas, un nouvel acte d'accusation doit être déposé. Dans le dernier cas, il est donné lecture, lors des nouveaux débats, de l'acte d'accusation originaire et de la décision de la cour intervenue aux termes du présent article.

Art. 262. Si la cour estime que les faits qui font l'objet de l'accusation constituent soit par eux-mêmes, soit à raison des circonstances révélées par les débats, un acte punissable, autre que celui indiqué par l'accusation, mais ne relevant pas cependant de la compétence de la cour d'assises, elle rend jugement, après avoir entendu les parties et statué sur les demandes d'ajournement s'il s'en produit, d'après sa conviction, sans être liée par la qualification donnée au fait dans l'acte d'accusation [1].

---

[1] Cet article pose les principes devant servir à la solution d'une des questions les plus importantes et les plus difficiles de la législation criminelle. Jusqu'à quel point les juges sont-ils liés par l'acte d'accusation ? Le Code consacre des principes très-simples : la cour est liée par l'acte d'accusation en ce sens qu'elle ne peut statuer que sur les faits qui y sont indiqués; mais elle peut modifier la qualification légale que l'acte d'accusation leur a donnée.

Le législateur de 1873 s'est appliqué avec un soin tout particulier à formuler en cette matière un système net et d'une application générale. Le Code de 1850 avait posé des principes différents selon qu'il s'agissait de débats devant la cour d'assises ou devant les *Bezirkscollegialgerichte*. Les *Bezirkscollegialgerichte* étaient des sections des *Landesgerichte*, aujourd'hui cours de première instance, auxquelles étaient déférées les attributions de ces cours pour un district déterminé (art. 15, Code de 1850). On peut comparer à cet égard les art. 290, 291 et 302 avec les art. 326, 328, 329 et 330 de ce Code.

Si le tribunal ne pouvait modifier la qualification légale du fait incriminé, il serait ou entraîné à condamner en appliquant à ce fait une disposition de la loi qui ne le concerne pas, ou obligé d'acquitter l'auteur d'un acte punissable. Il est cependant à craindre que le change-

Art. 263. S'il ressort des débats que l'accusé est encore coupable d'un fait autre que celui dont il est accusé, la cour peut, lorsque ce fait doit être poursuivi d'office, le comprendre dans le débat et dans le jugement, sur les réquisitions du ministère public ou de la partie lésée. Dans les autres cas, il ne peut être procédé de la sorte que sur la demande d'une personne ayant pouvoir de se constituer accusateur privé. L'assentiment de l'accusé ne doit être demandé que si une condamnation à raison de ce fait le fait tomber sous le coup de dispositions pénales plus sévères que celles qui s'appliquent aux faits relevés par l'acte d'accusation.

Si l'accusé ne consent pas à être jugé immédiatement, ou s'il apparaît que le jugement ne peut intervenir dans ces conditions parce que l'affaire exige une plus grande préparation ou parce que la cour n'est pas compétente pour statuer sur le fait nouveau, le jugement doit se renfermer dans les limites de l'accusation et réserver à l'accusateur, sur sa demande, la poursuite ultérieure du fait nouveau, faute de quoi ce fait ne pourra être l'objet d'une poursuite.

La cour peut encore, si elle le juge convenable, lorsqu'elle ne statue pas immédiatement sur le fait nouveau, interrompre les débats et réserver, pour être rendue après de nouveaux débats, la décision sur tous les faits punissables relevés à la charge de l'accusé.

Dans les deux cas, l'accusateur doit déposer dans les trois jours (art. 27 et 46) des réquisitions tendant à ce qu'il soit procédé aux termes de la loi.

Art. 264. S'il intervient un jugement de condamnation contre

---

ment de la qualification entraine des modifications telles, dans l'exposé des faits, qu'en réalité l'objet de l'accusation ne soit plus le même. Le législateur avait cherché à éviter ce danger, en établissant dans le Code de 1850 des distinctions trop subtiles et qui n'atteignaient pas le but qu'il s'était proposé. La loi nouvelle ne les reproduit pas.

l'accusé, la circonstance que des réserves à fin de poursuite d'un autre acte punissable ont été faites ne fait pas obstacle à l'exécution de ce jugement. Cependant, si cette poursuite peut entraîner une condamnation à la peine de mort, l'exécution du jugement rendu aux termes de l'article 263 doit être retardée jusqu'à ce qu'il ait été statué sur le fait réservé.

Quand l'accusateur fait des réserves aux termes de l'article 263, la cour peut ordonner que l'exécution du jugement rendu sous ces réserves sera remise jusqu'à la décision sur la nouvelle accusation. Dans ce cas, les deux jugements sont considérés, relativement à l'appel, comme s'ils avaient été rendus simultanément.

Art. 265. Lorsqu'un accusé contre lequel est déjà intervenu un jugement de condamnation est reconnu coupable d'un autre acte punissable commis avant que ce jugement ait été rendu, on doit prendre en considération, pour l'application de la peine, la maximum de la peine prononcée par le premier jugement, de telle sorte que le peine portée par la loi pour l'acte punissable le plus grave ne soit pas dépassée.

Art. 266. En cas de condamnation à l'amende, le jugement doit déterminer en quelle peine d'arrêt (*Arreststrafe*) elle se convertira s'il n'y est pas satisfait.

Art. 267. La cour est liée par les réquisitions de l'accusateur en ce sens qu'elle ne peut prononcer la culpabilité de l'accusé relativement à un fait qui n'a pas été, soit relevé par l'accusation à l'origine, soit compris dans les débats.

8° DU PRONONCÉ DU JUGEMENT ET DE SA MISE SUR LA FEUILLE D'AUDIENCE (*AUSFERTIGUNG*).

Art. 268. Immédiatement après que la cour a terminé son

délibéré, l'accusé doit être ramené ou rappelé, et le jugement prononcé par le président en audience publique. Ce jugement doit être motivé, et il doit être donné lecture des dispositions de la loi appliquée. Le président avertit en même temps l'accusé qu'il a le droit de former appel.

Art. 269. Si l'accusé n'est pas présent au prononcé du jugement, le président peut le faire amener pour y assister ou lui faire notifier le jugement, soit verbalement par un juge commis à cet effet, soit par copie délivrée.

Art. 270. Tout jugement doit être, dans les trois jours du prononcé, porté sur la feuille d'audience (*schriftlich ausgefertigt*) et la minute doit être signée du président et du greffier.

La minute doit contenir :

1° La désignation de la cour et les noms des membres présents de la cour, du membre du ministère public (de l'accusateur privé) et de la partie civile;

2° Les noms et prénoms de l'accusé, ainsi que les noms sous lesquels il est habituellement connu, son âge, sa condition, son industrie ou sa profession et le nom de son défenseur;

3° La date de l'ordonnance qui a fixé le jour des débats et le corps de l'acte d'accusation;

4° La date des débats et du jugement;

5° Les réquisitions de l'accusateur et les conclusions de la partie civile;

6° La décision de la cour sur la question de culpabilité avec, en cas de condamnation, toutes les mentions indiquées dans l'article 260;

7° Les motifs de la décision. Cette partie doit contenir un exposé résumé, mais aussi précis que possible, des faits, des motifs qui les ont fait considérer par la cour comme démontrés ou non démontrés, des arguments qui ont déterminé la cour dans la décision des questions de droit et le rejet des objections présentées, et, en cas de condamnation, des circonstances aggravantes ou atténuantes que la cour a reconnues. En cas d'acquittement, il y a lieu d'indiquer clairement lequel des motifs énumérés en l'article 259 a décidé la cour à le prononcer.

La cour peut en tout temps, mais après avoir entendu les parties, rectifier les fautes de copie, les erreurs de chiffres et même faire disparaître les vices de forme et les omissions qui ne portent pas sur les mentions exigées par l'article 260, §§ 1 à 3. Le rejet de réquisitions tendant à rectification n'est pas susceptible de recours. Les rectifications admises sont ajoutées en marge du jugement et doivent figurer dans toutes les expéditions qui en sont délivrées.

9° DE LA TENUE DU PROCÈS-VERBAL (PROTOKOLLFÜHRUNG).

Aʀᴛ. 271. Il doit être tenu, à peine de nullité, un procès-verbal des débats qui est signé par le président et par le greffier. Ce procès-verbal doit contenir les noms des membres présents de la cour, des parties et de leurs représentants, constater l'accomplissement de toutes les formalités essentielles de la procédure, mentionner particulièrement que les témoins et experts ont été entendus, quelles pièces ont été lues, si les témoins et experts ont prêté serment ou pour quel motif ils ne l'ont pas prêté, enfin tenir note de tous les dires (Anträge) des parties et des décisions émanées du président ou de la cour. Les parties peuvent demander que certains faits soient consignés au procès-verbal pour la conservation de leurs droits.

Lorsque la teneur de la rédaction présente de l'importance, le président peut, sur la demande d'une partie, faire donner lecture immédiatement de certains passages.

Il n'est fait mention des réponses de l'accusé et des déclarations des témoins ou des experts que lorsqu'elles contiennent des modifications aux déclarations antérieures consignées dans les pièces, qu'elles s'en écartent ou y ajoutent, ou quand soit les témoins, soit les experts ont été entendus pour la première fois à l'audience publique.

Quand le président ou la cour le juge convenable, il peut être ordonné que tous les dires et déclarations seront sténographiés; la reproduction par la sténographie doit toujours être ordonnée lorsqu'une partie la demande en temps utile, à la charge par elle d'en supporter les frais. Cette reproduction doit être convertie en écriture ordinaire dans les quarante-huit heures, être soumise au président ou à un juge commis par lui, et annexée au procès-verbal.

Les parties ont le droit de prendre connaissance et copie du procès-verbal et de ses appendices, après qu'il a été clos.

Art. 272. Il doit être tenu un procès-verbal séparé des délibérations et des mises aux voix intervenues au cours et à la clôture des débats, dans les cas où le tribunal s'est retiré pour délibérer dans la chambre du conseil.

10° DE L'AJOURNEMENT (VERTAGUNG) DES DÉBATS.

Art. 273. Les débats, lorsqu'ils ont été commencés, ne peuvent être interrompus que quand le président le juge utile pour donner à une des personnes qui y figurent le temps de se rétablir suffisamment, ou pour recueillir des preuves dans le plus bref délai. Dans les cas urgents, les débats peuvent être continués si la cour le juge convenable, même les dimanches et jours de fête.

Art. 274. Si le défenseur ne comparaît pas aux débats, bien

qu'il ait été dûment averti (*ungeachtet gehöriger Ladung*), ou s'éloigne avant que les débats soient clos, ou se trouve dans un des cas prévus par l'article 236, § 2, et si aucun autre défenseur ne peut être désigné, ou ne peut l'être sans nuire à la défense de l'accusé, les débats doivent être ajournés. Les frais nécessités par la désignation du nouveau défenseur et l'ajournement des débats sont à la charge du défenseur en faute.

Aʀᴛ. 275. Si l'accusé est indisposé au cours des débats au point de ne pouvoir continuer à y assister, et s'il ne consent pas à ce qu'ils soient continués hors de sa présence et à ce qu'il soit donné lecture des déclarations par lui faites dans l'instruction, les débats doivent être ajournés.

Aʀᴛ. 276. La cour peut encore, si elle le juge convenable, ajourner les débats lorsque, pour un motif quelconque, elle estime qu'il y a lieu de procéder à de nouvelles constatations, ou de faire de nouveaux actes d'instruction, ou de recueillir de nouvelles preuves, ou lorsqu'à raison d'empêchements extérieurs elle juge nécessaire ou utile de retarder les débats.

11° DES INCIDENTS (*ZWISCHENFÄLLE*).

Aʀᴛ. 277. S'il ressort des débats avec évidence qu'un témoin a fait sciemment une déclaration contraire à la vérité, le président peut faire dresser procès-verbal de cette déclaration et la faire certifier conforme par le témoin, après qu'il lui en a été donné lecture et qu'il y a persisté. Il peut aussi faire arrêter le témoin et le faire amener devant le juge d'instruction.

Aʀᴛ. 278. Si au cours des débats un acte punissable est commis dans la salle d'audience, et si l'auteur de cet acte est pris en flagrant délit, la cour en séance peut, soit en discontinuant les débats, soit à la clôture, le juger immédiatement sur les réquisitions de l'accusateur ayant pouvoir de les prendre, et après avoir entendu l'inculpé et les témoins présents. L'appel du jugement ainsi rendu n'est pas suspensif.

S'il est impossible de juger sur-le-champ, ou si le fait constitue un crime ou un délit de la compétence du jury, le président fait amener celui qui l'a commis devant le juge d'instruction.

Il doit être dressé procès-verbal séparé de cet incident.

Art. 279. Si l'accusé commet au cours des débats un acte punissable, il y a lieu d'appliquer les dispositions de l'article 263.

II. — DES VOIES DE RECOURS CONTRE LES JUGEMENTS [1].

Art. 280. Les voies de recours ouvertes contre les jugements des cours de première instance sont le pourvoi en cassation (*Nichtigkeitsbeschwerde*) et l'appel (*Berufung*) [2]. Le pourvoi en cassation est porté devant la Cour suprême siégeant comme Cour de cassation, l'appel, devant les cours de seconde instance.

Art. 281. Le pourvoi en cassation contre un jugement d'acquittement ne peut avoir lieu que contre l'accusé. Le pourvoi contre un jugement de condamnation peut avoir lieu dans son intérêt

---

[1] Les dispositions du Code d'instruction criminelle concernant les voies de recours consacrent des innovations très-importantes, surtout en ce qui concerne l'appel, dont l'application se trouve très-limitée, ainsi que nous l'avons expliqué dans l'introduction placée en tête de ce volume.

[2] Les articles 281 et 282 indiquent quelles sont les causes de pourvoi en cassation et quelles personnes ont le droit de former des pourvois. L'article 283 résout les mêmes questions pour l'appel. Quant à la procédure du pourvoi, elle est réglée par les articles 284 à 293, celle de l'appel l'est par les articles 294, 295 et 296.

ou à son préjudice. Il ne peut jamais être fondé que sur les moyens de cassation suivants :

1° Quand la cour n'a pas été régulièrement constituée; quand tous les juges n'ont pas assisté à toute la durée des débats ou quand un juge qui s'est abstenu (art. 67 et 68) a pris part à la décision, à moins que la circonstance sur laquelle est fondé le pourvoi n'ait été connue de celui qui le forme avant ou pendant les débats et qu'il ne l'ait pas fait valoir, soit dès le commencement des débats, soit dès qu'elle est parvenue à sa connaissance [1];

2° Lorsque, malgré les réserves de celui qui forme le pourvoi, il a été donné lecture aux débats d'un document relatant des constatations ou des actes d'instruction nuls d'après la loi;

3° Lorsque dans les débats on a omis d'accomplir ou violé une des prescriptions de la loi dont l'observation est ordonnée à peine de nullité (art. 120, 151, 152, 170, 221. 228, 244, 247, 250. 260, 271, 427):

4° Lorsque pendant les débats il n'a pas été statué sur une motion (*Antrag*) émanée de la personne qui forme le pourvoi, ou quand le jugement incident qui le déboute de sa demande (*Antrag*) ou de son opposition ne respecte pas ou applique mal la loi ou les principes de la procédure dont l'observation est nécessaire pour maintenir les droits de la poursuite et de la défense [2];

[1] Il faut remarquer que le Code n'admet pas le pourvoi fondé sur l'incompétence. La raison s'en trouve dans l'article 219, qui n'admet plus de contestation sur la compétence une fois que l'acte d'accusation est devenu définitif.

[2] Le Code d'instruction criminelle de 1850 n'accordait le recours en nullité que lorsque le jugement incident rendu au cours des débats, à l'occasion d'une demande de l'accusé ou d'une réquisition du ministère public, avait refusé ou limité l'admission d'une procédure (*Processverhandlung*) qui aurait pu exercer une influence déterminante sur la décision. La loi nouvelle va plus loin. L'exposé des motifs du Gouvernement indique des cas où le recours serait ouvert aux termes du présent article, alors qu'il ne l'aurait pas été sous l'empire du Code de 1850, par exemple lorsque, soit la demande de remise des débats

5° Lorsque le jugement de la cour sur le fond (art. 270, § 6 et 7) est obscur, incomplet ou contradictoire, lorsqu'il n'est pas motivé ou lorsqu'il existe des contradictions importantes entre les constatations relevées par les motifs comme ressortant des pièces du procès ou des déclarations faites en justice, et les pièces ou les procès-verbaux d'audition ou d'audience;

6° Lorsque la cour s'est déclarée à tort incompétente;

7° Lorsque le jugement intervenu sur le fond ne purge pas l'accusation;

8° Lorsque la cour ne s'est pas conformée aux prescriptions des articles 262, 263 et 267;

9° Lorsque la loi a été violée ou mal appliquée dans la solution des questions de savoir :

a. Si le fait relevé à la charge de l'accusé constitue un crime, un délit ou un autre acte punissable de la compétence des tribunaux;

b. Si, à raison de certaines circonstances, le fait ne peut être l'objet d'une peine ou d'une poursuite [1];

c. Si l'accusation requise par la loi manque dans la cause [2];

10° Lorsque le fait sur lequel se fonde la décision a été mal qualifié et placé sous le coup d'une disposition de la loi pénale qui ne s'applique pas à lui [3] :

faite par une des parties dans les termes de l'article 262, soit la demande faite par l'accusé d'un débat séparé sur le fait nouveau dans les termes de l'article 263, auraient été rejetées sans motifs suffisants. Le recours serait encore ouvert au cas de rejet d'une demande à fin de lecture d'une pièce de l'instruction ou de citation de nouveaux témoins ou experts.

[1] C'est ce qui a lieu quand il y a prescription, chose jugée, et dans les hypothèses énumérées par l'article 2 du Code pénal.

[2] Cela se produirait soit dans le cas où le ministère public poursuivrait d'office une infraction qui, d'après la loi, ne peut être poursuivie que sur la plainte de la partie lésée, soit dans le cas où l'accusation privée subsidiaire aurait été formée sans que les conditions exigées par la loi se trouvassent réunies, etc.

[3] Il ne faut pas confondre le cas prévu ici avec celui auquel se réfère l'alinéa 9 *a.* Dans l'alinéa 9, il est supposé qu'une peine a été appliquée par les tribunaux à un fait qui ne tombe pas sous leur juridiction.

11° Lorsque la cour a violé ou mal appliqué la loi dans l'application de la peine en prononçant une peine supérieure à celle fixée par la loi ou en proclamant des circonstances aggravantes ou atténuantes en dehors des cas fixés par la loi, ou qu'elle a, soit dépassé les limites du droit d'atténuation ou de transformation de la peine qui lui est conféré par la loi[1], soit enfreint les dispositions de l'article 293, § 3, et de l'article 359, § 4.

On ne peut faire valoir au profit de l'accusé les motifs de cassation énumérés sous les §§ 2, 3 et 4, lorsqu'il est indiscutablement reconnaissable que les vices de forme n'ont pu exercer sur la décision aucune influence défavorable à l'accusé. On ne peut les faire valoir au préjudice de l'accusé que lorsqu'il est reconnaissable que les vices de forme ont pu exercer sur la décision une influence nuisible à l'accusation, et lorsque de plus l'accusateur a protesté ou sollicité une décision de la cour, et qu'aussitôt après qu'il a été passé outre ou que la décision a été prononcée, il s'est réservé de former un pourvoi en cassation.

Aʀᴛ. 282. Le pourvoi en cassation peut être formé dans l'intérêt de l'accusé, même par son conjoint, ses parents en ligne ascendante et descendante, son tuteur et le ministère public. Le pourvoi ne peut être formé contre sa volonté qu'au cas de minorité, par ses père et mère et son tuteur.

Les moyens de cassation présentés par un autre que l'accusé, avec son assentiment, sont appréciés comme s'ils étaient présentés par lui-même.

Le pourvoi en cassation ne peut être formé, au préjudice de l'accusé, que par le ministère public ou l'accusateur privé[2].

---

[1] Voyez art. 54, 55, 260, 266 du Code pénal, et art. 338 du Code d'instruction criminelle.

[2] Le même droit n'appartient pas à l'accusateur privé subsidiaire (art. 49, alinéa 3).

Art. 283. L'appel ne peut être interjeté que contre la décision sur la peine, dans les cas où ne se présente pas un des moyens de cassation énumérés dans l'article 281. § 11. et contre la décision sur les réclamations de la partie civile. L'appel peut être interjeté contre la décision sur la peine par toutes les personnes qui ont le droit de former un pourvoi. Il ne peut l'être au préjudice de l'accusé que lorsque la peine a été atténuée ou modifiée (*umwandelt*) hors des limites et des cas fixés par la loi ; il ne peut l'être dans l'intérêt de l'accusé que lorsque la cour n'a pas usé du droit que la loi lui donne d'atténuer ou de modifier la peine.

L'accusé seul et ses héritiers et représentants légaux peuvent interjeter appel de la décision intervenue sur les demandes de la partie civile [1].

1° PROCÉDURE EN MATIÈRE DE POURVOI EN CASSATION.

Art. 284. Le pourvoi en cassation doit être dénoncé dans les trois jours du prononcé du jugement à la cour de première instance, et, si l'accusé n'était pas présent au prononcé du jugement (art. 234), dans les trois jours après que la notification lui en a été faite (art. 269).

Le point de départ du délai est le même pour les parents de l'accusé mentionnés par l'article 282 que pour l'accusé lui-même.

La dénonciation du pourvoi en cassation a un effet suspensif.

---

[1] La loi n'admet pas l'appel de la partie lésée relativement à la décision intervenue sur sa demande. Cette partie ne peut que se pourvoir au civil (art. 372).

L'article 49, alinéa 3, du nouveau Code décide que l'accusateur privé subsidiaire n'a le droit d'appel que dans les limites fixées pour la partie civile, et renvoie aux art. 283, 345 et 465. L'article 465, seul, accorde à la partie civile le droit d'appel contre la décision relative à des intérêts privés. Ainsi, l'accusateur privé subsidiaire n'a le droit d'appel qu'en matière de contraventions.

Cependant la mise en liberté de l'accusé acquitté n'est suspendue que par le pourvoi formé par le ministère public et lorsque ce pourvoi a été formé aussitôt après le prononcé du jugement.

Art. 285. La personne qui forme le pourvoi produit au tribunal, dans la huitaine de la signification du jugement, un exposé des moyens sur lesquels elle le fonde. Elle doit, dans cet exposé ou dans l'acte de dénonciation de son pourvoi, spécifier ces moyens isolément et avec précision. Faute de ce, le pourvoi n'est pas recevable par la Cour de cassation. Lorsque le demandeur en cassation a produit son mémoire dans le délai légal, il doit en donner communication à son adversaire en lui déclarant qu'il peut produire son mémoire en réponse dans la huitaine.

Après la production du mémoire en réponse ou après l'expiration du délai fixé pour cette production, toutes les pièces doivent être transmises à la Cour de cassation pour être par elle statué.

Art. 286. La Cour de cassation délibère d'abord sur le pourvoi en audience non publique et le procureur général entendu. Si le pourvoi a été tardivement dénoncé, ou si les moyens n'ont pas été spécifiés isolément et avec précision, ou s'ils ont déjà été rejetés par une décision antérieure de la Cour de cassation intervenue dans la même affaire, ou si le pourvoi n'est pas fondé sur un des moyens indiqués dans l'article 281, ou s'il n'a pas été formé par une personne à ce autorisée, il est rejeté immédiatement. Il en est de même s'il s'agit d'un pourvoi fondé uniquement sur l'article 281, § 5, et si la Cour de cassation ne le trouve pas justifié[1]. Ce cas excepté, il est, soit immédiatement, soit après

<hr>

[1] Cette disposition spéciale n'existait pas dans le projet du Gouvernement de 1869; elle a été ajoutée par la commission de la Chambre des députés, qui la justifie dans son rapport en faisant remarquer que, dans les cas prévus par l'art. 281, n° 5, le défaut de fondement du pourvoi ressort du jugement même de la cour de première instance ou de ses motifs.

qu'il a été procédé à des vérifications de fait estimées nécessaires concernant les vices de forme allégués (art. 281. § 1 à 4), fixé jour pour les débats publics de l'affaire, et la citation est délivrée à l'accusé et, s'il y a lieu, à l'accusateur privé en cause, de façon à ce qu'un délai de huitaine s'écoule avant le jour fixé pour l'audience. Il leur est déclaré en même temps qu'en cas de non-comparution leur pourvoi et leurs mémoires seront soumis à la cour et qu'il sera passé outre à la décision. Si l'accusé est détenu, il lui est donné avis du jour fixé pour l'audience, avec avertissement qu'il ne peut comparaître que par un défenseur. S'il a déjà fait connaître son défenseur ou s'il a déjà demandé qu'il lui en soit désigné un, la citation doit être notifiée seulement à son défenseur.

Art. 287. Les débats devant la Cour de cassation doivent avoir lieu publiquement, au jour fixé, conformément aux prescriptions des articles 228 à 231. Un membre de la Cour de cassation, désigné comme rapporteur par le président de la cour, présente un exposé de la marche de la procédure, spécifie les moyens soulevés par le pourvoi, et les points sur lesquels porte la discussion, sans manifester une opinion sur la décison à intervenir.

La personne qui a formé le pourvoi obtient ensuite la parole pour le justifier. Son adversaire lui répond. L'accusé, ou son défenseur, a toujours le droit d'obtenir la parole le dernier. Si une partie ne comparaît pas, il est donné lecture de son mémoire (*Beschwerdeschrift oder Gegenausführung*). La cour se retire ensuite dans la chambre des délibérations.

Art. 288. Si la Cour de cassation ne trouve pas le pourvoi fondé, elle le rejette, et, s'il est évident qu'il a été introduit témérairement dans le seul but de traîner l'affaire en longueur, il est prononcé contre la personne qui a formé le pourvoi ou, selon les circonstances, contre son représentant, une amende de 10 à 100 florins.

Si le pourvoi est fondé, le jugement est annulé dans toutes les parties qui ont fait l'objet du pourvoi et qui ont été déférées à la Cour de cassation et, selon les différents moyens de cassation admis, il est statué et procédé conformément aux prescriptions suivantes[1] :

1° S'il s'agit d'un pourvoi fondé sur les moyens indiqués dans l'art. 281, §§ 1 à 5, la Cour de cassation ordonne qu'il sera procédé à de nouveaux débats et renvoie l'affaire, selon qu'elle le juge convenable, soit devant la cour de première instance qui en a connu, soit devant toute autre cour de première instance ;

2° Si la cour de première instance s'est déclarée à tort incompétente, ou si l'accusation n'a pas été purgée (art. 281, §§ 6 et 7), la Cour de cassation la commet, pour procéder aux débats et rendre un jugement qui, dans le second cas, ne doit porter que sur les chefs d'accusation non purgés ;

3° Dans les autres cas, la Cour de cassation connaît elle-même de l'affaire lorsqu'elle prend pour base de sa décision les faits que la cour de première instance a établis, en se renfermant dans les limites de l'accusation (art. 281, § 8). Si elle trouve que, ni le

---

[1] Le législateur n'a pas voulu que la Cour de cassation procédât à un nouvel examen du fait, parce qu'il a craint de la surcharger de travail et que d'ailleurs cet examen aurait été rendu plus difficile par l'éloignement du lieu où le fait s'est passé ; il a voulu, d'autre part, que la solution définitive des questions de droit appartînt à la Cour suprême seule. L'exposé des motifs du Gouvernement critique la législation française qui, en n'accordant à la Cour de cassation qu'une action en quelque sorte négative et en lui refusant le pouvoir de juger, fait recommencer le procès à grand'perte de temps et d'argent. Dans le nouveau système, lorsque la Cour de cassation, estimant que le point de fait n'est pas suffisamment établi, ne statue pas elle-même et renvoie l'affaire à un tribunal inférieur pour être l'objet d'un second débat ; ce tribunal est lié par la décision de droit de la Cour de cassation.

jugement. ni ses motifs, n'établissent les faits sur lesquels devait être basée la décision pour que la loi fût strictement appliquée. elle renvoie l'affaire pour qu'il soit procédé à de nouveaux débats et statué à nouveau. soit devant la même cour de première instance, soit devant une autre, soit même, s'il y a lieu, devant le tribunal de district compétent.

Art. 289. Si le pourvoi n'est dirigé que contre une partie du dispositif du jugement et si la Cour de cassation estime que cette partie peut être séparée de l'ensemble du jugement, elle peut n'annuler ce jugement que dans la partie attaquée. Il en est de même quand le jugement attaqué porte sur plusieurs actes punissables et que le pourvoi ne concerne que la procédure suivie ou la décision intervenue relativement à certains de ces faits, lors toutefois qu'il paraît possible de recommencer utilement la procédure en la limitant à ces seuls faits, ou, s'il n'y a pas lieu de la recommencer, de juger à nouveau ces actes punissables séparément.

Art. 290. La Cour de cassation doit se limiter aux moyens de cassation que la personne qui a formé le pourvoi a fait valoir, soit expressément, soit par des indications suffisamment claires. Cependant si, en examinant un pourvoi formé par quelque personne que ce soit, elle acquiert la conviction que la loi pénale a été mal appliquée au préjudice de l'accusé (art. 281, §§ 9 à 11), ou que les motifs sur lesquels repose sa décision favorable à un accusé pourraient être invoqués par un coaccusé qui n'a pas formé de pourvoi, elle procède d'office comme si le motif de cassation dont il s'agit avait été invoqué.

Si le pourvoi n'a été formé que dans l'intérêt de l'accusé, la Cour de cassation ne peut le soumettre à une peine plus sévère que celle qui a été prononcée contre lui par le jugement attaqué.

Art. 291. Le jugement de la Cour de cassation est motivé et prononcé publiquement, après le retour de la Cour dans la salle d'audience. Si l'accusé n'a pas assisté aux débats devant la Cour de cassation, une copie légalement certifiée du jugement doit lui être notifiée sans délai par l'intermédiaire de la cour de première instance.

En ce qui concerne la mise sur la feuille d'audience du jugement (*Ausfertigung*) et la tenue du procès-verbal des débats, il y a lieu de se conformer aux prescriptions des articles 260, 268 à 271.

Art. 292. La procédure en matière de pourvoi formé dans l'intérêt de la loi se règle en général d'après les prescriptions des articles 287 à 291, avec cette différence cependant, que l'accusé n'est pas en cause, et que la Cour de cassation doit statuer en réunion de onze juges. Si la Cour de cassation pense que le pourvoi formé dans l'intérêt de la loi est fondé, elle décide que, dans l'affaire qui lui est soumise, la loi a été violée par la décision ou la mesure attaquée, par la procédure suivie ou le jugement intervenu. En principe, la décision de la Cour de cassation est sans effet au regard de l'accusé. Cependant si l'accusé a été condamné à une peine par un jugement annulé dans l'intérêt de la loi, la Cour de cassation peut, ou le faire mettre en liberté, ou lui appliquer une autre disposition de la loi pénale si elle est plus douce, ou, s'il y a lieu, ordonner que la procédure sera recommencée.

Art. 293. Le tribunal auquel l'affaire est renvoyée aux termes des articles 288 et 292, pour qu'il soit procédé à de nouveaux débats, n'est saisi que de l'accusation originaire, à moins que la Cour suprême ne l'ait modifiée. Il est lié par la décision de la Cour de cassation sur le point de droit.

La disposition de l'article 290, § 2, doit être appliquée lors-qu'il est statué après de nouveaux débats.

Le jugement intervenu après de nouveaux débats peut être l'objet d'un pourvoi fondé sur tous les moyens énumérés dans l'article 281, à l'exception de ceux qui ont déjà été écartés par une décision de la Cour de cassation intervenue dans la même affaire.

2° PROCÉDURE D'APPEL.

ART. 294. L'appel doit être dénoncé à la cour de première instance dans le délai fixé par l'article 284. Il n'a d'effet suspensif que lorsqu'il est interjeté à raison de la nature de la peine appliquée, ou, s'il est interjeté à raison de la gravité de la peine appliquée, au cas où l'accusé ne déclare pas vouloir commencer à subir sa peine avant qu'il ait été statué.

Le mémoire d'appel doit être déposé dans les huit jours de la dénonciation.

Après le dépôt du mémoire ou après l'expiration du délai fixé pour effectuer ce dépôt, toutes les pièces doivent être transmises à la cour de seconde instance, qui statue sur l'appel en audience non publique, le ministère public entendu.

ART. 295. La cour de seconde instance ne statue que sur les points qui lui sont soumis par l'appel, et doit prendre comme base de sa propre décision la décision du tribunal sur la culpabilité de l'accusé et sur la disposition de loi à appliquer. Si elle abaisse la peine en faveur d'un ou de plusieurs coïnculpés, par des motifs qui s'appliquent également aux autres, elle prononce de même d'office à l'égard de ces derniers comme s'ils avaient interjeté appel avec leurs coïnculpés.

Si l'appel a été interjeté uniquement dans l'intérêt de l'accusé, la cour de seconde instance ne peut le soumettre à une peine plus sévère que celle qui a été prononcée contre lui par le premier jugement.

Aucun recours n'est ouvert contre la décision de la cour.

Aʀᴛ. 296. Si, de part ou d'autre, il a été interjeté appel en même temps qu'il était formé un pourvoi en cassation, toutes les pièces, même celles qui concernent l'appel, doivent être transmises à la Cour de cassation. Dans ce cas, la Cour de cassation statue sur l'appel, soit en même temps que sur le pourvoi, soit après, mais toujours en audience non publique, et le procureur général entendu.

CHAPITRE XIX.

DES COURS D'ASSISES (*GESCHWORNENGERICHTE*).

I. — DES COURS D'ASSISES EN GÉNÉRAL.

ART. 297. Les sessions ordinaires du jury se tiendront tous les trois mois au siége de chaque cour de première instance; elles auront lieu alternativement au siége de chacune des cours comprises dans le ressort d'une cour de seconde instance, dans un ordre à fixer par cette dernière. A Vienne, les sessions ordinaires se tiendront tous les mois; dans les autres villes, pour lesquelles le président de la cour de seconde instance le jugera nécessaire, tous les deux mois.

Quand le nombre ou l'importance des accusations pendantes l'exigera, le président de la cour de seconde instance pourra aussi ordonner la tenue d'une session extraordinaire [1].

La cour de seconde instance pourra décider, pour des motifs d'une gravité spéciale, qu'une session se tiendra ailleurs qu'au siége de la cour de première instance [2].

---

[1] Comme l'indique l'article 298, dans les sessions ordinaires sont en principe jugées toutes les affaires dans lesquelles l'inculpé était en état d'accusation au moment où ces sessions ont commencé. Au contraire, dans les sessions extraordinaires, il n'y a lieu de juger que les affaires pour l'expédition desquelles ces sessions ont été ordonnées.

[2] Parmi les causes qui peuvent déterminer à décider qu'une session se tiendra ailleurs qu'au siége de la cour de première instance, on peut citer l'éloignement d'un grand nombre de témoins dont le déplacement occasionnerait des frais considérables, l'excitation de la population qui mettrait en danger la sécurité ou l'indépendance de la cour d'assises.

Art. 298. Une session d'assises ordinaire ne devra être close qu'après qu'il aura été statué sur toutes les affaires dans lesquelles le prévenu avait été déjà définitivement mis en état d'accusation avant l'ouverture de la session. Dans le cas où l'affaire n'en serait pas arrivée à ce point à l'ouverture de la session, les débats ne pourront avoir lieu durant cette session avec l'assentiment du président des assises, qu'autant que l'accusateur ou l'accusé le demandera et que la partie adverse adhérera à cette demande.

Dans les deux cas, l'accusé devra pourtant renoncer expressément à son opposition contre l'acte de mise en accusation et au pourvoi en cassation contre la décision qui rejette ce recours; il devra aussi renoncer expressément au délai qui lui est accordé par l'article 221 [1].

Art. 299. Quand l'accusateur, ou l'accusé, aura des motifs importants pour qu'une affaire ne soit pas examinée à la prochaine session, la cour d'assises, ou, quand elle ne sera pas encore réunie, la chambre du conseil (art. 225) décidera s'il doit être tenu compte de cette demande.

Aucun recours ne sera reçu contre cette décision.

Art. 300. Toute cour d'assises se composera d'une cour et de douze jurés (qui forment le banc des jurés, *Geschwornenbank*).

Art. 301. La cour se composera de trois juges dont l'un aura la présidence [2], et du greffier. Le président de la cour de seconde

[1] Voir les dispositions analogues des articles 260 et 261 du Code d'instruction criminelle français. Ce Code admet que le consentement de l'accusé renferme une renonciation implicite aux voies de recours contre l'arrêt de mise en accusation.

[2] Il y a, à cet égard, une différence à noter entre le nombre des magistrats de la cour d'assises et celui des membres de la cour de première instance. Les premiers sont en nombre impair, les seconds en nombre pair (quatre). Cela s'explique par la différence notable qui existe entre les fonctions de ces deux classes de ma-

instance désignera en général comme président de la cour d'assises le président de la cour de première instance au siége de laquelle se tiendra la session; cependant, il pourra aussi nommer à ces fonctions un membre de la cour de première instance ou de la cour de seconde instance [1]. Dans tous les cas, un membre de la cour de première instance devra être désigné pour remplacer le président.

Ces nominations devront être faites en principe six mois avant le commencement de la session, et, dans le cas de sessions extraordinaires, quinze jours au moins avant leur ouverture: elles devront être rendues publiques, ainsi que le jour et l'heure de l'ouverture de la session, par une insertion faite dans les feuilles publiques, et par des affiches apposées sur les murs du palais de justice.

Les autres membres de la cour d'assises et deux juges suppléants seront choisis avant l'ouverture de la session, par le président de la cour de première instance, parmi les membres de celle-ci ou parmi les juges de districts.

Art. 302. Pour toute session, trente-six jurés et neuf jurés supplémentaires seront appelés; parmi eux seront pris les douze jurés qui, dans chaque affaire, occuperont le banc du jury.

gistrats. Les magistrats de la cour d'assises ne statuent que sur des questions de droit ou de procédure; le législateur s'est préoccupé d'assurer dans tous les cas une majorité. Au contraire, il n'y a pas d'inconvénient grave à ce que le partage ait lieu dans les cours de première instance, puisqu'en cas de partage on admet la décision la plus favorable à l'accusé. Le Code de 1850 exigeait cinq juges; en ce point le nouveau Code est plus favorable à l'accusé.

[1] Selon le Code d'instruction criminelle de 1850 et le projet du Gouvernement de 1867, le président de la cour d'assises devait être choisi parmi les membres de la cour de seconde instance. On a pensé que ce système occasionnerait une trop grande perte de temps pour le membre de la cour de seconde instance désigné et des frais de transport inutiles. On a ainsi écarté le système français.

La formation des listes du jury sera réglée par une loi spéciale [1].

ART. 303. Les noms des membres appelés à former la cour et
la liste des jurés principaux et supplémentaires devront être communiqués par l'intermédiaire de la cour de première instance, à
tout accusé, à peine de nullité, au plus tard le troisième jour
avant le commencement des débats.

II. — FORMATION DU BANC DES JURÉS.

ART. 304. Immédiatement avant le commencement des débats,
il sera procédé à la formation du banc des jurés pour chaque affaire, à huis clos, en présence de l'accusateur, de la partie civile.
de l'accusé et de son défenseur, ainsi que des jurés convoqués.
On procédera à cette formation aussitôt après l'appel des trente-
six jurés principaux fait par le greffier.

ART. 305. Quand moins de trente jurés auront comparu.
les absents [2] seront remplacés par ceux des neuf jurés supplémentaires que le sort aura désignés.

ART. 306. Dès que le nombre de trente jurés au moins sera
atteint, le président demandera, à peine de nullité, à l'accusateur,
à la partie civile, à l'accusé et aux jurés, s'il y a une cause qui

---

[1] La formation des listes du jury est
réglée par une loi spéciale portant la même
date que le Code d'instruction criminelle
(23 mai 1873). Cette loi a été traduite
dans l'Annuaire de législation étrangère
publié par la Société de législation comparée pour l'année 1874, par M. Ortlieb.

agrégé à la faculté de droit de Nancy
(pages 247 et suiv.), et analysée dans
l'introduction placée en tête de ce volume.

[2] Voir (art. 23 de la loi du 23 mai
1873) la peine prononcée contre les jurés
non comparants.

exclue ces derniers de la participation aux débats qui vont s'ouvrir. Les motifs d'exclusion sont les suivants [1] :

1° Quand le juré sera avec les parties [2] ou leurs représentants dans un rapport qui, aux termes de l'article 67, empêche un juge d'exercer ses fonctions :

2° Quand le juré devra retirer un profit ou subir un dommage par suite de l'acquittement ou de la condamnation de l'accusé :

3° Quand le juré aura été entendu dans l'affaire dont il s'agit comme témoin, quand il aura joué le rôle de dénonciateur, d'accusateur, de défenseur ou de représentant de la partie civile, ou quand il aura été entendu ou devra l'être, soit comme témoin, soit comme expert :

4° Quand il aura pris part en qualité de juré à des débats antérieurs sur l'affaire même qui donne lieu actuellement à de nouveaux débats (art. 332, 348, 350, alin. 2).

La cour statuera sur les causes d'exclusion alléguées [3]; le nombre des jurés sera complété, quand cela sera nécessaire, de la manière indiquée dans l'article précédent [4].

Art. 307. Il ne devra être procédé, à peine de nullité, à la for-

---

[1] Nous désignons ici sous le nom d'exclusion la récusation pour des motifs déterminés par la loi. Ces motifs sont énumérés limitativement dans l'article 306. Mais en même temps le Code d'instruction criminelle reconnaît la récusation péremptoire, c'est-à-dire sans indication de motifs (voir plus loin, art. 308). La récusation pour causes déterminées précède la récusation péremptoire.

[2] On comprend ici, sous le nom de parties, même le ministère public.

[3] La décision de la cour sur la cause de récusation alléguée ne peut pas être attaquée par une voie de recours spéciale; mais la décision de la cour peut être l'objet d'un pourvoi en cassation à raison de ce qu'au verdict du jury a participé un juré exclu aux termes de l'article 306 (art. 344, alin. 1).

[4] Si le nombre des jurés supplémentaires était insuffisant, il y aurait lieu de renvoyer l'affaire à une autre session, à moins que les parties ne consentissent à ce qu'il fût procédé aux débats (art. 307). C'est ce que décidait Würth dans son commentaire du Code de 1850.

mation du banc des jurés que lorsqu'il y aura vingt-quatre jurés présents au moins qui ne seront pas exclus en vertu de l'article précédent. Cependant, quand toutes les personnes ayant le droit de récuser les jurés seront d'accord, il pourra être passé outre à la formation du banc du jury en présence d'un nombre de jurés inférieur.

Art. 308. L'accusateur pourra récuser une moitié, l'accusé une autre moitié des jurés, quand ils seront plus de douze. Quand les jurés seront en nombre impair, l'accusé aura le droit de récuser un juré de plus que l'accusateur. Quand il y aura plusieurs accusateurs ou plusieurs accusés, les premiers exerceront en commun le droit de récusation accordé à l'accusateur, les seconds, celui qui appartient à l'accusé. S'ils ne s'accordent pas sur les récusations, le sort indiquera l'ordre dans lequel ils pourront chacun à leur tour les faire. La récusation faite par l'un d'eux vaudra alors pour tous les autres.

Art. 309. Les noms des jurés seront placés dans une urne. Le président fera connaître à chacune des parties le nombre des récusations qu'elle pourra faire [1] et fixera, s'il y a lieu, le mode d'exercice du droit de récusation. Ensuite, il tirera les noms un à un de l'urne et les lira à haute voix.

Après le tirage et la lecture de chaque nom, les parties ayant le droit de récusation [2], tant que leur droit ne sera pas épuisé, devront, en commençant par l'accusateur, déclarer si le juré est

---

[1] Le président peut fixer par avance le nombre des récusations que chaque partie aura le droit de faire, car le nombre de celles que peut faire une partie n'augmente pas par suite du refus que fait une autre partie d'user de son droit de récusation. On avait soutenu qu'il en était autrement sous le Code de 1850.

[2] La partie lésée n'a le droit de récusation qu'autant qu'elle se porte accusateur subsidiaire.

admis ou récusé. A défaut de déclaration avant le tirage d'un autre nom de l'urne, le juré sera considéré comme admis. Les motifs de l'admission ou de la récusation ne devront pas être indiqués.

Dès que les noms de douze jurés non récusés auront été tirés de l'urne, ou qu'il ne restera dans l'urne qu'autant de noms qu'il est nécessaire pour atteindre le nombre de douze, le banc du jury, devant lequel les débats devront avoir lieu, sera formé.

Art. 310. Lorsqu'on pourra prévoir que des débats dureront longtemps, le président pourra ordonner qu'il sera tiré au sort un ou deux jurés suppléants, et, que par suite, on tirera au sort les noms de treize ou de quatorze jurés au lieu de douze. Les douze premiers seront jurés principaux, les autres jurés suppléants. Le nombre des récusations admises en ce cas sera réduit proportionnellement. Les jurés suppléants doivent assister à tous les débats sans interruption, et, dans les cas ou l'un ou l'autre des jurés principaux sera empêché d'assister à tous les débats jusqu'au verdict du jury, ils le remplaceront d'après l'ordre dans lequel leur nom aura été tiré au sort [1].

III. — Débats (*HAUPTVERHANDLUNG*) devant la cour d'assises.

Art. 311. Les débats devant la cour d'assises sont régis, en tant qu'il n'en est pas disposé autrement dans ce chapitre, par les dispositions du chapitre XVIII. Toutes les dispositions de ce chapitre relatives à la cour et au président s'appliquent aux magistrats de la cour d'assises et à son président.

Le président de la cour d'assises aura spécialement le devoir de donner aux jurés les indications nécessaires sur l'exercice de

[1] Les jurés suppléants ont aussi le droit de poser des questions (art. 249 et 315) et de demander le recours à certains moyens de preuve pour l'éclaircissement de faits importants.

leurs fonctions, de leur expliquer l'affaire sur laquelle ils auront
à délibérer et de leur rappeler, s'il y a lieu, leurs devoirs.

1˙ COMMENCEMENT DES DÉBATS ET SERMENT DES JURÉS.

Art. 312. Dès que le banc du jury sera formé et que les jurés
occuperont leurs siéges dans l'ordre où leurs noms auront été
tirés de l'urne, les débats commenceront par l'appel de l'affaire par
le greffier. Le président posera à l'accusé les questions générales
prescrites par l'art. 240 et lui adressera l'avertissement contenu
dans le même article.

Art. 313. Le président recevra ensuite, à peine de nullité, le
serment des jurés. Le président tiendra dans ce but aux jurés debout le discours suivant :

«Vous jurez et promettez, devant Dieu, d'examiner avec l'attention la plus scrupuleuse les preuves qui seront produites contre
l'accusé ou en sa faveur, de n'omettre de peser rien de ce qui peut
tourner à l'avantage ou au préjudice de l'accusé; d'observer fidèlement la loi dont vous devez faire l'application, de ne communiquer
avant votre verdict avec personne, sauf avec vos cojurés; de n'écouter
la voix ni de l'affection ou de la haine, ni de la crainte ou de la
méchanceté; mais, avec l'impartialité et la fermeté qui conviennent
à un homme probe et libre, de prendre, d'après les moyens produits pour et contre l'accusé et d'après votre conviction fondée sur
eux, une décision dont vous pourrez répondre devant Dieu et votre
conscience. »

Alors chacun des jurés, appelé individuellement par le président,
répondra : «Je le jure, que Dieu me soit en aide!» Aucune différence ne sera faite entre les jurés à raison de leur religion[1]. Seu-

[1] Le Code d'instruction criminelle de
1850 (art. 318) décidait que les personnes appartenant à une religion dans
laquelle la prestation du serment est sou-

lement, ceux dont la religion défend le serment seront obligés par leur seule promesse solennelle.

2° DE L'ADMINISTRATION DES PREUVES (*BEWEISVERFAHREN*).

ART. 314. Après la prestation du serment des jurés, le président fera appeler par le greffier les témoins et les experts.

On appliquera ici, quant à l'éloignement provisoire de ces personnes de la salle d'audience et quant à la procédure contre les témoins et les experts qui ne se présenteront pas, les dispositions des art. 241 à 243.

Ensuite le président, à peine de nullité, fera lire l'acte d'accusation. S'il a été rendu une décision en vertu de laquelle un chef d'accusation devra être écarté, il en fera aussi donner lecture.

ART. 315. Le président entendra l'accusé et dirigera la production des preuves, en observant les dispositions des art. 245 à 254. Le droit de poser des questions, mentionné dans l'art. 249, appartiendra aussi aux jurés principaux ou même suppléants. Les jurés auront le droit de proposer le recours à certains moyens de preuve, pour éclaircir des faits importants.

L'appréciation de ces propositions est réservée à la cour.

3° POSITION DES QUESTIONS AU JURY.

ART. 316. Après que les preuves auront été administrées et que la cour en aura sommairement délibéré, le président fixera les questions à poser au jury [1]. Elles devront être, à peine de nul-

---

mise à certaines formes devaient les observer. Une circulaire du ministre de la justice du 14 juin 1850 avait spécialement fixé les formes du serment prêté par les Israélites.

[1] Selon le projet du Code d'instruction criminelle rédigé par la commission de la Chambre des députés, les questions devaient être posées par la cour, et seulement après que les parties avaient été

lité, lues à haute voix et remises par écrit, sur leur demande, à l'accusateur et à l'accusé, après avoir été signées par le président. Les parties auront le droit de proposer des modifications à ces questions et de demander l'adjonction de questions nouvelles. La cour statuera de suite sur ces propositions. Si des modifications sont faites aux questions, elles seront lues de nouveau à haute voix.

ART. 317. Il n'y aura pas lieu de poser des questions au jury, quand la cour, après avoir entendu les parties, reconnaîtra que l'accusé devra être mis en liberté, parce que l'un des cas mentionnés dans l'art. 259. 1° et 2°. s'est présenté, ou quand le fait reproché à l'accusé aura cessé d'être punissable par l'effet de la prescription ou de l'amnistie, ou quand la poursuite ne pourra pas avoir lieu en vertu des règles de la procédure criminelle[1].

ART. 318. La question principale[2] aura pour but de déter-

entendues et que le président avait fait son résumé. L'art. 316, tel qu'il a été modifié par la Chambre des seigneurs, n'exige pas que les parties soient entendues et laisse au président le soin de poser les questions. Le Code de 1873 se borne à donner aux parties la faculté de présenter leurs observations après que le président a fait connaître les questions. Le Code de 1850 ne plaçait au contraire la position des questions qu'après le résumé du président.

[1] Cet article se réfère aux cas dans lesquels l'accusation doit être écartée pour des raisons étrangères à la question de culpabilité. Ces cas sont les suivants:

a. Celui où il est prouvé que la procédure, qui ne pouvait pas être introduite sans la plainte d'une personne ou continuée contre son consentement, a été commencée et poursuivie sans cette plainte ou contrairement à ce consentement (art. 259, alin. 1);

b. Celui où l'accusateur, avant le commencement de l'affaire devant la cour d'assises et avant la lecture des questions posées au jury, retire l'accusation (art. 259, alin. 2, et art. 324);

c. Ceux où le fait mis à la charge de l'accusé n'est plus punissable par suite de la prescription ou de la grâce;

d. Ceux où pour des motifs tirés de la procédure, par exemple à raison du retard dans la notification de l'acte d'accusation, les poursuites ne peuvent plus avoir lieu.

[2] Le Code distingue trois espèces de questions à poser au jury : la question principale (*Hauptfrage*), dont s'occupe l'article 318 ; les questions éventuelles ou subsidiaires (*Eventualfragen*) et les questions

miner si l'accusé est coupable d'avoir commis le fait servant de fondement à l'accusation. Dans cette question devront être indiqués tous les éléments légaux de l'infraction : on y joindra l'indication des circonstances de lieu, de temps, d'objet, etc., en tant que cela sera nécessaire pour la désignation claire du fait ou pour la décision à rendre sur les demandes en dommages-intérêts.

Art. 319. Quand il sera prétendu qu'il s'est produit un fait excluant ou supprimant la possibilité d'appliquer une peine, il y aura lieu de poser une question correspondant à cette prétention, en tant qu'il ne s'agira pas d'un des faits mentionnés dans l'art. 317.

Art. 320. S'il y a eu allégation de faits par suite desquels, en les supposant établis, l'individu accusé d'un crime ou d'un délit consommé ne serait coupable que d'une tentative, ou par suite desquels l'accusé, comme auteur principal, ne serait à considérer que comme participant ou complice (*Mitschuldiger oder Theilnehmer*), ou d'après lesquels le fait mis à la charge de l'accusé tomberait sous le coup d'une autre loi pénale qui ne serait pas plus sévère que celle mentionnée dans l'acte d'accusation, des questions correspondantes devront être posées au jury.

Au contraire, ne peuvent être posées que du consentement de l'accusé les questions par suite desquelles le fait mis à la charge de l'accusé pourra être considéré comme un fait frappé d'une peine plus grave. S'il refuse son consentement, ou si la cour trouve qu'une instruction préparatoire plus approfondie doit précéder les débats, elle pourra réserver à l'accusateur la poursuite des faits dont il

additionnelles (*Zusatzfragen*). Les questions éventuelles sont celles qui sont posées pour le cas où la question principale serait résolue négativement. Les questions additionnelles le sont, au contraire, pour le cas de solution affirmative de la question principale. (Voir sur les questions additionnelles les articles 319, 322, 323, et, sur les questions subsidiaires, l'article 320.)

s'agit. pourvu que celui-ci le demande au plus tard avant le commencement de la délibération du jury (art. 263, alin. 4, art. 264).

Art. 321. Lorsque l'accusé sera, dans le cours des débats, inculpé d'un autre fait que celui sur lequel porte l'accusation, des questions spéciales pourront être posées à ce sujet.

Toutefois, ces questions ne seront pas posées quand une instruction préparatoire plus complète de l'accusation ou de la défense apparaîtra comme nécessaire, ou quand l'accusé, en cas de solution affirmative de ces questions. tombera sous le coup d'une loi pénale plus sévère que celle citée dans l'acte d'accusation, et que l'accusé refusera son consentement à une décision immédiate [1].

Dans les deux cas, réserve devra être faite, sur sa demande, au profit de l'accusateur, du droit de poursuite pour les faits dont il s'agit (art. 263 et 264).

Art. 322. Les circonstances aggravantes ou atténuantes seront l'objet d'une question au jury quand l'existence de circonstances de ce genre entraînera. d'après la loi. une modification dans la durée ou dans la nature de la peine.

Art. 323. Les questions à adresser au jury devront être posées de façon à ce qu'elles puissent être résolues par « oui, » ou par « non. »

Le point de savoir quels faits devront être réunis dans une même question, ou devront faire l'objet de questions séparées, devra être apprécié dans chaque cas particulier. Il en sera de même de l'ordre dans lequel les questions seront posées.

Il y aura lieu d'indiquer expressément la nature des questions qui ne seront posées que pour le cas. soit de solution affirmative

---

[1] L'article 321 est en concordance avec l'article 263.

(questions additionnelles, *Zusatzfragen*), soit de solution négative (questions éventuelles, *Eventualfragen*) d'une autre question. Des questions additionnelles pourront être posées pour le cas de solution affirmative d'une question principale, afin de bien préciser les faits auxquels se rapportera la qualification légale contenue dans la question principale.

4° RÉQUISITIONS, CONCLUSIONS. DÉFENSE DES PARTIES, RÉSUMÉ DU PRÉSIDENT

(*VORTRÄGE DER PARTEIEN UND DES VORSITZENDEN.*)

ART. 324. Après la lecture à haute voix des questions, le retrait de l'accusation ne sera plus possible; l'accusateur et la partie lésée, l'accusé et son défenseur seront entendus dans l'ordre fixé par l'art. 255 [1].

Leurs explications devront être limitées à ceux des éléments des débats qui serviront de fondement au verdict du jury. La discussion des éléments qui seront soumis à la décision de la cour devra être réservée pour un moment ultérieur (art. 335).

ART. 325. Le président prononcera ensuite la clôture des débats: il en réunira dans un exposé rapide les résultats essentiels [2];

---

[1] Les parties ne sont entendues qu'après que les questions ont été posées. D'après le Code de 1850 (art. 321) et la loi du 29 mars 1869 sur l'introduction du jury pour le jugement des délits de presse (art. 32), les parties devaient être entendues avant la position des questions.

On a justifié la nouvelle manière de procéder en disant que, grâce à elle, l'objet des débats étant bien délimité par avance, ceux-ci sont plus clairs et plus précis. Il y a là évidemment quelque chose qui rappelle un peu la procédure formulaire romaine.

[2] La Chambre des députés, dans son projet de 1869 (art. 320), avait supprimé le résumé du président, en se fondant sur ce que l'exposé des faits ne pouvait guère être fait par lui avec impartialité et sur ce qu'après les débats il prolongeait la procédure sans utilité. Selon ce projet, le président devait seulement indiquer aux jurés les caractères légaux de l'infraction et expliquer les expressions légales contenues dans les questions sans exposer les faits.

il indiquera avec la plus grande brièveté possible les preuves pour
et contre l'accusé, sans pourtant donner sa propre opinion. Il indiquera aux jurés les caractères légaux du fait punissable et la signification des expressions légales contenues dans les questions,
et il attirera leur attention sur leur devoir en général et spécialement sur les dispositions concernant leur délibération et leurs votes.
L'exposé du président ne pourra être interrompu ni discuté par
personne. mais toute partie aura le droit de demander que les *indications juridiques* (*Rechtsbelehrung*) données au jury par le président soient constatées dans le procès-verbal [1].

Le président remettra les questions écrites aux jurés qui se re-
tireront aussitôt dans la salle de leurs délibérations. Remise leur
sera aussi faite de l'acte d'accusation. de la décision dont il aura
été donné lecture en vertu de l'art. 314, des pièces à conviction,
des procès-verbaux de constat et des autres actes de procédure, à
l'exception des procès-verbaux d'audition de témoins non lus à
l'audience [2]. En même temps, le président ordonnera que l'accusé
soit conduit hors de la salle d'audience.

[1] Le jury ayant à examiner les caractères légaux des faits, les indications du président ont une très-grande importance. Les
inexactitudes qu'il commet donnent ouverture au pourvoi en cassation (art. 344,
alin. 8). C'est pour cette raison que toute
partie peut demander la mention de ces
indications dans le procès-verbal.

[2] Il résulte de là que les procès-verbaux d'audition de témoins lus à l'audience sont remis aux jurés. Le Code de
1850 (art. 331) et l'article 40 de la loi
sur le jury en matière de délits de presse
défendaient sans distinction la remise de
ces procès-verbaux. Cette prohibition avait
été déduite de l'idée que le jury ne doit
juger que d'après ce qu'il a entendu. Le
nouveau Code ne méconnaît pas la justesse
de ce principe; il repousse seulement
l'application exagérée qui en avait été
faite. L'article 258 autorisant à se servir
comme preuve des dépositions de témoins
lues à l'audience, il était logique d'admettre la remise au jury des procès-verbaux contenant ces dépositions, au lieu
de s'en fier à la mémoire des jurés.

5° DÉLIBÉRATION ET DÉCISION (*BERATHUNG UND BESCHLUSSFASSUNG*) DU JURY.

Art. 326. Les jurés éliront un chef (*Obermann*) parmi eux, à la simple majorité des voix. Avant la délibération, le chef du jury donnera lecture de l'instruction suivante :

«La loi ne demande pas compte aux jurés des motifs de leur conviction; elle ne leur prescrit point de règles desquelles ils doivent faire dépendre la plénitude et la suffisance d'une preuve, elle leur demande seulement d'examiner avec soin et conscience tous les moyens de preuve produits pour et contre l'accusé, et de rechercher en conscience quelle impression ont faite sur eux les preuves alléguées dans les débats contre l'accusé et les moyens de sa défense.

«C'est uniquement d'après leur conviction formée par l'examen des moyens de preuve qu'ils doivent rendre leur verdict sur la culpabilité ou l'innocence de l'accusé.

«Ils ne doivent jamais perdre de vue que leur délibération doit se restreindre aux questions qui leur sont posées, aux faits qui servent de fondement à l'acte d'accusation ou qui s'y rattachent. Ce sont les magistrats et non pas eux qui sont appelés à indiquer les conséquences légales qui atteignent le condamné dans le cas où il est déclaré coupable. Les jurés doivent par suite rendre leur verdict sans prendre en considération les suites légales de leur décision. »

Cette instruction et les art. 327 à 330 de ce Code seront affichés en plusieurs exemplaires dans la salle des délibérations.

Art. 327. Les jurés ne devront pas quitter la salle des délibérations avant d'avoir rendu leur décision. Personne ne pourra entrer dans cette salle pendant la durée de la délibération, sans l'autorisation par écrit du président; tout rapport avec des tiers sera aussi interdit aux jurés durant ce temps. La cour condamnera le juré qui contreviendrait à cette défense à une amende de 10 à 100 florins, et toutes autres personnes qui violeraient ces prescriptions à 24 heures d'arrêt (*Arrest*).

S'il s'élève des doutes parmi les jurés sur la procédure qu'ils doivent observer ou sur le sens des questions posées, ou sur la manière de répondre, le président se rendra au milieu des jurés, sur la demande du chef du jury, avec le greffier, l'accusateur et l'accusé, quand ceux-ci seront présents au palais de justice[1].

L'instruction donnée à cette occasion par le président devra être constatée dans un procès-verbal, si la demande lui en est faite.

Lorsque les jurés exprimeront le désir que les questions à eux adressées soient modifiées ou complétées, il devra être discuté et statué sur ce point en audience publique.

Personne ne devra assister au vote du jury, à peine de nullité.

Art. 328. Après la délibération, le chef du jury fera voter verbalement les jurés sur chacune des questions dans l'ordre dans lequel le président de la cour les aura posées, en demandant à chacun des jurés sa déclaration; le chef du jury émettra le dernier son vote. Les jurés voteront sur chaque question « oui » ou « non; » mais il leur sera permis de ne résoudre une question, affirmativement ou négativement, qu'en partie.

En cas de solution affirmative d'une question, la restriction apportée à la réponse devra y être jointe en peu de mots. La réponse

[1] Sous l'empire du Code d'instruction criminelle de 1850 (art. 333), comme aux termes de la loi du 9 mars 1869 (art. 42) sur la compétence du jury en matière de délits de presse, le président devait se rendre, sur la demande du jury, seul dans la salle des délibérations. On a pensé que cette disposition ne concordait pas avec celle aux termes de laquelle les inexactitudes contenues dans les indications juridiques données par le président en séance publique constituent une cause de pourvoi en cassation. (art. 344 alin. 8.)

est alors « oui, *mais sans telle ou telle des circonstances relevées dans la question* [1]. »

Art. 329. Pour la solution affirmative soit de la question de culpabilité, soit des questions relatives aux circonstances aggravantes, la majorité des deux tiers au moins des voix sera exigée [2]. Dans tous les autres cas, la décision sera prise à la simple majorité : en cas de partage, la décision la plus favorable à l'accusé prévaudra. Lorsqu'une question principale aura été tranchée contre l'accusé, les jurés dont l'opinion aura succombé pourront s'abstenir de voter sur la question additionnelle posée pour ce cas : leurs voix seront alors jointes aux voix les plus favorables à l'accusé [3].

Le chef du jury comptera les voix et écrira à côté de chaque question, suivant la solution qu'y aura donnée le jury, « oui » ou « non » avec les restrictions quelconques y apportées, en indiquant le nombre des voix.

Dans la transcription du verdict du jury que devra faire le chef du jury, il n'y aura pas de ratures : les mots effacés, les transports en marge, les mots intercalés, devront être approuvés par une mention expresse faite par le chef du jury.

---

[1] Par exemple, si un individu est accusé d'avoir volé plusieurs objets, la question principale ayant pour but de savoir s'il a volé ces objets, le jury pourra répondre oui *pour ceux-ci*, non *pour ceux-là*.

[2] Il faut donc qu'au moins huit jurés admettent l'affirmative sur l'une de ces questions. Si cinq jurés sont d'avis que l'accusé n'est pas coupable, le chef du jury doit répondre : « Non, avec cinq voix contre sept. »

[3] La loi accorde ici aux jurés qui ont formé la minorité, en cas de solution affirmative de la question principale ou éventuelle de culpabilité, la faculté de s'abstenir de voter sur les questions additionnelles posées précisément pour ce cas. On a pensé qu'il serait rigoureux de les obliger peut-être à admettre des circonstances aggravantes ou à rejeter des circonstances atténuantes. Seulement, dans l'intérêt de l'accusé, les voix de ces jurés sont comptées en sa faveur.

Art. 330. Après que le vote sera terminé, les jurés rentreront dans la salle d'audience et reprendront leurs places. Le président leur demandera quel est le résultat de leur délibération. Le chef du jury se lèvera et dira :

« Les jurés ont, conformément à leur serment et en toute conscience, résolu les questions qui leur ont été posées, comme suit : »

Puis il lira à haute voix, et en présence de tous les jurés, à peine de nullité, les questions qui leur ont été adressées et, immédiatement après chacune d'elles, le verdict du jury. Il remettra la feuille de questions signée de lui au président, qui la signera lui-même et la fera signer par le greffier.

Aussitôt que les jurés auront quitté la salle des délibérations, aucun d'eux ne pourra revenir sur sa première opinion ; une nouvelle délibération ne pourra avoir lieu que quand il s'agira de réparer une indication erronée qui se sera glissée dans le verdict par un simple malentendu.

Art. 331. Quand le verdict du jury sera obscur, incomplet ou composé de réponses contradictoires, la cour le déclarera de suite [1] et remettra aux jurés les questions et les réponses, avec

---

[1] Sur ce point une controverse s'est élevée entre les premiers commentateurs du Code d'instruction criminelle.

Rulf prétend qu'il résulte de l'article 331 que la cour doit faire rectifier le verdict avant sa lecture en présence de l'accusé. Il se fonde sur ce que l'article 331 dit que la cour doit exercer ce droit « de suite » (*sogleich*). Après que le verdict a été lu en présence de l'accusé, Rulf prétend qu'il est acquis aux parties et qu'il ne peut plus être que l'objet d'un pourvoi en cassation.

Mitterbacher et Neumayer (p. 758 et 759) soutiennent, au contraire, que la rectification du verdict peut être déclarée nécessaire par la cour tant que celle-ci n'a pas rendu son jugement. Ils trouvent irrationnel que la cour soit obligée de prononcer un jugement en prenant pour base un verdict qu'elle trouve incomplet, obscur, contradictoire. Selon

invitation de se retirer dans leur salle des délibérations et de rectifier leur verdict après une délibération nouvelle. La cour aura, en pareil cas, la liberté, après avoir entendu les parties, de déterminer les modifications et les additions aux questions qui lui paraîtront utiles. Le président déclarera aux jurés qu'ils n'ont le droit que de modifier les réponses dont il s'agit et de répondre aux questions nouvelles ou modifiées.

Art. 332. Dans le cas où l'accusé sera reconnu coupable, si la cour pense unanimement que les jurés se sont trompés au fond dans leur verdict, elle déclarera, sans qu'une partie puisse provoquer cette mesure, qu'il sera sursis au jugement jusqu'à la plus prochaine session et que l'affaire sera portée devant une nouvelle cour d'assises[1]. Si la cour estime qu'à propos d'une accusation dirigée contre plusieurs individus les jurés, dans leur verdict, ne se sont trompés que relativement à un accusé, ou qu'en présence de plusieurs chefs d'accusation ils ne se sont trompés que sur l'un d'eux, le renvoi n'aura pour objet que cet accusé ou ce chef d'accusation, et restera sans influence sur les autres. Dans les nouveaux débats, aucun des juges qui ont pris part à la première affaire

eux, quand l'article 331 dit que la rectification doit etre demandée de suite, il entend seulement indiquer que, dès que la cour aperçoit les vices du verdict, elle doit le déclarer.

Ce qui est absolument certain, c'est que, lorsque la cour a négligé de renvoyer le jury dans la salle des délibérations, les vices du verdict peuvent donner lieu à un pourvoi en cassation (art. 344, 9°).

[1] Une discussion, analogue à celle qui est indiquée dans la note précédente, s'est élevée ici entre les commentateurs, sur la question de savoir jusqu'à quel moment la cour peut prendre ce parti. Rulf décide que la cour doit le prendre immédiatement, puisqu'il s'agit d'un verdict évidemment contraire à la justice. Mitterbacher et Neumayer (p. 762 et 763) prétendent que ce droit appartient à la cour jusqu'au moment où elle rend son jugement. Ils font observer qu'aucune disposition ne restreint, quant au temps où il peut être exercé, le droit de la cour et qu'il serait fâcheux qu'il en fût autrement, puisque souvent un verdict est assez compliqué pour que les juges n'en saisissent bien la portée qu'en délibérant.

ne pourra présider, aucun des premiers jurés ne pourra faire partie du nouveau jury. Si la déclaration du second jury est conforme à celle du premier, la cour devra la prendre comme fondement de sa décision.

7° PROCÉDURE ULTÉRIEURE ET JUGEMENT DE LA COUR.

ART. 333. Le président fera rentrer l'accusé dans la salle d'audience, et fera lire en sa présence le verdict du jury ou la déclaration faite conformément à l'article 332.

ART. 334. Si le verdict du jury déclare l'accusé non coupable, la cour rendra aussitôt la décision prononçant la mise en liberté de l'accusé; cette décision sera communiquée immédiatement à l'accusé [1].

ART. 335. Si l'accusé est déclaré coupable, l'accusateur obtiendra d'abord la parole pour prendre ses réquisitions concernant l'application de la loi pénale, et les circonstances aggravantes ou atténuantes à prendre en considération. Après lui la partie civile, l'accusé et son défenseur seront entendus. Les dispositions de l'article 255 seront observées. Les débats ne devront pas avoir pour but de mettre en question ce qui a été établi par le verdict du jury; ils porteront exclusivement sur l'application de la peine et sur les questions de dommages-intérêts.

---

[1] L'acquittement était, d'après l'article 340 du Code de 1850, prononcé par ordonnance du président. Le nouveau Code décide qu'il le sera par décision de la cour. On a pensé que cela concorderait mieux avec l'organisation de la cour d'assises, dans laquelle le jury et les magistrats participent aux décisions. En outre, le Code admet les pourvois en cassation contre les acquittements; or, ces pourvois se conçoivent plus facilement contre une décision de la cour que contre une ordonnance du président.

Art. 336. Ensuite, la cour, si elle le juge utile, se retirera dans sa chambre des délibérations. L'accusé, dans ce cas, pourra, selon l'appréciation du président, être conduit hors de la salle d'audience. Le président dirigera le vote selon les prescriptions de l'article 19 et des articles suivants.

Art. 337. Si la cour estime que le fait dont l'accusé est déclaré coupable par le verdict du jury n'est pas puni par la loi, elle absoudra l'accusé.

Art. 338. Dans les autres cas, la cour, après un examen consciencieux des circonstances aggravantes ou atténuantes, prononcera la peine afférente à l'infraction même dans le cas où le fait, selon le verdict du jury, ne serait plus de la compétence de la cour d'assises.

La cour aura le droit, à raison de la réunion de circonstances atténuantes importantes et décisives, quand la peine sera, selon la loi, soit perpétuelle, soit d'une durée de dix à vingt ans, de l'abaisser, sans en modifier la nature, mais en en diminuant la durée, sans toutefois que la durée de la peine prononcée puisse être inférieure à trois ans.

Dans les cas où la peine portée par la loi est d'une durée de cinq à dix ans, la cour pourra, à raison de circonstances atténuantes, aussi bien prononcer un emprisonnement d'une nature plus douce qu'en abaisser la durée, sans qu'elle puisse jamais être inférieure à un an [1].

Art. 339. Quand la peine de mort sera prononcée contre plusieurs personnes, le jugement devra indiquer l'ordre dans lequel les condamnés seront exécutés.

[1] Le Code autrichien réserve aux magistrats, à l'exclusion du jury, le droit de se prononcer aussi bien sur l'admission des circonstances atténuantes que sur leurs conséquences quant à la pénalité.

Art. 340. Aussitôt après que la décision sur la peine aura été prise, elle devra être proclamée en audience publique par le président en présence de l'accusateur, de l'accusé (art. 234) et de son défenseur.

Le président devra en même temps indiquer les bases essentielles de la fixation de la peine, en lisant les dispositions légales qui servent de fondement à la décision, et instruire l'accusé des voies de recours qui lui sont ouvertes.

La minute du jugement doit être dressée de la manière indiquée dans les articles 260 et 270, et contenir en outre les questions adressées au jury ainsi que les réponses qui y ont été faites.

Art. 341. Quand la cour aura prononcé une condamnation à mort, elle délibérera immédiatement après la lecture de la condamnation, en s'adjoignant le ministère public, sur le point de savoir si le condamné paraît digne d'indulgence et quelle peine proportionnée à sa culpabilité pourrait être substituée à la peine de mort. Le procès-verbal de cette délibération sera joint aux actes qui seront soumis à la Cour de cassation par la cour d'assises ou la cour de première instance même, si ces pièces n'arrivent pas à la Cour de cassation par suite d'un pourvoi en nullité. La Cour de cassation transmettra ces pièces au ministre de la justice, quand le jugement aura acquis force de chose jugée, en y joignant son avis émis à huis-clos après avoir entendu le procureur général.

Art. 342. Les dispositions des articles 271 et 272 s'appliqueront au procès-verbal relatif aux débats devant la cour d'assises. Le procès-verbal doit en outre contenir les noms des jurés, les incidents de la formation du banc du jury, la prestation du serment des jurés. La feuille des questions doit être jointe au procès-verbal.

IV. — VOIES DE RECOURS CONTRE LES JUGEMENTS DES COURS D'ASSISES [1].

Art. 343. Deux voies de recours sont ouvertes contre les décisions des cours d'assises : le pourvoi en cassation [2] (*Nichtigkeitsbeschwerde*) et l'appel (*Berufung*) (art. 280) [3].

Art. 344. Le pourvoi en cassation pourra être formé seulement dans un des cas suivants [4] :

1° Quand la cour d'assises n'était pas composée conformément à la loi ou que le jury n'était pas au complet; quand tous les juges et jurés n'ont pas assisté à toute la procédure précédant la décision, ou quand un juge (art. 67 et 68) ou un juré (art. 306) [5] exclu a pris part à la décision, peu importe que la

---

[1] Les principes généraux qui régissent les recours dirigés contre les décisions des cours de première instance s'appliquent aux décisions émanant des cours d'assises. L'article 343 et les articles suivants posent les règles spéciales aux recours contre ces dernières décisions.

[2] A l'imitation du droit anglais et du droit français, le Code de 1850 (art. 355) avait exclu le pourvoi en cassation dans les cas où l'accusé était déclaré non coupable, et, par suite, acquitté par ordonnance du président. Au contraire, il avait admis ce pourvoi pour le cas où, après le verdict du jury, la cour avait déclaré que le fait ne tombait pas sous le coup de la loi pénale (art. 343). Le nouveau Code admet le pourvoi en cassation contre les décisions de la cour d'assises prononçant l'acquittement (*Freisprechung*) comme l'absolution (*Lossprechung*).

[3] Les décisions de la cour d'assises sont susceptibles d'appel. En règle générale, l'appel est porté à la cour de seconde instance; exceptionnellement, quand il y a en même temps pourvoi en cassation, l'appel est porté devant la Cour de cassation (voyez art. 296).

[4] Les moyens de pourvoi mentionnés dans cet article sont en général les mêmes que ceux des pourvois contre les décisions des cours de première instance (voyez art. 281).

[5] Le Code de 1850 (art. 362, *a*) et la loi du 9 mars 1869 sur l'introduction du jury en matière de délits de presse déclaraient qu'il y avait lieu à pourvoi lorsque le banc du jury n'était pas composé conformément à la loi (*nicht gehörig besetzt war*). De là était née la question de savoir si ce moyen de pourvoi pouvait être invoqué quand un juré ne réunis-

cause de nullité ait été connue de celui qui forme le pourvoi avant ou durant les débats et qu'il ne l'ait pas fait valoir dès le commencement des débats ou aussitôt après en avoir acquis connaissance;

2° Quand les débats ont eu lieu sans l'assistance d'un défenseur;

3° Quand, malgré la réclamation de l'auteur du pourvoi, une pièce relative à un acte de poursuite ou d'instruction nul d'après la loi a été lue au cours des débats;

4° Lorsqu'au cours des débats une disposition, que la loi édicte formellement à peine de nullité, a été violée ou qu'il n'en a pas été tenu compte (art. 120. 151. 152. 170. 201. 228. 244, 247, 250. 260. 271. 303. 306. 307, 313, 314, 316. 327. 330 et 427);

5° Quand, durant les débats, il n'a pas été statué sur une demande de celui qui forme le pourvoi ou quand, par une décision rendue contre sa demande ou son opposition, il y a eu violation ou application inexacte de lois ou de principes dont l'observation est nécessaire dans une procédure assurant les intérêts de la défense et de l'accusation;

6° Quand il y a eu violation des dispositions des articles 318 à 323 [1];

7° Quand une question a été posée au jury en violation de l'article 267 et que cette question a été résolue affirmativement [2];

---

sait pas les qualités exigées pour être juré, ou quand il existait à son égard une cause d'exclusion ou d'incapacité. La Cour de cassation, en 1872, s'était prononcée pour la négative. Le texte du nouveau Code écarte toute controverse, en décidant qu'il n'y a lieu à pourvoi que quand un juré a pris part à la délibération, alors qu'il y avait contre lui une cause d'exclusion.

[1] Les articles visés contiennent les

règles concernant la position des questions au jury. Il y a là une disposition toute nouvelle. Le Code de 1850 (art. 352) n'admettait le pourvoi que lorsqu'on avait négligé de poser une question et qu'il était reconnu qu'elle pouvait être d'une influence décisive sur le verdict.

[2] Il résulte de là qu'il y a lieu à un pourvoi en cassation lorsqu'une question a été posée au jury sur un fait que ne vi-

8° Quand le président a donné une instruction inexacte au jury (art. 325 et 327)[1] :

9° Quand la réponse du jury est obscure, incomplète ou contradictoire :

10° Quand une loi a été violée ou inexactement appliquée par la décision de la cour sur la question de savoir :

a. Si le fait reproché à l'accusé était de la compétence des tribunaux,

b. S'il existait des circonstances à raison desquelles le fait n'était pas punissable ou dans lesquelles le droit de poursuite était éteint ; enfin,

c. Si l'accusation exigée par la loi manquait ;

11° Quand le fait servant de fondement à la décision a été soumis, par une interprétation inexacte de la loi, à une loi pénale qui ne s'y applique pas ;

12° Quand la cour, en fixant la peine, a dépassé les limites légales dans l'usage qu'elle a fait de ses pouvoirs par l'admission de circonstances aggravantes ou atténuantes, ou quand elle a dépassé les limites de son droit d'atténuation ou de transformation des peines légales, ou a violé ou mal appliqué les dispositions de l'article 293, alinéa 3, ou de l'article 359, alinéa 4.

Les moyens de nullité indiqués aux numéros 3 à 6 ne peuvent pas être invoqués en faveur de l'accusé quand il est évident que l'inobservation des formes n'a pu exercer sur la décision aucune influence fâcheuse pour l'accusé.

On ne peut jamais invoquer contre l'accusé les moyens de nul-

sait pas primitivement l'accusation et auquel elle n'a pas été étendue, s'il y a eu réponse affirmative. Quand la question a été résolue négativement par le jury et que la cour a en conséquence acquitté l'accusé, le pourvoi est recevable en vertu de l'article 344, 10°, lettre c.

[1] Ce paragraphe vise à la fois le cas où l'inexactitude est contenue dans le résumé (art. 325) et celui où elle a été commise par le président appelé par le jury dans la chambre des délibérations (art. 327).

lité mentionnés sous les numéros 2 et 7 : on ne peut invoquer ceux des numéros 3 à 6 que quand il est évident que la violation des formes a pu exercer sur la décision une influence nuisible à l'accusé, et que de plus l'accusateur s'y est opposé, a réclamé la décision de la cour et s'est réservé la faculté de se pourvoir en cassation aussitôt après le prononcé de cette décision ou le refus de statuer de la cour.

Art. 345. L'appel ne peut avoir lieu que dans les limites fixées par l'article 283 quant aux décisions relatives à la peine et aux intérêts civils.

Art. 346. Le droit de recourir à l'appel et au pourvoi en cassation, appel et pourvoi qui peuvent être réunis, la procédure relative à la notification du recours, aux moyens qui lui sont opposés, aux débats et à la décision, sont réglés par les dispositions des articles 282 à 291 [1].

La notification peut avoir lieu durant la session du jury : postérieurement, elle doit être faite à la cour de première instance devant laquelle se passe la procédure postérieure et qui est compétente pour adresser les actes de la procédure à la Cour de cassation ou à la cour de seconde instance.

Art. 347. Si l'accusé n'a pas déclaré lui-même qu'il veut envoyer à ses frais un défenseur à l'audience de la Cour de cassation, cette cour doit lui en nommer un parmi les défenseurs habitant dans le lieu où elle siége.

Art. 348. Si l'on se trouve dans un des cas mentionnés dans l'article 344, nos 1 à 9, la Cour de cassation annule le verdict

---

[1] La procédure de l'appel est régie par les articles 294 à 296.

du jury et la décision fondée sur ce verdict : puis, quand elle n'acquitte pas l'accusé pour le motif indiqué dans l'article 344, n° 7, elle renvoie l'affaire à la prochaine session de la cour d'assises siégeant près la cour qu'elle désigne, afin qu'il soit procédé à de nouveaux débats et qu'une nouvelle décision soit rendue.

Si toutes les parties du verdict ne sont pas atteintes par les moyens de nullité invoqués et si la division est possible, la Cour de cassation laisse subsister la partie non atteinte du verdict et du jugement, puis elle enjoint à la cour d'assises à laquelle l'affaire est renvoyée de prendre cette partie comme base de sa décision.

Art. 349. Lorsqu'il s'agira du moyen de nullité mentionné dans l'article 260, la Cour de cassation renverra l'affaire à la cour de première instance près de laquelle la cour d'assises se sera tenue, et lui mandera de rendre, en prenant pour base l'ancien verdict, un nouveau jugement dans une réunion composée autant que possible des trois juges qui formaient la cour précédemment [1].

---

[1] Quand la Cour de cassation reconnaît que le pourvoi est bien fondé, il importe, pour la décision à rendre par elle, de rechercher si la cause de nullité résulte d'une violation d'une règle de procédure criminelle ou d'un principe de droit pénal. Dans le premier cas, la Cour de cassation casse en général le verdict du jury et la décision à laquelle il sert de fondement, puis elle renvoie l'affaire à la plus prochaine session de la même cour ou d'une autre cour d'assises.

Cette règle souffre deux exceptions :

a. Lorsque la nullité provient de ce qu'une question a été posée au jury sur un fait qui n'était pas compris dans l'ac-cusation, et auquel elle n'a pas été étendue, si le jury a résolu cette question affirmativement, le verdict est cassé ; mais la Cour de cassation prononce aussitôt l'acquittement.

b. Quand la nullité provient de ce que la condamnation ne contient pas les indications mentionnées dans l'article 260, alinéa 1 à 3, le verdict du jury subsiste, le jugement auquel il sert de base est seul cassé et l'affaire renvoyée, pour y être jugée à nouveau, à la cour auprès de laquelle avait siégé la cour d'assises. Autant que possible, les magistrats doivent être ceux qui ont connu du procès.

Art. 350. Si la Cour de cassation trouve que le jugement de la cour d'assises viole ou applique inexactement une loi (art. 344, n⁰ˢ 10 à 12), elle devra, en règle générale, décider immédiatement au fond.

Si pourtant les faits que la cour d'assises devait prendre comme fondement de sa décision ne sont pas établis par le verdict, la Cour de cassation renverra l'affaire à la prochaine session de la cour d'assises du ressort désigné, ou quand, par suite de l'exacte application de la loi, le fait ne sera plus de la compétence du jury, à la cour de première instance compétente, pour que de nouveaux débats aient lieu.

Art. 351. La solution de droit servant de base à l'arrêt de la Cour de cassation liera la juridiction inférieure dans les débats nouveaux.

Le nouveau jugement sera susceptible des mêmes voies de recours que le premier.

CHAPITRE XX.

DE LA REPRISE DE LA PROCÉDURE PÉNALE ET DE LA RESTITUTION CONTRE L'EXPIRATION DES DÉLAIS.

I. —— REPRISE DE LA PROCÉDURE PÉNALE
(*WIEDERAUFNAHME DES STRAFVERFAHRENS*) [1].

Art. 352. Lorsque la procédure pénale dirigée contre une personne déterminée [2] a été close avant les débats par la suspension de l'instruction, par le rejet de l'accusation [3] ou son retrait, il peut y avoir lieu de reprendre la procédure sur la demande du ministère public ou de l'accusateur privé, si le caractère punissable de l'infraction n'a pas disparu par suite de la prescription, et quand il est produit de nouveaux moyens qui sont de nature à entraîner la conviction de l'accusé.

La chambre du conseil statuera sur l'admissibilité de cette demande, après que les constatations préliminaires utiles auront été faites; la décision pourra faire l'objet d'un recours qui sera porté devant la cour de seconde instance. Ce recours sera dénoncé à la cour de première instance dans les trois jours après le prononcé de la décision.

[1] Le Code comprend sous cette expression deux institutions distinctes, la reprise de poursuites interrompues et la révision d'une décision définitive qui peut avoir lieu soit en faveur de l'accusé (art. 353), soit même contre lui (art. 355).

[2] Quand il s'agit d'une procédure qui n'a pas été dirigée contre une personne déterminée, il n'y a pas lieu à reprise de procédure proprement dite; la procédure commencée est continuée.

[3] Il est fait allusion au cas où l'accusé aurait formé avec succès une opposition contre l'acte d'accusation.

Jamais il n'y aura lieu d'autoriser l'accusateur privé qui aura retiré son accusation à reprendre la procédure.

Art. 353. L'individu condamné par une décision ayant force de chose jugée pourra demander la reprise de la procédure, même après avoir subi sa peine :

1° Quand il sera prouvé que sa condamnation a été déterminée par la falsification d'une pièce, par un faux témoignage, par la corruption ou tout autre fait punissable commis par un tiers ;

2° Quand le condamné alléguera de nouveaux faits ou de nouveaux moyens de preuve qui, seuls ou joints aux preuves antérieurement faites, seront de nature à entraîner son acquittement ou une condamnation à une peine moindre ;

3° Ou quand deux ou plusieurs personnes auront été condamnées par différentes décisions, et qu'en comparant ces décisions entre elles ainsi que les faits qui leur servent de fondement, on sera amené nécessairement à reconnaître l'innocence d'une ou de plusieurs de ces personnes [1].

Art. 354. La demande en reprise de procédure en faveur de l'accusé pourra, même après sa mort, émaner des personnes qui ont le droit de former dans son intérêt un pourvoi en cassation ou d'interjeter appel. Si le ministère public a connaissance d'une circonstance qui pourrait fonder une demande en reprise de procédure dans l'intérêt de l'accusé (art. 353), il est de son devoir, soit de faire connaître cette circonstance à l'accusé ou à une personne ayant le droit de demander la reprise de la procédure, soit de former lui-même cette demande.

---

[1] Il faut remarquer que, dans le cas de deux décisions contradictoires, les deux décisions ne sont pas cassées, il n'y a cassation que de la décision contre laquelle la reprise de procédure a été demandée.

Art. 355. Le ministère public ou l'accusateur privé ne pourra demander la reprise de la procédure à raison d'un fait pour lequel l'accusé a été acquitté par une décision passée en force de chose jugée, que si le droit de poursuite contre l'infraction n'est pas éteint par la prescription, et si :

1° La décision a été déterminée par une falsification d'un acte ou par un faux témoignage, par la corruption ou tout autre acte punissable de l'accusé ou d'un tiers, ou que

2° L'accusé a plus tard fait un aveu judiciaire ou extra-judiciaire du fait qui lui est reproché, ou qu'il se manifeste de nouveaux faits ou moyens de preuve qui, seuls ou joints aux preuves antérieurement produites, sont de nature à amener la conviction de l'accusé.

Art. 356. Le ministère public ne pourra demander la reprise de la procédure pour qu'une loi pénale plus sévère soit appliquée à l'accusé à raison du fait pour lequel il a été condamné, qu'autant qu'on se trouvera dans un des cas prévus par l'article 355, et que :

1° Le crime réellement commis est puni de la mort ou de la reclusion perpétuelle, alors que, d'après la loi pénale appliquée, l'accusé ne pouvait être condamné qu'à une reclusion temporaire, ou que,

2° Il y avait lieu de prononcer la peine de la reclusion pour dix ans au moins, alors que la peine a été appliquée d'après une disposition pénale prononçant la reclusion pour cinq ans à plus, ou que,

3° Le fait constitue un crime, tandis que l'accusé a été condamné seulement pour un délit ou une contravention de la compétence des tribunaux de districts.

Art. 357. La reprise de la procédure devra être demandée devant la cour de première instance devant laquelle cette procédure était pendante [1]. Quand il aura été statué sur un fait qui constitue un crime, par un tribunal de district, la demande devra être portée devant la cour de première instance dans le ressort de laquelle se trouve ce tribunal de district.

Le juge d'instruction devra examiner les faits qui servent de fondement à la demande. Ensuite le ministère public ou l'accusateur privé dans le cas de l'article 353, l'accusateur dans les cas des articles 355 et 356, devra être entendu. La cour de première instance, composée de quatre juges dont un président, devra statuer à huis clos sur l'admissibilité de la procédure.

Il n'y aura de recours contre cette décision que devant la cour de seconde instance. Ce recours devra être dénoncé dans les trois jours à la cour de première instance.

Si la cour de seconde instance admet la reprise de la procédure, elle pourra désigner une autre cour pour diriger l'instruction.

Art. 358. Par la décision admettant la reprise de la procédure, le jugement antérieur n'est déclaré non avenu que dans celles de ses dispositions concernant l'infraction à raison de laquelle la reprise a été admise. Les conséquences légales de la condamnation contenues dans ce jugement subsistent provisoirement: elles ne disparaissent que dans la mesure où elles ne doivent pas résulter de la nouvelle décision.

L'exécution des dispositions du premier jugement concernant les intérêts privés ne sera possible, pendant la durée de la procédure reprise, qu'à charge par les intéressés de donner une garantie.

Art. 359. Par l'effet de la reprise de la procédure, l'affaire sera, en règle générale (art. 360), ramenée à l'état d'instruction.

[1] On ne distingue pas suivant que la décision définitive a été rendue par une cour de première instance ou par une cour d'assises.

Celle-ci devra être conduite et complétée conformément à la décision autorisant la reprise de procédure et selon les preuves nouvelles produites. Les dispositions relatives à la suspension de l'instruction et à la mise en état d'accusation s'appliqueront également en ce cas. Si la procédure se termine sans qu'il soit passé aux débats (*Verhandlung*), l'accusé a le droit de demander la publication de la décision suspendant la procédure ou de la décision par laquelle l'accusation est définitivement écartée. Ces décisions ont le même effet que les décisions prononçant un acquittement.

Si l'on en vient à de nouveaux débats, la partie lésée devra aussi en être instruite; les dépositions des témoins, des experts, des complices qui ne peuvent plus être entendus seront lues, et, enfin, un nouveau jugement sera rendu.

Si l'accusé est condamné, il devra être tenu compte de la peine déjà subie pour la fixation de la peine nouvelle (art. 265 et 339).

Quand la reprise de la procédure n'aura été admise que dans l'intérêt de l'accusé, on ne pourra lui appliquer une peine plus sévère que celle prononcée contre lui par le premier jugement.

Les voies de recours ordinaires seront ouvertes contre le nouveau jugement.

Art. 360. La juridiction qui déclarera admissible la reprise de la procédure dans l'intérêt de l'accusé pourra, si l'accusateur y consent, rendre de suite un jugement prononçant l'acquittement de l'accusé ou faisant droit à sa demande relative à l'application d'une peine plus douce [1].

[1] C'est un tempérament à la règle générale posée au commencement de l'article 359.

Si l'affaire est remise en état d'instruction et que l'instruction soit suspendue, non-seulement l'accusé a le droit de demander la publication des décisions qui ont prononcé la suspension, mais encore ces décisions ont le même effet qu'un acquittement.

S'il est passé à de nouveaux débats, la partie lésée doit en être prévenue pour qu'elle puisse faire valoir ses prétentions.

Aucune voie de recours ne sera ouverte contre ce jugement. L'accusé acquitté pourra en demander la publication.

Art. 361. La demande d'un condamné en reprise de procédure ne suspend pas l'exécution de la peine, à moins que le tribunal appelé à statuer sur cette reprise n'estime, après avoir entendu l'accusateur, qu'il y a lieu, d'après les circonstances, de suspendre l'exécution.

Lorsqu'un jugement passé en force de chose jugée a admis la reprise de la procédure, l'exécution de la peine doit être immédiatement suspendue (art. 358). et il doit être statué sur l'emprisonnement de l'accusé conformément aux dispositions du chapitre xiv.

Art. 362. La Cour de cassation est autorisée extraordinairement, après avoir entendu le procureur général, à ordonner la reprise de la procédure dans l'intérêt d'un individu condamné pour crime ou délit, sans être tenue de se conformer aux conditions indiquées dans l'article 353. Elle jouit de ce droit dans les cas où des doutes graves s'élèvent sur l'exactitude des faits servant de fondement au jugement, sans que ces doutes soient dissipés par les recherches ordonnées par elle; il n'importe que ces doutes s'élèvent :

1° Dans la délibération sur un pourvoi en cassation ou après les débats publics ouverts sur ce pourvoi, ou

2° Dans la délibération sur un rapport fait conformément à l'article 341, ou enfin

3° Dans un examen des pièces fait sur la demande du procureur général.

La Cour de cassation peut aussi, dans ces cas, rendre de suite un nouveau jugement acquittant l'accusé ou lui appliquant une peine plus douce (art. 360, alin. 3): dans ce cas, l'unanimité des voix et l'assentiment du procureur général sont exigés.

Les demandes des parties ayant pour but d'obtenir une des décisions précédentes de la Cour de cassation doivent être repoussées par les tribunaux auxquels elles sont adressées; elles ne peuvent jamais faire l'objet d'une discussion dans la procédure orale.

Les articles 358 et 359 s'appliquent à la reprise de procédure ordonnée par la Cour de cassation.

Le droit de suspendre l'exécution de la peine et de renvoyer la procédure ultérieure à la juridiction d'un autre ressort n'appartient qu'à la Cour de cassation.

Art. 363. La procédure pourra être introduite et continuée indépendamment des conditions et des formalités exigées pour la reprise de procédure en vertu des principes généraux et devant le tribunal compétent :

1° Quand les recherches préliminaires ont été suspendues avant qu'une personne soit considérée comme accusée;

2° Quand l'accusateur privé ayant encore le droit de former l'accusation, la produit, alors que dans la procédure antérieure il y a eu suspension d'instruction ou un jugement prononçant l'acquittement, uniquement par ce motif que la partie lésée n'avait pas formé la plainte exigée par la loi;

3° Quand l'accusateur s'est réservé, lors de la clôture de la procédure relative à un crime ou à un délit, le droit de poursuivre l'accusé pour d'autres faits punissables, ou quand aussitôt après cette clôture il se produit des motifs de soupçonner que d'autres faits punissables ont été antérieurement commis;

4° Quand un fait constituant un crime a été considéré par un tribunal de district, par suite d'une application inexacte de la loi, comme étant de sa compétence. en supposant qu'il ne se soit pas écoulé plus de six mois depuis le jugement du tribunal de district, ou plus de douze mois, s'il s'agit d'un fait de la compétence des cours d'assises.

II. — RESTITUTION CONTRE L'EXPIRATION DES DÉLAIS.

ART. 364. La restitution en entier (*Wiedereinsetzung in den vorigen Stand*) peut être accordée à l'accusé contre l'expiration du délai donné pour former un recours contre un jugement, par le tribunal appelé à statuer sur ce recours. Elle s'obtient aux conditions suivantes [1] :

1° L'accusé doit prouver que, par suite de circonstances auxquelles il n'a pu se soustraire sans qu'il y eût faute de sa part ni de celle de son représentant, il a été empêché d'observer les délais.

2° La restitution doit être demandée dans les trois jours après la cessation de l'empêchement.

3° Le recours doit être signifié immédiatement.

La requête doit être portée devant le tribunal auquel le recours devait être notifié. Ce tribunal communique cette demande, avec la notification du recours, à l'accusateur pour qu'il donne son avis et fasse valoir ses moyens contre la demande. Il fait parvenir, après l'expiration des délais fixés pour leur production, les pièces au tribunal appelé à statuer sur le recours. Ce tribunal, s'il admet la restitution, examine de suite l'affaire au fond.

Il n'y a pas de voie de recours contre la décision refusant la restitution.

[1] Cette restitution n'existait pas dans la législation autrichienne antérieure. Elle a été admise par le nouveau Code à l'imitation de plusieurs Codes allemands (Code de procédure criminelle de Prusse, de 1867, art. 415; de Bade, art. 156, etc.).

La demande en restitution ne suspend pas l'exécution tant que la restitution n'est pas accordée, à moins que le tribunal saisi de cette demande n'estime, d'après les circonstances, que cette suspension doit avoir lieu [1].

[1] La loi n'accorde la restitution que contre l'expiration des délais accordés pour les recours contre les décisions définitives, par ce motif principalement que le préjudice éprouvé par celui qui n'a pas recouru contre une décision rendue dans l'instruction n'est pas irréparable.

CHAPITRE XXI.

DES DÉCISIONS DES TRIBUNAUX DE RÉPRESSION
RELATIVES AUX DEMANDES DE LA PARTIE LÉSÉE.

ART. 365. Le dommage résultant d'un fait punissable et les autres circonstances importantes relatives à ses suites au point de vue de la partie lésée doivent être constatés d'office[1]. Lorsque l'on doute que la personne lésée ait connaissance de la procédure criminelle pendante, elle doit en être prévenue, afin qu'elle puisse user du droit de se joindre à cette procédure[2].

Dans le cas où ce droit de jonction est exercé, le soin est laissé à la partie civile, ou à ses représentants légaux quand elle ne peut agir par elle-même, d'exposer ses réclamations et d'en prouver la légitimité. L'accusé doit être entendu sur ce point, et il y a lieu de procéder aux recherches utiles pour la fixation du montant du dommage éprouvé.

La partie civile peut renoncer à la poursuite de son droit à tout moment, même durant les débats.

ART. 366. Si l'accusé n'est pas condamné, la partie civile doit être renvoyée à se pourvoir par la voie civile pour faire valoir sa demande de dommages-intérêts.

Si l'accusé est au contraire condamné, la cour statuera, en principe immédiatement sur la demande de la partie lésée. Si la cour estime que les résultats de la procédure criminelle ne suffisent pas pour statuer sur la demande en dommages-intérêts, elle renverra

[1] Cette obligation incombe au ministère public comme au juge. — [2] Voy. sur ce droit l'article 47.

la partie civile à se pourvoir par la voie civile. Cette décision ne sera susceptible d'aucun recours [1].

Art. 367. Lorsqu'un objet qui, d'après la conviction de la cour, appartient à la partie civile, sera trouvé soit parmi les biens de l'accusé ou d'un complice, soit dans le lieu où a été commise l'infraction, soit dans un endroit où il avait été placé par suite d'un dépôt ou d'un don effectué par ces personnes, la cour ordonnera la restitution de cet objet après que l'arrêt aura acquis l'autorité de la chose jugée. Cependant, du consentement de l'accusé, la remise de l'objet peut avoir lieu de suite.

Cette restitution des objets enlevés à la partie lésée peut aussi avoir lieu avant les débats, sur l'ordre du juge d'instruction, quand leur rétention n'est pas utile pour la preuve de la culpabilité de l'accusé, d'un complice ou d'un coauteur, et quand l'accusé et l'accusateur sont d'accord sur ce point.

Art. 368. Si la chose détournée est parvenue déjà entre les mains d'un tiers, qui n'a pas participé à l'infraction, par un mode valable de translation de la propriété ou par une constitution de gage, ou si la propriété de cette chose est contestée entre plusieurs parties, ou si la partie lésée ne peut pas prouver de suite son droit d'une façon suffisante, la demande en restitution sera portée devant les tribunaux civils ordinaires.

Art. 369. Quand la chose enlevée à la partie lésée ne peut plus être restituée, comme dans tous les cas où il ne s'agit pas de la restitution d'une chose détournée, mais de la réparation soit d'un dommage souffert, soit d'un gain manqué ou d'une injure

---

[1] Les dispositions de l'article 366 méritent d'être spécialement remarquées; elles montrent qu'en un grand nombre de cas la juridiction pénale ne peut pas statuer sur la demande en dommages-intérêts de la partie lésée.

(art. 1323 du Code civil général [1]), le dédommagement (*Schuld-loshaltung*) ou la satisfaction (*Genugthuung*) doit être fixé dans le jugement, en tant que son montant peut être déterminé avec certitude et que la personne qui y a droit est connue.

Si les constatations faites donnent lieu de présumer que la partie lésée exagère le dommage qu'elle a souffert, le tribunal pourra, après avoir pesé toutes les circonstances, régler l'indemnité après expertise.

Art. 370. La juridiction de répression devra spécialement fixer l'indemnité sur les demandes formées par l'État et par des particuliers contre le condamné, dans les cas où l'accusé est déclaré coupable du crime de soulèvement ou de rébellion (*Aufstand und Aufruhr*).

Il faut compter parmi les dommages résultant de ces crimes, non-seulement tous les préjudices causés directement ou indirectement, mais aussi tous les frais faits pour étouffer l'entreprise criminelle ou pour rétablir l'ordre et la sécurité [2].

[1] Les dispositions du Code civil autrichien relatives au mode de fixation des dommages-intérêts sont contenues dans les articles 1323 et 1324 de ce Code, qui sont ainsi conçus :

"Art. 1323. Celui qui est obligé de "réparer un dommage doit replacer les "choses dans leur état antérieur, ou, si cela "ne peut pas avoir lieu, payer la valeur "de l'estimation. Quand la réparation n'a "pour objet que le dommage causé, on "l'appelle à proprement parler dédomma-"gement (*Schadloshaltung*); quand elle "s'étend même au gain perdu et fait "disparaître complétement le préjudice "causé, on la qualifie d'entière satisfac-"tion (*volle Genugthuung*).

"Art. 1324. Quand le dommage est

"causé par un dol ou une négligence évi-"dente, la partie lésée a le droit de ré-"clamer une entière satisfaction; dans "tous les autres cas elle n'a droit qu'au "dédommagement. Il faut se référer à "cette distinction pour déterminer le sens "du mot réparation (*Ersatz*) quand il est "employé sans aucune addition."

[2] Le Code de 1853 (art. 360) prescrivait un mode spécial de preuve du dommage causé, en décidant que le tribunal devait s'attacher aux comptes présentés par l'administration des finances. Le nouveau Code a laissé à l'État le soin de prouver le dommage par tous les moyens que peuvent employer les parties lésées en général.

Art. 371. Si la nullité totale ou partielle d'un acte juridique dans lequel l'accusé est intervenu a été causée par sa faute, il devra être statué dans le jugement sur ce point et sur les suites qui en seront résultées.

Toutefois, quand il s'agit de la nullité d'un mariage, la décision demeurera réservée au tribunal civil compétent.

Art. 372. La partie lésée a la faculté de prendre la voie civile, quand elle ne veut pas se contenter de l'indemnité que lui a allouée la juridiction de répression.

Art. 373. Quand la décision rendue par le tribunal de répression sur les intérêts civils aura acquis force de chose jugée, toute partie intéressée pourra demander au tribunal qui aura connu de l'affaire en première instance de mentionner sur le jugement qu'il a force de chose jugée; alors l'exécution de la condamnation pourra être poursuivie devant le tribunal civil.

Art. 374. La modification de la décision ayant force de chose jugée intervenue au criminel sur des demandes à fins civiles, à raison de moyens de preuve nouvellement trouvés, ainsi que la suspension de l'exécution de cette décision à raison d'une circonstance postérieure, ne peut être demandée, en dehors du cas d'une reprise de procédure ayant lieu pour d'autres motifs, par le condamné et ses ayants cause, que devant les juges civils.

Art. 375. Quand on trouve chez un coupable un objet qui selon toute apparence appartient à autrui, et dont il ne peut ou ne veut déclarer le propriétaire, si personne ne revendique cet objet dans un délai fixé, la description en doit être faite par le juge d'instruction de telle façon qu'il puisse être reconnu par le propriétaire. On passera toutefois sous silence certains traits distinctifs, pour réserver au propriétaire le soin de les indiquer, afin de prouver son droit.

Art. 376. Cette description doit être rendue publique dans le lieu où a résidé le coupable ou dans celui où il a commis le fait punissable.

Le propriétaire doit être invité à se présenter dans le délai d'un an après le jour de l'insertion de cet avis dans les journaux, et à prouver son droit de propriété.

La trouvaille d'objets dont la valeur n'atteint pas 25 florins, et pour lesquels une publication séparée immédiate n'apparaît pas comme nécessaire par d'autres motifs, peut être annoncée de temps en temps dans des affiches générales.

Art. 377. Si la chose d'autrui est de telle nature qu'elle ne puisse être conservée sans danger de détérioration pendant un an, ou si la conservation entraîne des frais, le ministère public doit pourvoir à la vente de cette chose aux enchères publiques. Le prix est déposé au greffe du tribunal. En même temps une description de toute chose vendue, avec indication de l'acheteur et du prix d'achat, doit être jointe aux pièces de la procédure.

Art. 378. Quand, dans le délai fixé par l'avis, personne ne prouve son droit sur les objets décrits, ces objets ou leur prix, quand ils ont été vendus d'urgence, doivent être restitués au coupable, sur sa demande, à moins que la juridiction appelée à statuer en première instance n'ait décidé qu'il n'est pas à présumer que le coupable ait une possession légitime. Ces décisions ne sont pas susceptibles de recours.

Art. 379. Les choses non restituées au coupable doivent être aliénées de la manière fixée par l'article 377 et le prix doit être versé dans la caisse de l'État (*Staats-Casse*). L'ayant droit a pourtant la liberté de faire valoir sa demande du prix par les voies civiles contre le trésor, dans un délai de trente ans à partir du jour de la troisième publication.

CHAPITRE XXII.

DES FRAIS DE LA PROCÉDURE PÉNALE.

Art. 380. Tous les actes (*Verhandlungen*) relatifs à des affaires pénales devant quelque autorité qu'ils se passent, tous les mémoires des parties qui s'y rapportent, sont exemptés des droits de poste et autres impôts. Les voitures qui sont attelées dans des occasions de ce genre sont affranchies, pour l'aller et le retour, des péages à payer sur les routes et les ponts.

Quand des coupables sont transportés en voiture, les communes doivent procurer les attelages nécessaires, sauf à réclamer ensuite une indemnité d'après les prescriptions en vigueur sur le service des relais.

Art. 381. Au nombre des faits de la procédure pénale pour lesquels un remboursement peut être dû par l'accusé, il faut compter:

1° Les dépenses pour les remises de pièces, les citations et les voyages;

2° Les frais relatifs à la conduite, à la garde et au transport de l'accusé ou d'autres personnes;

3° Les salaires des témoins, experts et interprètes;

4° Les honoraires des défenseurs et autres représentants des parties;

5° Les frais de nourriture de l'accusé durant l'emprisonnement préventif;

6° Les frais de voyage et les indemnités des juges et des

membres du ministère public ainsi que les frais de voyage des jurés;

7° Enfin les frais d'exécution du jugement.

Ces dépenses, à l'exception des frais indiqués sous le n° 4, sont avancées par l'État, avec réserve de son recours d'après les dispositions des articles 389 à 391.

Art. 382. Les émoluments dus aux employés du tribunal et à leurs auxiliaires pour les remises de pièces, pour les citations, pour les envois de messagers, pour la conduite, la garde et le transport de l'accusé ou d'autres personnes, en outre les soldes des gendarmes commandés pour la conduite ou l'escorte de l'accusé, seront réglés par des arrêtés spéciaux.

Art. 383. Les témoins qui vivent de leur salaire journalier ou hebdomadaire, et qui perdraient une partie de leur gain si on les empêchait de travailler seulement quelques heures, pourront, d'après fixation du tribunal devant lequel ils déposent, obtenir, sur leur demande, non-seulement la restitution des frais nécessaires de l'aller et retour, mais aussi une indemnité pour le gain dont ils ont été privés et pour les frais de leur séjour dans le lieu où ils sont entendus. Quant aux autres témoins, il faudra que le lieu où ils déposeront soit éloigné de plus de deux lieues de leur résidence pour qu'ils puissent obtenir, sur leur demande, une indemnité convenable pour les frais de voyage et les frais de séjour dans le lieu de leur déposition. Les sommes allouées devront être payées aussitôt après la déposition, ou, si cela ne peut avoir lieu de suite sans la faute des témoins, elles devront leur être transmises dans le plus bref délai et sans frais.

Dans la citation, les témoins seront avertis qu'ils doivent réclamer l'indemnité à eux due, sous peine de la perdre, au plus tard dans les vingt-quatre heures de leur déposition.

L'accusateur privé n'a pas droit aux salaires des témoins; les autres parties lésées n'y ont droit que quand elles ont été citées pour être entendues comme témoins.

L'indemnité due aux personnes appartenant au service actif de l'armée ou de la landwehr, qui comparaîtront comme témoins devant une juridiction de répression hors de leur garnison, sera fixée par des dispositions spéciales.

ART. 384. Les experts qui sont établis d'une façon permanente auprès d'un tribunal, et touchent par suite un traitement, ne pourront réclamer d'indemnité que pour les déboursés dûment justifiés qu'aura nécessités la confection de leur rapport. Les autres experts recevront, outre leurs déboursés, un émolument que le tribunal fixera d'après les circonstances. En tant qu'il n'y a pas de dispositions spéciales actuellement en vigueur, le salaire variera de 1 à 5 florins et, dans le cas où pour donner un avis il faut des connaissances ou des qualités scientifiques, techniques ou artistiques spéciales, de 2 à 20 florins. Pour qu'un émolument excédant cette somme soit accordé, l'assentiment de la cour de seconde instance sera exigé.

ART. 385. Un interprète touchera, pour la traduction orale d'un acte en langue étrangère, 50 kreuzers: pour une traduction écrite, 2 florins, par feuille.

Exceptionnellement, ces salaires, dans le cas où la traduction offre des difficultés spéciales, pourront être doublés par le tribunal.

L'interprète appelé à un interrogatoire judiciaire aura droit à 2 florins par demi-journée et, quand il devra écrire lui-même le procès-verbal, à 3 florins.

Les employés attachés au tribunal ou les interprètes assermentés, et appelés constamment et moyennant un traitement à exercer leurs fonctions, n'ont pas droit à ces rémunérations.

Art. 386. Les experts et interprètes, quand ils rempliront les fonctions susdites en dehors du lieu de leur résidence, pourront réclamer leurs frais de voyage et de nourriture; les dépenses qu'ils auront faites pour l'exercice même de leurs fonctions leur seront payées selon les règles générales en vigueur; quant aux autres dépenses, elles leur seront remboursées conformément aux dispositions de l'article 383, sans qu'il y ait lieu de s'attacher à la distance fixée par cet article.

Tous les salaires susdits doivent du reste être payés autant que possible aux experts et interprètes aussitôt qu'ils auront rempli leurs fonctions, ou leur être transmis sans frais.

Dans la citation qui leur sera adressée, ils devront être avertis qu'ils auront à produire leurs réclamations, sous peine de perdre leurs droits, au maximum dans les quinze jours après la remise de leur rapport.

Art. 387. Les frais pour les soins donnés à l'accusé durant l'emprisonnement préventif comprennent les dépenses de nourriture, de coucher, de chauffage, d'éclairage, l'achat et le lavage du linge et des habits, et les frais de maladie ou d'accouchement.

Les frais de maladie ou d'accouchement sont comptés à chaque prisonnier d'après les dépenses réellement faites; pour les autres dépenses concernant les soins donnés au prisonnier, chaque cour de seconde instance fixera pour sa circonscription, tous les ans et plus souvent dans le cas de variations importantes dans les prix, la somme à payer par jour par chaque prisonnier, en tant que les prisonniers ne pourvoiront pas à leurs besoins directement avec leur propre argent.

Lorsque, dans les différents endroits où se trouvent des tribunaux de répression, il y a des diversités de prix importantes pour les objets nécessaires à la vie, le montant des dépenses peut être fixé à

des sommes différentes pour les différents tribunaux situés dans
le ressort de la même cour de seconde instance.

Art. 388. Les frais à payer par les condamnés pour l'exécution
des jugements comprennent, pour les peines privatives de la liberté,
non-seulement les dépenses relatives aux soins donnés aux condamnés (art. 387), mais aussi la partie des frais de garde et d'administration de l'établissement pénitentiaire qui est à la charge de
chaque condamné. Ces frais seront fixés par des arrêtés spéciaux.
Les frais d'exécution des autres peines sont déterminés selon les
cas.

Art. 389. Quand un accusé sera reconnu coupable par une
décision judiciaire d'un fait punissable, il y aura lieu d'indiquer
formellement dans cette décision que le condamné aura à payer
les frais de la procédure pénale.

Cependant le tribunal devra, quand la procédure aura compris
plusieurs faits punissables, distinguer, autant que cela sera possible, les frais relatifs aux faits dont l'accusé n'aura pas été reconnu coupable.

L'obligation de rembourser les frais n'atteindra pourtant que
l'individu condamné par un jugement passé en force de chose jugée,
ou sa succession, mais non les tiers qui, d'après la loi ou des
conventions, sont tenus d'une obligation alimentaire envers le condamné. Quand il y aura plusieurs condamnés ayant pris part au
même fait, chacun d'eux sera condamné à supporter les frais qui
sont provenus des soins qui lui ont été donnés durant sa détention
préventive, qui ont été occasionnés par sa défense, par l'exécution
de la condamnation contre lui, par des circonstances spéciales le
concernant, ou par une faute personnelle. Pour le payement de tous
les autres frais du procès, tous les complices et coauteurs seront
condamnés pour le tout (*zur ungetheilten Hand*) en tant que le tri-

bunal ne trouvera pas qu'il y a des raisons spéciales pour limiter cette obligation.

Art. 390. Si le procès se termine autrement que par une condamnation, en règle générale les frais seront supportés par l'État. Mais si le procès a été introduit sur la demande d'un accusateur privé ou conformément à l'article 48 par la partie civile, le tribunal décidera que cet accusateur ou cette partie supportera les frais occasionnés par ses actes.

Quant aux frais spéciaux provenant d'une voie de recours ordinaire ou d'une demande en reprise de procédure, ils seront mis à la charge de celui qui aura usé de ce recours ou qui aura formé cette demande, quand il y aura rejet du recours ou de la demande.

Le ministère public ne pourra jamais être condamné aux frais.

Enfin, si le procès a été occasionné par une dénonciation calomnieuse, le dénonciateur supportera les frais.

Art. 391. Cependant les frais du procès ne seront supportés par le condamné qu'en tant que le tribunal estimera que cette charge ne menacera pas d'atteindre ses moyens de vivre, et ne l'empêchera pas d'accomplir les obligations qui lui incombent pour la réparation du dommage causé par l'infraction ou ses obligations alimentaires envers ses parents.

Les personnes auxquelles, durant leur emprisonnement, une pension alimentaire est attribuée, doivent l'employer à payer leurs frais d'entretien [1].

La décision concernant les frais doit, autant que possible, être rendue en même temps que la décision principale.

---

[1] Cette disposition se réfère aux employés, aux prêtres, aux officiers emprisonnés, et aussi aux particuliers qui touchent une pension alimentaire de leurs parents.

Art. 392. Dans les cas où un recours contre la décision relative aux frais ne peut pas être formé avec le recours contre le jugement, toute personne qui se croit lésée par cette décision a le droit de former contre elle un recours spécial devant la cour de seconde instance.

Le recours sera notifié, dans les quinze jours au maximum, à la juridiction qui aura connu de l'affaire en première instance; celle-ci le transmettra à la juridiction de seconde instance, qui statuera définitivement.

Art. 393. L'individu qui sera assisté d'un représentant dans un procès pénal aura, en règle générale, à supporter les frais de cette représentation, même dans le cas où le représentant aura été constitué d'office.

Si un représentant des pauvres a été donné à l'accusé, ce représentant sera, sur sa demande, indemnisé par le Trésor public des dépenses nécessaires dont il justifiera.

Dans les cas où la charge des frais du procès incombera à l'accusé, à l'accusateur privé, à la partie civile (art. 48) ou au dénonciateur calomnieux, ces personnes devront aussi payer toutes les dépenses de la défense et de la représentation.

Art. 394. Quand le représentant d'une partie aura droit à un salaire, ce salaire sera déterminé par la convention qui interviendra entre le représentant et la personne obligée, aussi bien dans le cas où l'accusé, l'accusateur privé ou la partie civile aura choisi un représentant, que quand un défenseur aura été nommé à l'accusateur par le tribunal.

Art. 395. Dans le cas où aucune convention n'aura pu être faite entre une partie et son représentant concernant les frais relatifs à la représentation, chaque partie aura la liberté d'en demander la fixation au tribunal qui était compétent pour rendre la décision en première instance, que la représentation ait eu lieu dans l'instruction, dans les débats, ou que le représentant ait rédigé seulement des actes de procédure. Le tribunal entendra, sur une demande de ce genre, la partie adverse.

Les tribunaux ne seront pas astreints à suivre un tarif déterminé pour la fixation du montant de ces frais; mais ils devront, pour la faire, estimer le service rendu par le représentant, spécialement le temps employé pour la réunion des preuves et pour la représentation elle-même, ainsi que les peines et les déboursés du représentant.

Chacune des parties aura le droit d'interjeter appel contre la fixation des honoraires faite par la cour de première instance, dans un délai de quinze jours à partir de la décision. L'appel sera porté devant la cour de seconde instance, qui statuera définitivement. Il y aura lieu de procéder de la même manière quand une convention ne sera pas intervenue sur le montant des frais à payer d'après l'article 3g3. alin. 3.

CHAPITRE XXIII.

DE L'EXÉCUTION DES JUGEMENTS.

Art. 396. Tout accusé acquitté par une décision judiciaire devra, quand il sera emprisonné, être mis en liberté aussitôt après que le jugement aura été prononcé, à moins que l'exercice d'un recours avec effet suspensif ou l'existence d'autres motifs légaux ne rende de nouveau nécessaire la détention de l'accusé.

Art. 397. Tout jugement rendu en matière pénale devra être exécuté sans délai, dès qu'il sera certain que l'exécution n'est pas entravée par un empêchement légal [1], et spécialement par un recours exercé en temps utile par une personne y ayant droit, et auquel la loi attache un effet suspensif (art. 284, alin. 3, art. 294, alin. 1, art. 346). Quand des tiers auront formé un recours dans l'intérêt de l'accusé emprisonné, si ces tiers n'ont pas le droit de le former sans le consentement de l'accusé, ce dernier devra en être averti et être instruit de la suspension de l'exécution qui en résultera.

Il en sera de même quand il y aura doute sur le point de savoir si l'accusé aura adhéré à l'exercice de la voie de recours par son défenseur. L'exécution du jugement, en tant que ce Code ne renferme pas de dispositions contraires (art. 402, 405, alin. 2, 407-409), sera ordonnée par le président de la juridiction qui aura connu de l'affaire en première instance.

---

[1] Il est fait ici allusion notamment à la maladie de l'accusé, à son état d'aliénation mentale, etc., qui font suspendre l'exécution (art. 398).

Art. 398. Quand un condamné à mort ou à une peine privative de la liberté sera, au moment où le jugement devra être exécuté, frappé d'une maladie mentale ou atteint d'une maladie physique grave, ou quand une condamnée sera enceinte, l'exécution sera remise jusqu'à ce que cet état ait cessé.

L'exécution d'une peine privative de la liberté ne pourra avoir lieu contre une femme enceinte qu'autant que son emprisonnement préventif continué jusqu'à l'accouchement serait plus dur que la peine prononcée.

Art. 399. Les jugements contre les personnes qui exercent une fonction publique, ou qui sont revêtues d'une dignité publique, seront, dès qu'ils auront acquis autorité de chose jugée, portés à la connaissance du supérieur direct du condamné.

Art. 400. Le temps que passera en prison l'individu condamné à une peine privative de la liberté, depuis le prononcé du jugement de première instance, doit être imputé sur la durée de la peine lorsque le commencement de l'exécution de la peine aura été retardé par des circonstances indépendantes de la volonté du condamné, spécialement par l'exercice d'un recours formé par des personnes qui avaient le droit de l'exercer sans son consentement [1]. Cette imputation aura lieu, en outre, quand un recours exercé en faveur du condamné aura eu un succès même seulement partiel.

Art. 401. Le commencement d'une peine privative de la liberté n'excédant pas six mois pourra être différé pendant un court délai, quand par une exécution immédiate l'industrie du condamné ou l'entretien de sa famille innocente seraient compromis et qu'il n'est

[1] Article 282.

pas à craindre qu'il s'échappe. Cette remise, qui n'aura jamais une durée de plus de six semaines, pourra être consentie par quatre juges de la cour de première instance, dont l'un aura la présidence, après que le ministère public aura été entendu. Une remise plus longue ne sera admise que pour des motifs particulièrement importants, par la cour de seconde instance, sur la proposition de la cour de première instance. La demande de cette remise d'exécution de la peine devra être adressée à la cour de première instance, qui la repoussera quand elle n'estimera pas qu'il y a lieu de proposer son admission. Les décisions dont il s'agit ne seront pas susceptibles de recours.

L'exécution d'une peine prononcée contre une personne appartenant à l'armée, quand cette peine n'excédera pas six mois, sera différée sur la demande de l'autorité militaire compétente, lorsque le condamné sera appelé au service.

L'exécution d'une peine privative de la liberté ne peut pas être interrompue.

Art. 402. Quand une condamnation entraîne selon la loi, pour le condamné, la perte de la noblesse, de la qualité de membre des conseils communaux ou d'autres conseils appelés à s'occuper des affaires publiques, ou la perte de fonctions, d'emplois, de titres, de dignités ou de grades dans les ordres, la perte temporaire du droit d'élire ou d'être élu aux conseils ci-dessus mentionnés, ou la perte d'autres droits ou facultés ou de traitements payés par des caisses publiques, une copie du jugement passé en force de chose jugée devra être transmise par le tribunal à l'autorité qui a le droit de prendre les mesures nécessaires à cet effet.

Lorsqu'en vertu d'un jugement une des personnes mentionnées dans l'article 158 devra être emprisonnée, une copie de la décision passée en force de chose jugée sera transmise sans délai au supérieur immédiat du condamné (art. 83).

Le ministère public est chargé de pourvoir à l'exécution des dispositions relatives à ces dénonciations à faire du jugement.

ART. 403. L'exécution des jugements prononçant la peine de mort aura lieu le lendemain du jour après lequel il aura été annoncé au condamné que la peine sera exécutée à raison du rejet de la grâce. Cette annonce sera faite au condamné au palais de justice en présence du président, de deux juges et du ministère public. Le tribunal devra faire en sorte que l'exécution n'ait lieu ni un dimanche, ni un jour férié, ni un jour qui soit un jour de fête dans la religion du condamné. et que rien ne s'oppose à l'exécution au jour fixé.

Après cette déclaration, le tribunal donnera au condamné un ministre de son culte pour l'assister. s'il n'en choisit pas un lui-même, et indiquera au condamné, s'il y a lieu, que ni son refus de se préparer à la mort, ni une demande en grâce formée par qui que ce soit, n'arrêtera l'exécution.

L'accès auprès du condamné ne sera permis, en dehors des personnes appelées auprès de lui par leurs fonctions, qu'à ses parents et aux personnes qu'il désirera voir ou auxquelles il désirera parler.

ART. 404. L'exécution de la peine de mort aura lieu derrière les murs de la prison ou dans un autre lieu clos. en présence d'une commission judiciaire, qui doit être composée au moins de trois membres de la cour et d'un greffier, et en présence du ministère public, du médecin attaché à la cour et du ministre du culte accompagnant le condamné. Le défenseur, le président et les membres du conseil communal dans la circonscription duquel aura lieu l'exécution, seront avertis du lieu et de l'heure de l'exécution afin qu'ils puissent y assister.

Les fonctionnaires de la cour. du ministère public et du service de sûreté, les parents les plus proches du condamné pourront assister à l'exécution. Si l'espace le permet, une autorisation à cet effet pourra aussi être accordée à des personnages dignes de considération.

Quand le jugement prononçant la peine de mort devra être exécuté contre plusieurs individus, on prendra les mesures nécessaires pour qu'aucun d'eux n'assiste à l'exécution d'un autre.

Le jugement sera imprimé, avec un court exposé des faits, et distribué après l'exécution.

Le corps du supplicié sera enterré à une place spécialement désignée à cet effet, durant la nuit, en évitant tout bruit; il pourra aussi être livré à la famille du supplicié, sur la demande de celle-ci, pour être enterré, quand aucun motif ne s'y opposera. Dans ce cas, également, l'inhumation sera faite sans bruit et sans éclat. Tant que le corps n'aura pas été enlevé, les personnes ci-dessus désignées pourront seules pénétrer dans le lieu d'exécution.

Art. 405. Les criminels condamnés pour crime à une peine privative de la liberté de plus d'un an subiront leur peine dans les lieux désignés à cet effet par des prescriptions spéciales. Les autres peines privatives de la liberté devront en principe être subies auprès du tribunal qui aura rendu le jugement de première instance.

Le ministère public s'occupera de la remise du condamné à l'établissement pénitentiaire et communiquera au directeur de cet établissement des renseignements exacts sur le condamné.

Art. 406. Quand il s'agira de peines privatives de la liberté qui devraient être exécutées auprès du tribunal qui a prononcé la condamnation, la cour de seconde instance pourra, à raison de ce que les prisons sont remplies et afin d'éviter des frais de voyage et de transport exagérés, ou pour d'autres motifs importants, décider que l'exécution de la peine aura lieu auprès d'une autre cour de son ressort. Si cette exécution doit avoir lieu hors du ressort de la cour de seconde instance, il faudra obtenir la décision du ministre de la justice.

Art. 407. Quand un jugement prononcera l'expulsion ou le renvoi du condamné d'un des pays ou de tous les pays représentés au Reichsrath, après qu'il aura subi sa peine, le ministère public en avertira le gouverneur du pays (*Landeschef*) où le tribunal a son siége.

Si le condamné n'est renvoyé que d'un seul lieu ou d'un district, c'est l'autorité politique inférieure ou la police qui devra en être instruite.

Art. 408. Lorsqu'un jugement entraînera la confiscation de marchandises ou d'ustensiles, l'anéantissement ou la destruction d'instruments ou autres objets, la perte du droit d'exercer une industrie ou d'autres droits ou facultés, le ministère public devra s'entendre avec les autorités dans les attributions desquelles rentre le soin de prendre les mesures nécessaires.

Art. 409. Le recouvrement des frais de la procédure (art. 381) et des amendes aura lieu selon les prescriptions en vigueur sur cette matière.

Art. 410. Quand, après qu'un jugement de condamnation aura acquis autorité de chose jugée, se produiront des circonstances atténuantes qui n'existaient pas encore lors du prononcé du jugement ou n'étaient pas alors connues [1], et qui auraient entraîné certainement non pas l'application d'une autre disposition pénale, mais une atténuation de la peine, la cour de première instance

[1] Comme exemple de circonstances atténuantes qui n'existaient pas encore quand le jugement a été rendu, on peut citer les efforts du condamné pour réparer le préjudice causé ou la révélation par lui d'autres crimes restés cachés.

(art. 401), dès qu'elle sera convaincue de l'existence de ces circonstances atténuantes, proposera une atténuation de la peine à la cour de seconde instance, qui décidera sur les conclusions du procureur général d'État, et après l'avoir entendu.

Aucune voie de recours ne sera ouverte contre le rejet de la demande ou de la proposition d'atténuation.

Lorsque la cour de seconde instance sera d'un avis favorable à l'atténuation d'une peine prononcée par la Cour de cassation, elle devra soumettre cette proposition à cette dernière cour, qui statuera définitivement après avoir entendu le procureur général.

Art. 411. L'Empereur seul pourra accorder une atténuation de la peine dans les cas non prévus par la loi.

Les demandes en grâce n'auront pas d'effet suspensif; elles devront être soumises aux règles suivantes, en tant que des ordres supérieurs n'interviendront pas dans des cas spéciaux :

Quand un condamné qui aura commencé à subir sa peine présentera au directeur de l'établissement pénitentiaire, ou au fonctionnaire chargé de le visiter, une demande en grâce, elle sera transmise, avec l'avis du directeur de cet établissement sur la conduite et la santé du condamné, à la cour qui a connu de l'affaire en première instance (art. 401).

Cette cour, à laquelle doivent aussi être remises toutes les autres demandes en grâce, examinera la demande et la repoussera quand elle ne trouvera pas qu'il y a d'importants motifs en faveur de la grâce ou de l'atténuation de la peine. Dans le cas contraire, elle soumettra la demande avec sa proposition à la cour de seconde instance, qui prendra une décision après avoir entendu le chef du ministère public, et rejettera la demande ou la soumettra avec sa proposition au ministre de la justice. Si la Cour de cassation a eu à examiner le jugement en vertu de l'article 288, alin. 3, ou de l'article 350, alin. 1, la proposition de la cour de seconde instance favorable à la grâce devra être adressée à la Cour de cassation, qui, après avoir entendu le procureur général, décidera si la demande sera repoussée ou appuyée auprès du ministre de la justice.

Aucune voie de recours n'est ouverte contre la décision d'une des susdites cours rejetant une demande en grâce.

CHAPITRE XXIV.

DE LA PROCÉDURE CONTRE LES INCONNUS (*UNBEKANNTE*), LES ABSENTS (*ABWESENDE*) ET LES CONTUMAX (*FLÜCHTIGE*).

I. — PROCÉDURE CONTRE LES INCONNUS, LES ABSENTS ET LES CONTUMAX DURANT L'INSTRUCTION.

Art. 412. Quand l'auteur d'un crime ou d'un délit ne sera pas connu ou ne pourra être amené devant le tribunal, il y aura pourtant lieu, sur la demande du ministère public, de rechercher les éléments du fait avec le soin et l'exactitude prescrits par la loi. Dans des cas de ce genre, la procédure sera suspendue quand il n'y aura plus de renseignements permettant de faire des recherches ultérieures, jusqu'à ce que le coupable ait été trouvé ou découvert.

Art. 413. Quand un absent, qui, selon toute vraisemblance, n'a pas pris la fuite, paraîtra être coupable d'un crime ou d'un délit, et que les conditions exigées par l'article 175 pour qu'un ordre d'arrestation soit donné n'existeront pas, il y aura lieu seulement de rechercher la résidence de l'absent. C'est après qu'elle aura été trouvée, s'il ne comparaît pas sur la sommation qui lui est faite, qu'il sera décerné contre lui un mandat d'amener, ou que, selon les circonstances, les mesures indiquées dans les articles suivants seront prises.

Art. 414. Quand d'après les circonstances il y aura lieu d'admettre que l'inculpé a pris la fuite, ou quand un absent sera accusé d'un crime ou d'un délit dans des circonstances qui justitieraient son arrestation d'après l'article 175, les autorités chargées de la recherche des crimes et des délits pourront, selon les cas, pour arriver à l'arrestation de l'accusé, recourir à des visites domiciliaires, à des commissions rogatoires adressées à d'autres autorités dans la circonscription desquelles le coupable pourrait être trouvé, à la poursuite judiciaire (*gerichtliche Nacheile*) ou lancer une lettre patente d'arrestation contre le fugitif (*Steckbrief*) [1].

Art. 415. Quand il y aura lieu d'espérer qu'un individu soupçonné, ayant pris la fuite, pourra être atteint, le juge d'instruction et, en cas d'urgence, les tribunaux de district et les autorités de police devront le faire poursuivre par des personnes désignées à cet effet et munies de lettres de créance ouvertes (*offene Beglaubigungsschreiben*). Ces autorités ne seront pas, pour l'exercice de ce droit, limitées à leur ressort; elles pourront étendre ces poursuites jusqu'aux frontières des pays représentés au Reichsrath. Tous les tribunaux et les fonctionnaires de la police doivent obéir à ces autorités.

Art. 416. Des lettres patentes d'arrestation ne seront délivrées que contre les individus absents ou en fuite dont la résidence sera inconnue et qui seront soupçonnés gravement d'un crime. En règle générale, la délivrance de ces lettres sera faite par la chambre du conseil; dans les cas urgents, par le juge d'instruction.

Il y aura lieu aussi à la délivrance de lettres patentes d'arrestation (*Steckbriefe*), quand un individu emprisonné à raison d'un crime s'échappera de sa prison, étant en état de prévention ou condamné.

Contre les individus accusés seulement d'un délit il n'y aura pas

[1] On entend par *Steckbriefe* (*litteræ patentes arrestatoriæ*) des lettres patentes adressées d'une façon générale aux tribunaux et aux autorités de police dans le but de faire arrêter un accusé (Holtzendorff, *Rechtslexicon*, v° *Steckbriefe*).

lieu de délivrer des lettres patentes d'arrestation; mais, s'il importe d'arriver à les arrêter, leur signalement pourra être communiqué aux autorités, avec invitation d'avertir de la découverte de ces individus le tribunal qui aura délivré le signalement.

ART. 417. Dans toute lettre patente d'arrestation, le crime dont l'accusé sera soupçonné devra être indiqué, son signalement devra être donné aussi exactement que possible: on y joindra la demande adressée à tous les tribunaux et aux autorités de police d'arrêter provisoirement l'accusé et de le livrer. Les réquisitions d'arrestation devront être répandues selon les dispositions précédentes; elles devront être spécialement communiquées le plus vite possible aux tribunaux de district, aux autorités de police et de surveillance des environs. Si cela est nécessaire, les réquisitions d'arrestation devront être plus répandues, et, selon les circonstances, elles devront être rendues publiques par la voie des journaux.

Il y aura lieu de procéder de la même manière que pour les réquisitions d'arrestation, relativement à la description et à la publication de choses volées ou dérobées, d'objets provenant d'une fraude (*Betrug*), de la falsification de papiers de crédit public ou de monnaies.

La publication pourra avoir lieu immédiatement, quand la description aura trait à des objets de grande valeur et de telle nature qu'on pourra espérer découvrir le coupable en les faisant connaître, ou empêcher un mal plus grand, ou procurer à la partie lésée une réparation du préjudice souffert.

Quand il s'agira de la falsification de papiers de crédit public ou de monnaies, la cour de seconde instance devra être avertie au préalable, et il y aura lieu d'attendre sa décision. Toute personne sera tenue de déclarer de suite à l'autorité ce qu'elle apprendra concernant les objets décrits.

Art. 418. Les lettres patentes d'arrestation ou le signalement devront être retirés immédiatement, dès que disparaîtront les motifs qui les auront fait délivrer.

Art. 419. L'accusé absent ou en fuite, qui se déclarera prêt à se présenter devant le tribunal moyennant un sauf-conduit, pourra le demander au ministre de la justice, qui le délivrera après avis du chef du ministère public de la cour de seconde instance dans le ressort de laquelle se trouvera le tribunal saisi de l'instruction. Le sauf-conduit, délivré à charge par l'accusé de fournir une garantie, aura pour effet de l'exempter de la prison préventive jusqu'au jugement de première instance.

Art. 420. Le sauf-conduit n'aura d'effet que pour le crime ou le délit en vue duquel il aura été délivré. Il perdra sa force quand l'accusé ne répondra pas à une sommation à lui adressée ou ne fera pas de justifications suffisantes pour excuser sa non-comparution, quand il fera des préparatifs de fuite, quand il échappera à l'instruction par la fuite ou en cachant sa résidence, ou quand il ne se conformera pas aux conditions sous lesquelles le sauf-conduit lui aura été délivré.

II. — Procédure contre les absents et les accusés en fuite après la clôture de l'instruction.

Art. 421. Quand, à la fin de l'instruction, l'accusateur intentera l'accusation à raison d'un crime ou d'un délit contre un inculpé dont la résidence sera inconnue ou ne se trouvera pas dans un des pays représentés au Reichsrath, l'acte d'accusation sera remis au défenseur qui devra être désigné. Celui-ci aura le droit, dans les huit jours après cette remise, de notifier l'opposition (*Einspruch*) et d'en exposer les moyens. Pour le surplus, les dispositions du chapitre xvi s'appliqueront aussi dans ce cas.

La mise en état d'accusation devra être publiée quand elle aura acquis force de chose jugée. Elle le sera, s'il s'agit d'un crime, dans la forme des lettres patentes d'arrestation (*Steckbriefe*).

Lorsqu'il y aura lieu de penser que l'extradition de l'inculpé se trouvant à l'étranger pourra être obtenue en vertu des traités en vigueur, le tribunal, après avoir entendu le ministère public, s'adressera dans les formes prescrites à l'autorité étrangère chargée de la répression dans le ressort de laquelle se trouve l'accusé. Si des difficultés sont opposées à l'extradition, la cour de seconde instance devra, pour qu'elles soient levées, faire un rapport au ministre de la justice.

Il sera procédé de même quand l'extradition d'un accusé qui se trouvera dans un des pays relevant de la couronne de Hongrie sera refusée par les autorités de ces pays.

Quand plus tard l'accusé se présentera ou sera arrêté, l'acte d'accusation et la décision rendue sur l'opposition à cet acte lui seront communiqués. Si la mise en état d'accusation a déjà acquis force de chose jugée, et si l'accusé indique pour sa défense des circonstances dont il demandera la constatation, il y aura lieu de procéder conformément à la prescription de l'article 224.

III. — PROCÉDURE PAR CONTUMACE (*UNGEHORSAMVERFAHREN*)
CONTRE LES INDIVIDUS ABSENTS ET CEUX QUI ONT PRIS LA FUITE [1].

ART. 422. Après que la mise en état d'accusation aura eu lieu,

[1] Le jugement par contumace doit-il trouver place dans la législation ? C'est une question grave, vivement controversée par les criminalistes, résolue différemment par les législateurs modernes.

Le législateur autrichien a adopté des solutions diverses depuis le commencement du siècle.

Le Code criminel de 1803 (art. 490 à 499) admettait, à titre d'exception, la procédure par contumace appelée *Edictalverfahren* contre les accusés absents ou en fuite, quand le crime avait causé un grand émoi ou quand l'impunité complète de l'accusé en fuite pouvait avoir des conséquences graves, à la conla procédure s'arrêtera, quand la sommation d'assister aux débats ne pourra pas être remise à l'accusé, à raison de son absence.

Ce sera seulement dans le cas où l'accusateur demandera l'or-

dition qu'il n'y eût de doute, ni sur le fait lui-même, ni sur la personne de l'auteur. (Voir sur l'étymologie de l'expression *Edictalverfahren: Pauli sententiæ*, lib. V, tit. v A, § 7.)

En même temps ce Code établissait une exécution symbolique de la condamnation. Cette exécution avait lieu par l'affiche du jugement de condamnation à un poteau, ou à une potence, quand la peine de mort avait été prononcée.

Le Code de 1850 admettait le jugement par contumace dans deux cas :

1° Quand, dans une affaire de la compétence du jury, le procureur général demandait pour des raisons spéciales que les débats eussent lieu en l'absence d'un accusé déjà absent lors de la clôture de l'instruction ;

2° Quand l'accusé cité à comparaître ne se présentait pas pour les débats.

Dans ces deux cas, quand il y avait arrestation du condamné, celui-ci avait la faculté de demander que la procédure ordinaire eût lieu, lorsqu'il prouvait que son absence avait une cause légitime ou qu'il alléguait des motifs qui, par euxmêmes, auraient pu donner lieu à la reprise de la procédure.

Le Code de 1853 subordonnait le jugement par contumace aux conditions suivantes : il fallait pour qu'il fût possible :

1° Qu'il s'agît d'un crime ;

2° Que ce crime eût causé un grand émoi ou que l'impunité du coupable pût avoir des conséquences graves ;

3° Que la culpabilité de l'accusé ne laissât place à aucun doute d'après l'instruction.

Le projet de Code d'instruction criminelle de 1867 avait conservé le jugement par contumace dans le cas où il s'agissait de crimes punis de la peine de mort ou d'une peine privative de la liberté de plus de quatre ans ; mais ce projet prescrivait qu'un défenseur fût nommé d'office à l'accusé et qu'on observât toutes les formalités prescrites pour les débats devant le jury.

La commission de la Chambre des députés se prononça en principe contre le maintien du jugement par contumace. Aussi, dans le projet du Gouvernement de 1872, le jugement par contumace fut exclu en principe. Ce sont les dispositions de ce projet qui ont passé dans le nouveau Code. Le jugement par contumace n'y est admis que lorsque l'accusé a été cité personnellement. Encore, faut-il qu'il s'agisse d'une infraction punie d'une peine privative de la liberté de cinq ans au maximum et que l'accusé ait déjà été entendu dans l'instruction. En outre, la cour peut toujours arrêter les débats commencés quand elle estime que l'absence de l'accusé empêche que l'affaire soit complétement élucidée. (Voir sur le système autrichien l'article de M. Picot, juge au tribunal civil de la Seine, intitulé : *Les jugements par défaut en matière correctionnelle à propos du nouveau Code autrichien ; Revue critique de législation et de jurisprudence*, 1873-1874, p. 839 et s.)

mellement qu'on suive la procédure par contumace, que le tribunal compétent commencera cette procédure par une sommation publique.

Art. 423. La sommation publique devra contenir :

1° Les prénoms et nom, l'âge, le lieu de naissance, l'état ou le métier et la résidence de l'accusé, autant que tout cela sera connu ;

2° L'indication du crime [1], avec les circonstances rendant la loi pénale applicable ;

3° La sommation à l'accusé de comparaître devant la cour dans un délai convenable, qui sera au moins d'un mois, et de répondre du fait qui sera mis à sa charge, avec indication que, faute de ce faire, il sera procédé par contumace contre lui suivant la loi et que l'exercice des droits civils (*staatsbürgerliche Rechte*) lui sera enlevé.

Art. 424. La sommation publique sera affichée dans le lieu où le crime aura été commis, au siége de la cour de première instance, ainsi qu'au domicile ou à la dernière résidence de l'accusé. Elle sera, en outre, insérée trois fois dans la feuille officielle du pays, à des intervalles de temps convenables. En outre, cette sommation devra être spécialement portée à la connaissance du représentant connu de l'accusé, de son tuteur, ou de son conjoint, ou d'un de ses proches parents. L'accusateur est chargé de pourvoir à la publicité de cette sommation.

Art. 425. Si l'accusé ne se présente pas dans le délai fixé par la sommation (art. 423), la chambre du conseil, sur la proposition de l'accusateur, déclarera que l'accusé sera privé de ses droits civils pendant son absence. La circonstance que l'accusation

[1] Dans cet article et dans les articles suivants, sous la dénomination de crimes, sont compris même les délits.

n'aura pas été encore suivie d'une décision judiciaire ne mettra pas obstacle à l'introduction ou à la continuation des procès civils contre l'accusé.

Art. 426. Quand l'accusé se représentera ou sera pris dans la suite, il y aura lieu de continuer la procédure sur la demande de l'accusateur, selon les prescriptions du chapitre XVIII.

Art. 427. Si, lors des débats, l'accusé n'a pas paru, les débats pourront avoir lieu et le jugement pourra être prononcé en son absence. Toutefois, à peine de nullité, cela ne sera possible qu'autant qu'il s'agira d'un crime puni d'une peine privative de la liberté de cinq ans au plus, ou d'un délit, que l'accusé aura déjà été entendu dans l'instruction et que la sommation d'assister aux débats lui aura été remise personnellement. Dans ce cas, le jugement sera porté à la connaissance de l'accusé par un juge désigné à cet effet, ou lui sera transmis par écrit. Si cela n'est pas possible à raison de l'absence de l'accusé, le jugement devra être publié de la manière indiquée par l'article 424.

Lorsque les débats ne pourront pas être ouverts ou continués en l'absence de l'accusé, parce que les conditions indiquées précédemment ne seront pas réunies, ou parce que la cour estimera qu'en l'absence de l'accusé les faits ne pourront pas être complétement éclaircis, il y aura lieu de procéder conformément à l'article 221.

Si l'accusé ne peut pas être amené, l'accusateur aura la faculté de proposer qu'on recoure à la procédure décrite dans les articles 423 à 426; le délai indiqué dans l'article 423, alinéa 3, pourra en ce cas être réduit à quinze jours.

L'accusé pourra former opposition au jugement rendu contre lui en son absence, devant la cour de seconde instance, dans le délai fixé pour la dénonciation du pourvoi en cassation. Il y aura lieu de faire droit à l'opposition quand il sera prouvé que l'accusé n'a pas pu se présenter aux débats par suite d'un empêchement insurmontable. En ce cas, de nouveaux débats s'ouvriront. Si l'accusé n'y paraît point encore, le jugement frappé d'opposition devra être considéré comme ayant acquis force de chose jugée à son égard. La cour de seconde instance statuera sur l'opposition, après avoir entendu à huis clos le ministère public. Si elle rejette l'opposition, l'accusé n'aura plus de recours contre le jugement. Si le condamné, en même temps qu'il formait opposition, s'est pourvu en cassation, ou a interjeté appel, ou si un appel ou un pourvoi a été formé d'un autre côté, le tribunal auquel les actes de la procédure auront été produits, conformément aux articles 285 et 294, devra statuer d'abord sur l'opposition à huis clos, après avoir entendu le ministère public. En cas de rejet de l'opposition seulement, il sera procédé à l'examen de l'appel ou du pourvoi.

Art. 428. La non-comparution d'un accusé, et la procédure par contumace à laquelle son absence donnera lieu, ne pourront pas retarder la procédure contre les complices présents. Si, dans des cas de ce genre, des objets qui peuvent être utiles pour la conviction de l'accusé sont restitués à leurs propriétaires, on pourra imposer à ceux-ci l'obligation de représenter ces objets à première réquisition. En même temps, il y aura lieu de joindre aux actes de la procédure une description des objets restitués.

CHAPITRE XXV.

DE LA PROCÉDURE EXTRAORDINAIRE
(*VON DEM STANDRECHTLICHEN VERFAHREN*) [1].

I. — DANS QUELS CAS LA PROCÉDURE DEVANT LES TRIBUNAUX EXTRAORDINAIRES PEUT ÊTRE INTRODUITE.

ART. 429. La procédure extraordinaire ne pourra avoir lieu qu'en cas de soulèvement (*Aufruhr*) quand les moyens légaux ordinaires ne suffiront pas pour le réprimer [2]. Le droit de déclarer qu'il y a lieu de recourir aux tribunaux extraordinaires appar-

[1] Depuis un temps reculé, la législation autrichienne a admis que dans des cas de nécessité extrême, de péril social, les tribunaux de répression pourraient statuer sur les délits en suivant une procédure rapide et sans que leurs jugements fussent susceptibles d'aucune voie de recours. La *Constitutio criminalis Theresiana* du 31 décembre 1768 (art. 49) réglait déjà cette procédure et en déterminait les caractères. Elle disait notamment que la procédure appelée *Stand-verfahren* ou procédure expéditive est une procédure extraordinaire grâce à laquelle, dans les cas de crimes particulièrement dangereux pour la société, l'instruction et l'application de la peine peuvent avoir lieu bien plus rapidement que d'ordinaire, afin de frapper par la rapidité de la répression ceux qui seraient disposés à commettre des crimes de cette nature.

Les dispositions de cette ordonnance criminelle passèrent presque sans changement dans le Code de 1803 (art. 500 à 513) qui fut modifié par le décret du 12 février 1821. Le Code de 1850 maintint la procédure extraordinaire comme moins rigoureuse que l'état de siége. Le Code de 1853 l'adopta. Toutefois, le Code de 1853 étendit les cas d'application de la procédure extraordinaire, ainsi que l'explique la note suivante.

[2] En ce point le Code de 1873 en revient à la disposition de l'article 501 du Code criminel de 1803 et abandonne au contraire la règle du Code de 1853, qui admettait la procédure extraordinaire, avant même qu'il y eût soulèvement, quand des menées de haute trahison se manifestaient d'une façon inquiétante, ou quand un soulèvement menaçait d'éclater.

tiendra au gouverneur de la province (*Landeschef*), d'accord avec le président de la cour de seconde instance et le procureur d'État près cette cour. En cas d'urgence, l'administrateur du district (*Vorsteher der politischen Bezirksbehörde*) aura aussi le droit de faire cette déclaration, d'accord avec le président de la cour de première instance et le procureur d'État près cette cour.

ART. 430. En outre, la procédure extraordinaire pourra aussi être ordonnée quand, dans un ou plusieurs districts, des assassinats, des pillages, des incendies ou des actes de violence publique prévus par l'article 85 du Code pénal se multiplieront d'une façon inquiétante. Le droit de déclarer qu'il y aura lieu à la procédure extraordinaire appartiendra dans ces cas au ministre de l'intérieur, d'accord avec le ministre de la justice.

ART. 431. La déclaration ordonnant qu'il y aura lieu à la procédure extraordinaire sera publiée au son du tambour et de la trompette dans les communes auxquelles elle s'appliquera, elle sera notifiée aux autorités communales, elle sera sans délai portée à la connaissance du public par voie d'affiches apposées sur les places publiques et par insertion dans les feuilles publiques, et, selon les cas, publiée au prône; enfin, elle sera transmise au général, au commandant militaire ou de la landwehr, pour être communiquée aux corps de troupes ou de landwehr.

ART. 432. A la publication de la déclaration relative à la procédure extraordinaire en cas de soulèvement, il y aura lieu de joindre l'injonction à toutes personnes de s'abstenir de tous rassemblements séditieux, de ne pas y exciter, de ne pas y prendre part, et de se conformer à tous les ordres de l'autorité ayant pour but de réprimer ces crimes, sous peine d'être jugées extraordinairement et punies de mort.

Art. 433. Il y aura lieu de procéder, pour la publication, de la manière prescrite dans l'article précédent dans les cas où la procédure extraordinaire sera ordonnée à raison des crimes indiqués dans l'article 430. Selon les cas, la procédure extraordinaire pourra n'être admise que contre ceux qui commettront ces crimes d'une manière spéciale et déterminée. Dans chacun de ces cas, le crime en général, ou le crime commis de la manière spéciale indiquée, sera puni de mort.

Art. 434. A partir de la publication de la déclaration relative à la procédure extraordinaire, la cour de première instance, dans le ressort de laquelle cette publication aura été faite, sera seule compétente pour connaître des crimes commis dans son ressort auxquels la procédure extraordinaire devra être appliquée en vertu des articles 432 et 433; sa compétence exclusive s'étendra à tous complices et coauteurs; on ne devra pas tenir compte des instructions pendantes contre l'inculpé devant une juridiction ordinaire.

Quand l'inculpé aura commis plusieurs crimes dans des ressorts différents, et que, par suite, plusieurs tribunaux extraordinaires pourraient être compétents, la compétence sera attribuée exclusivement au tribunal extraordinaire devant lequel l'inculpé aura déjà comparu ou auquel il aura été livré en premier lieu.

Art. 435. La cour de première instance connaîtra, comme tribunal extraordinaire, au nombre de quatre juges dont un aura la présidence; un greffier les assistera. Le tribunal pourra établir son siége dans tous les lieux du ressort pour lequel la procédure extraordinaire aura été admise, à la charge d'en avertir sans délai l'autorité administrative.

Art. 436. Dès que la procédure extraordinaire sera ordonnée, l'autorité administrative devra prendre soin, avec la plus grande diligence, que le commandant militaire le plus voisin emploie le nombre d'hommes nécessaire pour protéger l'application de la procédure extraordinaire dans le lieu désigné, que tous les préparatifs soient faits pour la tenue des audiences, qu'un prêtre, un médecin expert près les tribunaux et, de plus, l'exécuteur et ses aides soient présents. L'autorité administrative devra en outre, dans le cas où la peine de mort sera prononcée, faire en sorte qu'aucun obstacle ne s'oppose à son exécution.

II. — PROCÉDURE DEVANT LES TRIBUNAUX EXTRAORDINAIRES.

ART. 437. Il appartiendra au procureur d'État près la cour de première instance, ou au membre du ministère public spécialement attaché au tribunal extraordinaire, d'introduire contre l'inculpé la procédure extraordinaire. Il y aura lieu de ne citer devant le tribunal extraordinaire que les personnes qui auront été prises en flagrant délit ou qu'on pourra espérer avec vraisemblance convaincre promptement.

Les individus atteints de maladies graves et les femmes enceintes ne pourront être cités devant les tribunaux extraordinaires.

ART. 438. Le tribunal extraordinaire sera aussi compétent pour juger les personnes soumises à la juridiction militaire, et les autorités militaires devront les livrer sur la demande du tribunal extraordinaire. Quand des personnes appartenant à l'armée seront amenées devant une autorité civile, le commandant militaire le plus voisin devra en être informé; le nom, le lieu de naissance, la commune à laquelle appartient l'inculpé, sa qualité, lui seront indiqués.

ART. 439. La procédure contre chaque inculpé devra avoir lieu en entier, depuis le commencement jusqu'à la fin, devant le tribunal assemblé, et autant que possible elle ne devra pas être interrompue. L'inculpé sera cité de suite devant le tribunal extraordinaire dès qu'il aura été saisi, à moins que le procureur d'État n'estime qu'il y a lieu de suivre la procédure ordinaire: dans ce cas, l'inculpé ne pourra plus être jugé par le tribunal extraordinaire. La plus longue durée de la procédure contre chaque inculpé est fixé à trois jours: ce délai sera compté à partir du moment où l'inculpé aura comparu devant le tribunal extraordinaire (art. 441).

Art. 440. La procédure devant les tribunaux extraordinaires sera orale et publique. L'inculpé pourra choisir lui-même un défenseur; s'il n'use pas de ce droit, le tribunal devra lui nommer un défenseur d'office.

Art. 441. Le procureur d'État commencera l'affaire par un exposé des faits mis à la charge de l'inculpé. Pour l'audition des témoins et la production des preuves, on observera en général les dispositions des articles 245-254.

La procédure devra être limitée à la preuve du fait à raison duquel la procédure extraordinaire aura été introduite. Il n'y aura pas par suite lieu de tenir compte des autres actes punissables commis par l'inculpé. Si ces actes sont poursuivis au moyen de la procédure ordinaire, le tribunal devra, pour la fixation de la peine, tenir compte de la peine privative de la liberté prononcée par le tribunal extraordinaire (art. 442, alin. 2).

La procédure ne devra pas être arrêtée par les constatations concernant le dommage causé. De même il y aura lieu de ne pas négliger la poursuite des complices; cependant cela ne devra pas retarder le prononcé et l'exécution du jugement contre le coupable saisi [1].

[1] Le Code de 1853 décidait que, quand il y avait des complices, le jugement et son exécution pourraient être retardés si la recherche et le jugement

Après que les preuves auront été produites, le procureur d'État devra développer leurs résultats et faire ses réquisitions. L'inculpé et son défenseur pourront répondre, et, si le procureur d'État réplique, l'inculpé et son défenseur auront dans tous les cas la parole les derniers.

Art. 442. Ensuite, le tribunal rendra son jugement après en avoir délibéré à huis clos, en observant les dispositions des articles 17, 19 à 22, 258 et 267, et le fera connaître de suite à l'inculpé en audience publique. Quand l'inculpé sera déclaré coupable à l'unanimité, le tribunal extraordinaire devra prononcer la peine de mort.

Exceptionnellement, quand une ou plusieurs exécutions à mort des plus coupables auront donné l'exemple nécessaire pour le rétablissement de l'ordre, le tribunal extraordinaire pourra, à raison de circonstances spécialement atténuantes, prononcer une peine de cinq à vingt ans de reclusion de rigueur (*schwerer Kerker*) contre les moins coupables. La même peine devra être prononcée contre ceux qui, au moment du crime, n'avaient pas encore dépassé l'âge de vingt ans.

Art. 443. Quand les conditions prévues dans l'article 259 se trouveront réunies, le tribunal extraordinaire devra acquitter l'inculpé et le faire mettre de suite en liberté. Lorsque le tribunal extraordinaire estimera qu'il n'est pas compétent, lorsqu'une condamnation à mort ne sera pas prononcée seulement à raison du défaut d'unanimité des juges (art. 442, alin. 1), ou lorsque la preuve de la culpabilité ne pourra être faite dans le délai légal

de ces complices pouvaient donner lieu à des découvertes importantes relatives au plan de l'entreprise coupable, à son étendue, à la culpabilité du principal accusé. Le nouveau Code n'admet sous aucun prétexte le retard apporté au jugement et à son exécution.

de trois jours. mais qu'il y aura cependant des causes graves de soupçonner que l'accusé a commis le fait mis à sa charge ou un autre acte punissable. le tribunal extraordinaire prononcera le renvoi de l'accusé devant le juge ordinaire[1]; en même temps. il décidera si la détention de l'accusé devra continuer ou cesser.

Art. 444. Un procès-verbal des débats devant les tribunaux extraordinaires sera dressé conformément aux articles 271 et 272. Il devra être signé par tous les juges et le greffier.

Art. 445. Il n'y aura aucune voie de recours contre les jugements des tribunaux extraordinaires. la demande de grâce émanant d'une personne quelconque n'aura jamais un effet suspensif.

La peine de mort devra. en règle générale. être exécutée deux heures après le prononcé du jugement: exceptionnellement, sur la demande formelle du condamné, une troisième heure pourra lui être encore accordée pour se préparer à la mort.

III. — CESSATION DE LA PROCÉDURE EXTRAORDINAIRE.

Art. 446. Le droit de décider qu'il n'y aura plus lieu à la procédure extraordinaire appartiendra aux autorités désignées dans les articles 429 et 430. Cette procédure cessera d'avoir lieu en vertu d'une décision de ces autorités, dès que les raisons qui l'auront fait admettre auront disparu: cette décision devra être publiée dans les feuilles publiques.

Dès que la décision déclarant qu'il n'y aura plus lieu à la procédure extraordinaire aura été communiquée aux tribunaux extraordinaires. cette procédure ne sera plus possible. Toutes les ins-

---

[1] Dans ce cas, la décision ne lie pas les tribunaux ordinaires. Les tribunaux extraordinaires ne leur sont pas hiérarchiquement supérieurs et ne peuvent par suite limiter leur compétence.

tructions pendantes, comme les affaires qui se seront terminées par une condamnation à mort non encore exécutée, devront être renvoyées aux tribunaux ordinaires et être soumises à une instruction devant ces tribunaux.

Dans ce cas, la procédure sera continuée conformément aux dispositions générales du présent Code d'instruction criminelle. Dans la quinzaine après la décision déclarant qu'il n'y a plus lieu à la procédure extraordinaire, tous les jugements rendus par les tribunaux extraordinaires et les actes de procédure seront transmis au procureur d'État près la cour de seconde instance. Celui-ci prendra les réquisitions qui lui paraîtront convenables.

Lorsque, plus tard, se manifesteront des causes de reprise de la procédure, il y aura lieu de procéder devant les tribunaux ordinaires, conformément aux dispositions du chapitre xx.

CHAPITRE XXVI.

DE LA PROCÉDURE EN MATIÈRE DE CONTRAVENTIONS [1].

Art. 447. La procédure relative aux infractions qui sont, quant à l'instruction et au jugement, de la compétence des tribunaux de district, sera régie principalement par les dispositions du présent chapitre. Mais, pour tous les points sur lesquels aucune disposition ne sera édictée, il y aura lieu d'appliquer les règles en vigueur pour les crimes et délits.

I. — ACCUSATION.

Art. 448. Les fonctions du ministère public seront exercées par les fonctionnaires à désigner dans des arrêtés [2]. Ils seront

---

[1] Le législateur s'est efforcé, dans les dispositions concernant la procédure en matière de contraventions, d'appliquer les principes qu'il a consacrés dans la procédure relative aux crimes et aux délits, tout en ne nuisant pas à la simplicité et à la rapidité nécessaires quand il s'agit d'infractions peu importantes. Le Code actuel a, dans ce but, modifié beaucoup de dispositions du Code de 1853.

[2] Le Code de 1850 avait confié les fonctions de ministère public en matière de contraventions aux commissaires de police dans les lieux où il y en avait, et, dans les autres endroits, au maire ou à ses adjoints. Les maires se trouvaient ainsi chargés de ces fonctions dans la plupart des communes; les uns, qui s'acquittaient convenablement de leurs fonctions, étaient surchargés de travail; les autres se bornaient à reproduire toujours les mêmes formules tendant à l'application de la loi. Pour éviter ces inconvénients, le nouveau Code veut que les fonctions du ministère public soient remplies par des personnes désignées par arrêté. L'arrêté ministériel du 19 novembre 1873 donne dans ses articles 87 à 112 de longs détails sur les règles applicables au ministère public en matière de contraventions. D'après cet arrêté, les fonctions du ministère public sont remplies, près les tribunaux de districts, soit par des employés du ministère public (*Beamten der Staatsanwaltschaft*) désignés par le procureur d'État près la cour de seconde instance, soit par des employés de l'ordre politique ou de la police nommés par lui, soit par des membres du ministère public ou leurs substituts.

subordonnés au ministère public attaché à la cour de première instance du ressort, ils se conformeront à ses ordres et lui présenteront tous les mois un rapport sur les infractions poursuivies par eux, et sur le résultat des poursuites [1].

ART. 449. La partie lésée aura le droit de se joindre à la procédure quand une infraction sera poursuivie d'office. Lorsque le fonctionnaire appelé à remplir les fonctions du ministère public refusera d'exercer les poursuites, la partie lésée pourra demander la répression légale (art. 451 et 457).

II. — PROCÉDURE ORDINAIRE DEVANT LES TRIBUNAUX DE DISTRICT [2].

ART. 450. Quand un tribunal de district estimera qu'il n'est

---

[1] L'article 438 du Code de 1850 excluait l'intervention du ministère public dans les affaires où il s'agissait de contraventions qui ne pouvaient être poursuivies que sur la plainte de la partie lésée. Le nouveau Code a écarté cette disposition. Il pose, quant au pouvoir du ministère public, les mêmes règles que lorsqu'il s'agit de délits dont la poursuite est subordonnée à une plainte (art. 46 et suivants).

[2] Selon le projet de Code d'instruction criminelle présenté en 1867 par le Gouvernement, les débats en matière de contraventions devaient avoir lieu devant le juge de district ou son suppléant et deux échevins (*Gerichtsschöffe*). Ceux-ci rendaient le jugement avec le juge de canton, qui devait voter le premier et donner aux échevins les éclaircissemen s nécessaires et des indications juridiques. L'exposé des motifs justifiait cette inst -

tution spéciale, en disant qu'elle répandait le respect de la loi dans le peuple, respect rare quand il s'agit d'infractions légères, qu'elle servait à former des juges capables, et que, dans des affaires simples et de peu d'importance, les inconvénients de la réunion de juristes et de non juristes étaient très-restreints.

La Chambre des députés se prononça résolûment contre l'organisation de ces tribunaux d'échevins, dans son rapport de 1869. Elle disait que le concours d'éléments aussi différents que ceux dont on voulait composer ces tribunaux ne pouvait pas donner de bons résultats, que ces tribunaux n'offriraient pas les mêmes garanties que le jury. Le nouveau Code, se conformant à cette résolution, attribue la connaissance des contraventions au juge de district ou à ses suppléants, sans adjonction d'échevins.

pas compétent parce qu'il s'agit d'un crime ou d'un délit, il en donnera connaissance au ministère public de la cour de première instance ou à l'accusateur privé (art. 46, 449). Si la cour de première instance ou une cour supérieure renvoie l'affaire au tribunal de district, celui-ci ne pourra plus se dessaisir de nouveau pour incompétence.

ART. 451. Il n'y aura ni instruction en forme, ni une procédure spéciale pour la mise en état d'accusation. Il suffira d'une demande générale, écrite ou orale, tendant à l'application de la peine légale.

Lorsque l'accusé comparaîtra devant le juge et fera l'aveu du fait mis à sa charge, ou lorsque l'accusateur et l'accusé se présenteront en même temps devant le juge, et quand on aura toutes les preuves en faveur de l'accusation et de la défense, le juge pourra ordonner, avec le consentement de l'accusé, qu'il sera passé de suite aux débats (art. 456) et rendre le jugement.

En dehors de ce cas, après que les constatations jugées utiles auront eu lieu, un jour sera fixé pour les débats.

ART. 452. Pour toutes les constatations, le juge de district observera en général les règles édictées pour les juges d'instruction, mais sous les restrictions suivantes :

1° L'arrestation de l'accusé dans le but de le faire comparaître ne pourra, en dehors des cas prévus dans l'article 175, alinéa 2 et 3, avoir lieu que lorsque l'accusé sommé de se présenter en personne n'aura pas obéi à cette sommation. Les accusés voyageant doivent pouvoir continuer librement leur voyage, en tant qu'il n'est pas à craindre que par là l'instruction et l'exécution du jugement soient rendus impossibles.

2° Quand la sommation de comparaître ne pourra être remise à l'accusé, la procédure devra être suspendue jusqu'à ce qu'il se présente. La délivrance de lettres patentes d'arrestation ne pourra avoir lieu; au contraire, dans les cas les plus graves, le signalement de l'inculpé peut être transmis aux autorités (art. 416).

3° L'emprisonnement provisoire n'aura lieu que dans les cas de l'article 175, alinéa 2 et 3. Les individus emprisonnés ne devront pas être placés avec des personnes qui se trouveront subir une détention préventive ou un emprisonnement pour crime. Ils pourront se faire préparer leur nourriture hors de l'établissement, si cela ne trouble pas l'ordre.

4° L'examen des papiers des tiers et la saisie ou l'ouverture des lettres ne seront pas autorisés.

5° Des témoins instrumentaires ne seront exigés pour aucun acte d'instruction.

6° Dans les constats et expertises un seul expert suffira.

7° Il ne sera exigé qu'on dresse un procès-verbal que pour les constatations qui serviront de preuves dans les débats et ne devront pas y être renouvelées; dans les autres cas, une nouvelle analyse du contenu des dépositions des personnes entendues faite par le greffier ou le juge enquêteur sera suffisante.

8° Il n'y aura pas lieu à la désignation d'office d'un défenseur.

Art. 453. Il n'y aura pas lieu, en règle générale, à la prestation de serment des témoins; mais le juge pourra se contenter de demander aux témoins de lever la main au lieu de prêter serment.

Mais s'il s'agit de convaincre par des témoignages un accusé qui nie sa culpabilité, les témoins devront prêter serment dans les formes prescrites quand l'accusé le demandera, ou quand il s'agira d'une contravention entraînant un emprisonnement (*Arreststrafe*) d'un mois au moins, ou une amende de cent florins au moins, ou la perte du droit d'exercer une industrie, ou celle d'autres droits ou facultés, à moins qu'il n'y ait un obstacle légal à la prestation de serment.

Les fonctionnaires et employés assermentés de la force publique qui déposeront sur des faits ou des circonstances qu'ils ont constatés dans l'exercice de leurs fonctions, seront entendus comme témoins sous le simple rappel de leur serment professionnel, si leurs dépositions touchent à des faits auxquels leurs fonctions se rapportaient.

Art. 454. Lorsque les débats ne pourront pas, aux termes de l'article 451, avoir lieu aussitôt après que l'accusation aura été produite, l'accusé, quand il ne sera pas emprisonné, sera sommé de comparaître par un ordre écrit qui contiendra les éléments essentiels du fait mis à sa charge et l'invitation de se présenter à l'heure indiquée et de produire les moyens de preuve servant à sa défense, ou de les dénoncer au juge, assez à temps, pour que ces moyens de preuve puissent être produits dans les débats. Il y aura lieu d'y joindre l'avertissement que, dans le cas de non-comparution, il sera passé outre aux débats et au jugement.

Art. 455. La sommation doit, en règle générale, être faite de telle façon que l'accusé ait, déduction faite du temps dont il a besoin pour se rendre au siége du tribunal, un délai de vingt-quatre heures jusqu'au moment des débats. Mais dans les cas d'urgence, quand il s'agit de contraventions sans importance, et quand l'accusé se trouvera au lieu du siége du tribunal, ce délai pourra encore être abrégé. La remise des débats ne pourra avoir lieu, sur la demande de l'accusé, que pour des causes d'empêchement graves.

L'accusé a le droit de recourir à un défenseur, sous les restrictions indiquées dans les articles 39 et 40, qui seront laissées à l'appréciation du juge.

Quand l'accusé ne sera pas arrêté, il pourra, s'il ne veut pas comparaître en personne, se faire représenter dans les débats par un mandataire qui devra être pourvu d'une procuration spéciale, mais le tribunal aura la faculté d'exiger la comparution de l'accusé quand il la trouvera utile pour la découverte de la vérité.

Les personnes qui, sans être portées sur la liste des défenseurs, feront profession de défendre, ne pourront être admises comme mandataires.

Art. 456. Les débats devant le tribunal de district (art. 9) seront publics à peine de nullité, mais sous les restrictions portées aux articles 228-231. S'il y a un accusateur privé, la publicité sera exclue quand les deux parties feront d'accord une demande à cet égard.

Art. 457. Les débats commenceront par la lecture de l'accusation. Ensuite l'accusé ou son mandataire sera entendu et les preuves seront fournies. Enfin, l'accusateur et la partie civile seront entendus en leurs conclusions, l'accusé et son défenseur dans leurs réponses. L'accusateur ourra se borner à demander l'application de la loi.

Art. 458. Aussitôt que les débats seront clos, le jugement sera rendu, il sera prononcé publiquement avec ses motifs essentiels et inséré ou annexé au procès-verbal à peine de nullité. Le juge aura le droit, après la clôture des débats, de reculer le jugement jusqu'au jour suivant. Pour tout le reste on appliquera à la procédure devant les tribunaux de district les dispositions du chapitre xvii concernant les débats.

Art. 459. Quand l'accusé, malgré la sommation légalement faite, ne comparaîtra pas à l'heure indiquée, le juge pourra, quand il trouvera utile de l'entendre, l'inviter à comparaître en personne, ou, s'il y a déjà été invité, le faire conduire devant lui. En outre, la procédure commencera de suite, les preuves seront faites, et, après l'audition de l'accusateur, le jugement sera rendu et prononcé publiquement. Une copie du jugement devra être communiquée aux accusés qui auront fait défaut.

III. — PROCÉDURE SOMMAIRE (*MANDATSVERFAHREN*) [1].

ART. 460. Quand un fonctionnaire public ou une des personnes mentionnées dans l'article 68 du Code pénal aura, dans l'exercice de ses fonctions, dénoncé un accusé se trouvant en liberté à raison d'une contravention punie de l'emprisonnement (*Arrest*) pendant un mois au plus ou d'une amende simple, le juge pourra, s'il trouve qu'il n'y a lieu de prononcer qu'un emprisonnement de trois jours au plus ou une amende de quinze florins au maximum,

[1] On donne en matière pénale le nom de *Mandatsverfahren* à une procédure très-rapide, qui ne suppose pas de débats contradictoires. Le juge, par une sorte d'ordonnance, condamne l'inculpé sans l'entendre. Cette procédure sommaire a été admise par le nouveau Code autrichien, qui a en ce point, comme en beaucoup d'autres, fait un emprunt aux Codes de plusieurs États de l'empire d'Allemagne. Cette manière de procéder ne peut avoir aucun inconvénient et présente quelques avantages. D'un côté, ainsi que l'indiquent l'article 460 et les articles suivants, elle n'a d'application qu'aux infractions les moins graves et un droit d'opposition contre l'ordonnance du juge est réservé au condamné par ordonnance, s'il préfère qu'on observe à son égard les formes de la procédure ordinaire. D'un

autre côté, elle simplifie beaucoup la marche des petites affaires et donne à l'inculpé l'avantage d'éviter des débats publics.

Il existe dans beaucoup de pays allemands une institution analogue pour les affaires civiles. Le juge statue parfois en matière civile sur le seul exposé de la demande qui lui est faite par le demandeur. C'est une sorte de procédure par requête. La procédure appelée notamment en Autriche *Mahnverfahren*, qui est surtout destinée à procurer rapidement à un créancier un titre exécutoire, a beaucoup d'analogie avec elle (voir sur la procédure dite *Mahnverfahren*, en Autriche, l'Annuaire de la législation étrangère publié en 1874 par la Société de législation comparée, page 187).

prononcer dans une ordonnance (*Strafverfügung*) la peine encourue, sur la demande des fonctionnaires remplissant les fonctions du ministère public, sans procédure antérieure [1].

ART. 461. Dans l'ordonnance devront être indiqués :

1° La nature du fait réprimé, ainsi que le temps et le lieu où il a été commis;

2° Le nom de la personne ou du fonctionnaire duquel émane la dénonciation;

3° La peine encourue avec la citation de la disposition pénale appliquée;

4° En outre, il devra être mentionné que l'accusé a le droit, s'il trouve que la peine est trop forte, dans un délai de huit jours à partir de la communication de la décision, de dénoncer son opposition contre cette décision au tribunal de district, par écrit, ou en indiquant de suite les moyens de preuve qui devront servir à sa défense; si l'opposition n'est pas formée dans ce délai, la décision passe en forme de chose jugée et doit être exécutée.

ART. 462. Si l'opposition n'est pas formée dans le délai de

[1] Il résulte de cet article que cinq conditions sont exigées pour qu'il y ait lieu à la procédure sommaire appelée *Mandatsverfahren*. Il faut en effet :

1° Que l'action publique soit exercée et que le ministère public conclue à ce que le juge statue par voie de simple ordonnance;

2° Que l'accusé soit en liberté;

3° Que l'accusation soit relative à une infraction dénoncée par un fonctionnaire public ou par une personne désignée par l'article 68 du Code pénal, dans l'exercice de ses fonctions;

4° Que l'accusation soit relative à une contravention punie au maximum d'un mois de prison ou seulement d'une amende;

5° Que le juge estime qu'il n'y a pas lieu de prononcer une peine supérieure à trois jours de prison ou une amende supérieure à quinze florins.

Le juge, s'il a quelques doutes sur la culpabilité de l'accusé, peut toujours refuser de statuer par voie d'ordonnance; il doit alors procéder comme le prescrit l'article 451.

huit jours, on suivra la procédure ordinaire; dans le cas contraire. la décision ne sera pas susceptible de recours, cependant dans les hypothèses de l'article 364, n°ˢ 1 et 2, la restitution en entier pourra être obtenue.

IV. — VOIES DE RECOURS CONTRE LES JUGEMENTS DES TRIBUNAUX DE DISTRICT [1].

Art. 463. Il n'y aura, contre les jugements des tribunaux de district rendus contre un accusé présent, d'autre voie de recours que l'appel qui est porté devant la cour de première instance dans le ressort de laquelle est situé le tribunal de district.

Art. 464. L'appel peut être formé :

1° A raison de l'existence d'une cause de nullité;

2° Relativement à la déclaration de culpabilité [2] et à la peine, mais, quant à cette dernière, dans les seuls cas prévus par l'article 283;

[1] Les voies de recours contre les décisions des juges de district sont régies par des règles différentes à bien des points de vue de celles qui s'appliquent aux voies de recours contre les jugements des cours de première instance.

Il faut spécialement remarquer que les jugements des tribunaux de district ne peuvent pas être l'objet d'un pourvoi porté devant la Cour de cassation. Le pourvoi dirigé contre ces jugements est soumis à la cour de première instance.

[2] L'appel peut être interjeté contre les jugements des tribunaux de district relativement à la décision concernant la culpabilité. C'est là une dérogation au système général admis par le législateur autrichien de 1873, qui a limité l'appel en principe aux décisions concernant soit la nature ou la quotité de la peine, soit les intérêts privés. L'exposé des motifs du Gouvernement a expliqué par plusieurs raisons cette extension de l'appel en matière de contraventions. Il indique que la garantie de l'appel même sur la question de culpabilité est fort utile quand il s'agit de décisions rendues par un juge unique, d'autant plus exposé à se tromper que les formes protectrices exigées en matière de délits et de crimes font défaut. Les affaires de contraventions sont en outre tellement simples que le juge d'appel peut facilement les apprécier aussi bien que le juge de première instance.

3° Relativement à la décision sur les demandes de la partie privée.

Art. 465. L'appel dans l'intérêt de l'accusé pourra être interjeté aussi bien par lui-même que par son conjoint, ses parents en ligne ascendante et descendante, son tuteur; en cas de minorité de l'accusé, l'appel peut être interjeté même contre sa volonté par ses père et mère et son tuteur.

Les héritiers de l'accusé qui ne se trouveraient pas unis à l'accusé par un des liens susmentionnés ne peuvent interjeter appel ou suivre sur l'appel interjeté qu'à raison des dispositions du jugement relatives aux intérêts privés.

L'appel contre l'accusé ne peut être formé que par l'accusateur et la partie civile; il ne peut l'être par cette dernière qu'au point de vue de ses intérêts privés.

Art. 466. L'appel doit être dénoncé au tribunal de district dans les trois jours du prononcé du jugement:

Si l'accusé n'était pas présent au moment de ce prononcé, l'appel doit être interjeté dans les trois jours qui suivent le moment où il en a acquis connaissance.

Le délai d'appel court, pour les parents de l'accusé mentionnés dans l'article 465, du même jour que pour l'accusé.

L'appel interjeté a un effet suspensif.

Cependant, la mise en liberté de l'accusé ne sera retardée à raison de l'appel du ministère public, qu'autant que dans le jugement il aura été énoncé que cette remise aurait lieu.

Quand un condamné à l'emprisonnement ne se plaint pas du jugement à raison ni de la décision sur la culpabilité, ni de la nature de la peine, mais de sa durée, l'exécution de la peine peut provisoirement commencer. Il en est de même lorsque le condamné n'a pas appelé et que l'accusateur a interjeté appel contre la durée de la peine.

Art. 467. L'appelant a le droit, dans les huit jours, de la dénonciation de l'appel et s'il a demandé une copie du jugement, avant ou lors de cette dénonciation, de transmettre un mémoire contenant les moyens de son appel et en tous cas de nouveaux faits ou de nouveaux moyens de preuve avec une exacte indication de toutes les circonstances pouvant servir à apprécier leur importance.

Il doit, soit lors de la dénonciation de l'appel, soit dans l'acte d'appel, déclarer expressément par quelles parties de la décision (art. 464) il se considère comme lésé et quels moyens de nullité il veut faire valoir; autrement la cour de première instance ne doit tenir compte ni de l'appel, ni, s'il y a lieu, des causes de nullité invoquées.

L'appel interjeté en faveur de l'accusé sur la question de culpabilité implique l'appel sur la durée de la peine.

Si la dénonciation de l'appel a lieu oralement, le juge qui en reçoit procès-verbal, doit demander à l'appelant les motifs exacts de son appel et l'instruire des conséquences juridiques que pourrait avoir l'omission de l'indication de ces motifs.

Un appel tardif ou un mémoire tardif d'appel doit être repoussé par le tribunal de district.

Art. 468. L'appel pour cause de nullité ne peut être interjeté contre les jugements des tribunaux de district que pour l'un des motifs suivants :

1° Quand le tribunal de district n'était pas compétent ou n'était pas composé conformément à la loi, ou quand un juge légalement exclu (art. 67 et 68) a rendu le jugement;

2° Quand il y a eu violation ou omission d'une disposition dont l'observation est prescrite par la loi à peine de nullité.

(art. 120, 151, 152, 170, 271, 456 et 458), ou quand l'une des causes de nullité indiquées dans l'article 281, n°ˢ 4 et 5, existe;

3° Pour l'une des causes mentionnées dans l'article 281, n°ˢ 6-11.

Les causes de nullité mentionnées sous les n°ˢ 1 et 2 ne peuvent être invoquées que sous les conditions mentionnées dans l'article 281; cependant, l'accusateur ne perd pas le droit de faire valoir une cause de nullité parce qu'il n'a pas provoqué la décision du juge de district sur un défaut de forme et ne s'est pas réservé son recours de suite après le prononcé de la décision ou le refus de statuer.

Art. 469. La cour de première instance devra d'abord délibérer à huis clos sur tout appel, après avoir entendu le ministère public, et rejettera l'appel de suite quand il sera interjeté par une personne qui n'a pas le droit d'appel ou qui ne peut l'interjeter dans le sens où elle l'a fait, ou qui y a renoncé valablement, ou lorsque l'appel a été formé trop tard, ou quand les parties de la décision contre lesquelles il est dirigé ou les moyens de nullité qui l'ont fait interjeter n'ont pas été déterminés d'une façon distincte et précise. Quand l'appel n'est dirigé que contre la décision concernant la peine ou les intérêts privés, la cour juge aussi de suite au fond.

Art. 470. La cour de première instance doit dans cette délibération non publique examiner si les nouveaux faits indiqués en vertu de l'article 467 et les moyens de preuve sont concluants. La déposition de nouveaux témoins et experts n'est admise que quand elle paraît de nature à prouver la fausseté de faits importants considérés comme prouvés par le premier juge.

La cour peut aussi, selon les circonstances, faire constater par un juge à ce commis les nouvelles preuves comme les faits d'où l'on peut déduire un moyen de nullité.

Une nouvelle audition de témoins et d'experts qui ont déjà été entendus dans les débats devant le tribunal de district n'aura lieu qu'autant que la cour la considérera comme nécessaire, à raison de doutes graves sur l'exactitude de faits constatés dans le jugement de première instance. En dehors de ce cas, la cour doit se servir comme fondement de sa décision du procès-verbal dressé en première instance.

Si, dans la délibération non publique, la nécessité d'un renouvellement des débats de première instance apparaît déjà, la cour devra le déclarer immédiatement.

Art. 471. Si l'on ne se trouve dans aucun des cas mentionnés dans les articles 469 et 470, alinéa 3, il y aura lieu à des débats publics sur l'appel, même en tant qu'il est dirigé contre la décision intervenue sur la question de culpabilité et les demandes de la partie privée.

L'accusateur, l'accusé et les témoins et experts seront cités conformément à l'article 470.

Il sera laissé à l'accusé un délai proportionné à son éloignement du siége de la cour d'appel pour préparer sa défense. Ce délai sera d'au moins trois jours.

Quand l'accusé sera détenu, il pourra, en tant que la cour ne jugera pas que sa comparution est nécessaire pour la découverte de la vérité, se faire représenter par un défenseur.

Dans la citation, il devra être indiqué à l'accusé et à l'accusateur privé qu'en cas de défaut il sera statué conformément à la loi sur l'appel en tenant compte des énonciations du mémoire produit à l'appui de l'appel.

Le jour de l'audience devra être porté à la connaissance de la partie lésée, et elle devra être avertie qu'elle a le droit d'y assister.

Si ces personnes ont désigné nommément un défenseur ou un représentant, la citation devra être adressée à ce dernier.

Art. 472. Les débats devant la juridiction d'appel seront publics conformément aux articles 228 et 231.

Ils commenceront par un rapport d'un membre de la cour d'appel qui ne contiendra ni avis, ni propositions, mais seulement les faits de l'affaire, des détails sur le cours du procès, en tant que cela est nécessaire pour juger le recours formé, les parties essentielles de l'acte d'appel et les questions litigieuses qui en résultent.

La partie de la décision de première instance à laquelle l'appel se rapporte sera, dans tous les cas, lue à haute voix. Il en sera de même, quand le président le jugera utile, du procès-verbal des débats de première instance.

Art. 473. Ensuite il y aura lieu d'entendre les témoins cités, les experts et l'accusé quand il sera personnellement présent. On observera les dispositions concernant les débats devant les tribunaux de première instance.

Puis l'appelant devra établir le fondement de son recours, et son adversaire devra le combattre.

L'accusé ou son défenseur aura dans tous les cas le droit de prendre le dernier la parole.

Enfin la cour se retirera pour en délibérer et prendre une décision.

Art. 474. Quand la cour trouve qu'il y a lieu de déclarer l'appel irrecevable ou de le repousser comme non fondé, ou de se déclarer incompétente, elle statue sur l'affaire selon les règles prescrites pour les jugements des tribunaux de première instance, en tant qu'il n'y est pas dérogé dans les paragraphes suivants.

Art. 475. Si le jugement du tribunal de district est infirmé pour l'une des causes de nullité citées dans l'article 468, n°s 1 et

2. le tribunal renvoie l'affaire pour de nouveaux débats à un autre tribunal de district de son ressort.

Si le tribunal de district a jugé un fait qui constitue un crime ou un délit, le jugement de ce tribunal doit être infirmé sur la demande du ministère public et il y a lieu de procéder devant le tribunal compétent.

Quand le tribunal de district a déclaré à tort son incompétence relativement au fait que l'accusation a pour objet, ou n'a pas statué sur toute l'accusation (art. 281, alin. 1 et 7), la cour de première instance lui enjoint de passer outre aux débats et de rendre son jugement; dans le second cas, ce jugement doit statuer seulement sur les points restés sans solution.

Art. 476. Dans les cas prévus par l'article 475. alin. 1 et 3, la juridiction d'appel a le droit de statuer de suite ou dans une audience ultérieure, après que les débats de première instance ont été renouvelés ou complétés et que les actes de procédure mal faits ont été rectifiés.

Art. 477. La cour doit limiter sa décision aux points signalés dans le recours, elle ne doit modifier que les parties de la décision de première instance auxquelles l'appel se réfère. Pourtant, quand à l'occasion d'un appel interjeté par qui que ce soit, la cour est convaincue qu'une loi pénale a été inexactement appliquée au détriment de l'accusé (art. 281, n°[os] 9 et 11), ou que les motifs d'une décision favorable à l'accusé s'appliquent à un coaccusé qui n'a pas interjeté appel ou ne l'a pas interjeté dans le sens où il l'a été par l'autre, la cour doit procéder comme s'il y avait eu appel.

Si l'appel n'a été interjeté qu'en faveur de l'accusé, le tribunal ne peut pas prononcer contre lui de peine plus sévère que celle prononcée par le jugement attaqué.

Art. 478. L'accusé peut former opposition à un jugement d'un tribunal de district rendu, en son absence, conformément à l'article 459, devant ce tribunal, dans les huit jours de la signification de ce jugement, quand la citation ne lui a pas été signifiée dans les conditions requises ou quand il peut prouver qu'un obstacle insurmontable l'a empêché de se présenter.

Le juge de district statue sur le recours après avoir entendu sommairement l'accusateur. S'il le rejette, l'accusé peut se pourvoir dans les trois jours devant la cour de première instance. L'accusé a alors le droit d'appeler en même temps pour le cas où son pourvoi serait rejeté. Sur cet appel il est procédé conformément aux dispositions des articles 469-472.

Si le juge de district ou la cour de première instance trouve le recours bien fondé, il y a lieu d'ordonner de nouveaux débats devant le tribunal de district. Si l'accusé comparaît, il est procédé conformément à l'article 457. Si de nouveau l'accusé fait défaut, l'opposition doit être réputée non avenue et le jugement attaqué a force de chose jugée.

Art. 479. Contre les jugements rendus par les cours de première instance sur un appel formé devant elles en vertu des articles 463, 464 et 478, il n'y a d'autre recours possible que le pourvoi en nullité devant la Cour de cassation dans l'intérêt de la loi (art. 33 et 292).

Art. 480. La reprise de la procédure est régie par les principes posés dans le chapitre xx. Le juge de district statue sur l'admission de cette reprise. Contre le rejet de la demande en reprise il n'y a d'autre recours que le pourvoi devant la cour de première instance. Ce recours doit être formé dans les trois jours au tribunal de district.

Les pouvoirs conférés à la Cour de cassation par l'article 362 ne lui appartiennent pas dans les cas de contraventions.

Art. 481. Les décisions des juges de district, en tant qu'elles ne sont pas susceptibles d'appel, sont soumises à un recours (*Beschwerde*) devant le tribunal de première instance pendant un délai de trois jours [1].

V. — EXÉCUTION DE LA PEINE.

Art. 482. L'exécution des peines privatives de la liberté devra avoir lieu en règle générale, à moins que la cour de première instance n'en décide autrement dans des cas particuliers, auprès du tribunal de district qui aura rendu la décision en première instance.

Quand une demande d'atténuation ou de remise de la peine (art. 410 et 411) sera formée avant le commencement de l'exécution de celle-ci, si cette demande s'appuie sur des circonstances qui ne se sont produites qu'après le jugement, il pourra être sursis à l'exécution de la peine, en tant qu'à défaut du sursis le but de la demande ne pourrait plus être atteint en tout ou en partie [2].

[1] Il s'agit ici spécialement des décisions des tribunaux de district qui n'ont pas la forme de jugements. Il faut noter qu'il y a des cas où le recours devant la cour de première instance se trouve exclu par la loi (art. 225, 229, 238, 270, 410, 411, 487, alin. 3).

[2] On applique en matière de contraventions les articles 401, 410 et 411. Seulement les attributions conférées par ces articles à la cour de première instance appartiennent au juge de district, celles conférées à la cour de seconde instance sont dévolues à la cour de première instance.

A la différence de ce qui a lieu en matière de crimes et de délits, les demandes de grâce ou d'atténuation peuvent avoir un effet suspensif dans le cas indiqué par l'article 482.

CHAPITRE XXVII.

DE LA PROCÉDURE DANS LES AFFAIRES DE PRESSE [1].

ART. 483. Toutes les dispositions de ce Code s'appliqueront dans les affaires de presse, en tant qu'il n'y sera pas dérogé par les articles suivants.

ART. 484. Les tribunaux seuls auront le droit de prononcer des peines en matière de presse. Quand il s'agira de contraventions, la compétence appartiendra aux tribunaux de district; le Jury connaîtra des crimes ou délits commis par la voie de la presse.

ART. 485. La cour de première instance compétente sera celle dans le ressort de laquelle le crime ou le délit aura été commis: en matière de contraventions, le tribunal de district compétent sera celui du siége de la cour de première instance où la contravention aura été commise; lorsque dans ce lieu il y aura plusieurs tribunaux de district, la compétence appartiendra à celui d'entre eux qu'une ordonnance aura chargé des affaires pénales.

[1] Le Code d'instruction criminelle de 1853 ne contenait pas de dispositions spéciales sur la procédure pénale dans les affaires de presse. Les dispositions générales de ce Code s'appliquaient aussi à la procédure relative à toutes les infractions commises par la voie de la presse. La loi du 17 décembre 1862 fut la première qui introduisit une procédure spéciale pour ces délits. Cette procédure spéciale fut modifiée en vertu de l'article 11 de la loi organique sur le pouvoir judiciaire du 21 décembre 1867, qui attribuait au Jury la connaissance des crimes et délits commis par la voie de la presse. C'est en vertu de cette disposition que furent faites les deux lois du 9 mars 1869; l'une de ces lois était relative à la procédure devant le Jury, l'autre concernait la formation des listes du Jury. Toutes ces lois sont abrogées par le présent Code d'instruction criminelle et par la loi du 23 mai 1873 sur la formation des listes de Jury.

Art. 486. Quand l'infraction résultera du contenu d'un écrit, on considérera, comme le lieu où elle aura été commise, le lieu où aura été faite l'impression, si celui-ci est connu et se trouve dans les pays dans lesquels le présent Code a force de loi. Si ce lieu est inconnu ou se trouve en dehors de ces pays, on s'attachera à l'endroit dans lequel l'écrit aura été répandu.

Si dans ce dernier cas plusieurs tribunaux paraissent compétents pour la même affaire, la préférence appartiendra au tribunal qui aura été saisi le premier.

Art. 487. Les imprimés qui seront édités ou répandus contrairement aux dispositions de la loi sur la presse, ou qui à raison de leur contenu devront donner lieu à des poursuites dans l'intérêt public, pourront être frappés de saisie soit directement par les autorités de police, soit sur l'ordre du ministère public.

Dans tous les autres cas, la saisie ne pourra être ordonnée que par le tribunal sur la plainte et la proposition de l'accusateur privé [1].

Il n'y aura pas de recours spécial contre la décision ordonnant la saisie provisoire.

La saisie qui aura été faite directement par les autorités de police ou sur l'ordre du ministère public sera dénoncée dans les vingt-quatre heures au ministère public du lieu où siége le tribunal de répression appelé à juger. Un exemplaire de l'imprimé sera joint à cette dénonciation.

---

[1] La question de savoir jusqu'à quel point on peut admettre la saisie préalable dans une législation qui, en matière de presse, repousse le système préventif, a dans ces dernières années vivement préoccupé les esprits en Allemagne. Elle a été discutée en 1873 au congrès des jurisconsultes allemands. On trouvera l'analyse de cette discussion dans une étude de M. Buf-noir, professeur à la Faculté de droit de Paris, sur les travaux du congrès des jurisconsultes allemands de 1873, insérée dans *Bulletin de la Société de législation comparée* (1873, p. 364 et suiv.).

La loi allemande sur la presse du 7 mai 1874 contient dans ses articles 21 à 30 des dispositions spéciales relatives à la saisie provisoire des imprimés sans l'ordre

Art. 488. Quand le ministère public ordonnera une saisie, il devra, dans les trois jours après la dénonciation qui lui sera faite de l'exécution de ses ordres, en provoquer la confirmation auprès de la cour de première instance ou du tribunal de district suivant les cas (art. 485).

Dans les cas où les autorités de police procéderont directement à la saisie, le ministère public dans les trois jours de la dénonciation, devra provoquer ou la levée de la saisie ou sa confirmation comme dans le cas précédent.

Art. 489. Le tribunal devra dans les trois jours prononcer la confirmation ou la levée de la saisie. A défaut de confirmation dans les huit jours, la saisie sera réputée non avenue, à moins que le ministère public ne se soit pourvu contre le refus de confirmation, et, sur la demande de la partie, les autorités de police lèveront immédiatement la saisie.

La saisie confirmée continuera à produire ses effets jusqu'à la décision définitive sur le fond (art. 490).

L'inobservation des prescriptions de l'art. 488 ou la levée de la saisie n'empêchera pas la continuation de la procédure pénale.

Art. 490. Dans les huit jours de la confirmation de la saisie, le ministère public, si cela n'a pas déjà eu lieu, devra ou proposer une instruction préalable, ou transmettre son acte d'accusation (art. 91); dans le cas contraire, la saisie sera réputée non avenue et devra être levée sur la demande de la partie.

Art. 491. Dans le cas où une saisie opérée directement par les autorités de police ou ordonnée par le ministère public sera

du juge; elle exige, comme le Code autrichien, la confirmation de cette saisie par les tribunaux (voir la traduction de cette loi dans l'*Annuaire de la législation étrangère de 1875*).

réputée non avenue ou levée, la partie lésée par cette saisie pourra réclamer au Trésor public une indemnité, à charge de prouver le dommage subi par elle[1]. Ce droit ne lui appartiendra pourtant dans le cas où la saisie sera levée, en vertu d'une décision expresse, qu'autant qu'il sera reconnu que la saisie n'est justifiée ni par le contenu de l'imprimé, ni par une inobservation des dispositions de la loi sur la presse.

Cette demande d'indemnité doit être produite sous peine de déchéance devant le tribunal dans les quinze jours. Le tribunal statuera sur ce point après avoir entendu le ministère public auquel est réservé le droit de se pourvoir contre la levée de la saisie dans les huit jours.

Art. 492. Quand un imprimé sera reconnu contenir les éléments d'un fait punissable et que cependant l'instruction aura été arrêtée ou que l'accusé aura été acquitté, le tribunal devra, conformément aux lois, ordonner la destruction totale ou partielle des imprimés et prononcer la défense de les répandre.

Art. 493. Le ministère public pourra, même quand il n'intentera pas d'accusation contre une personne déterminée, demander au tribunal, dans l'intérêt public, de déclarer qu'un écrit contient une infraction et qu'il est défendu de le répandre ultérieurement. La décision sur ce point sera rendue, après audition du ministère public à huis clos, soit par la cour de première instance, soit par le tribunal de district compétent quand il s'agit de contraventions. La décision ne préjugera rien quant aux poursuites à intenter postérieurement contre une personne déterminée.

---

[1] La loi n'admet de réclamations d'indemnité contre le Trésor qu'autant que la saisie a été opérée par une autorité de police ou par ordre du ministère public; par conséquent, le droit à une indemnité n'existe jamais en cas de saisie ordonnée par les tribunaux.

Lorsque le tribunal prononcera la prohibition, elle sera affichée dans le lieu où il siége et publiée par la voie du journal officiel. La décision pourra être attaquée dans les huit jours de la publication par toute partie intéressée. Le tribunal statuera en audience publique après avoir entendu le ministère public et la partie qui aura formé l'opposition [1].

ART. 494. Le recours dirigé contre les décisions rendues conformément aux articles 487, 489, 491 et 493, sera porté devant la cour de première ou de seconde instance, selon que les décisions attaquées émaneront d'un tribunal de district ou d'une cour de première instance. Aucune autre voie de recours n'est ouverte.

[1] La procédure est appelée dans ce cas procédure pénale objective (*objectives Strafverfahren*). La suppression de cette procédure a été récemment demandée à la chambre des députés du Reichsrath (séance du 24 février 1874). La proposition concluant à cette suppression a été renvoyée à une commission chargée de réviser les lois sur la presse. Cette proposition se fonde sur ce que la procédure objective excluant la compétence du jury est contraire au principe de la loi constitutionnelle sur le pouvoir judiciaire (art. 11, loi du 21 décembre 1867) qui déclare que les délits de presse seront jugés par le jury.

FIN.

TABLE DES MATIÈRES.

FIN DE LA TABLE.

www.ingramcontent.com/pod-product-compliance
Lightning Source LLC
Chambersburg PA
CBHW071539030726
47598CB00001B/171